中国众筹行业发展研究

China Crowdfunding Industry Development Research

袁毅　陈亮　著

2@18

上海交通大学出版社
SHANGHAI JIAO TONG UNIVERSITY PRESS

内容提要

众筹作为互联网金融领域的重大创新,已成为金融服务实体经济、促进供给侧改革的重要途径。本书由浅入深地介绍了众筹的起源及发展现状,讲述了众筹在国家政策影响下的演变历程,指出了行业协会等自律组织对众筹行业发展的重要意义。同时通过多年来积累的数据及案例,全面、直观地展示中国众筹行业的发展现状、不同细分市场的运营情况以及典型众筹平台的商业模式,揭示中国众筹行业的新业态、新趋势及新机遇。

本书主要面向的是投资者、融资人、平台运营商、创业者、众筹研究者、政府相关管理部门,以及对众筹感兴趣的普通读者。

图书在版编目(CIP)数据

中国众筹行业发展研究.2018 / 袁毅,陈亮著.—上海:上海交
通大学出版社,2018
ISBN 978 - 7 - 313 - 19784 - 9

Ⅰ.①中…　Ⅱ.①袁…②陈…　Ⅲ.①融资模式-研究报告-
中国-2018　Ⅳ.①F832.48

中国版本图书馆 CIP 数据核字(2018)第 165382 号

中国众筹行业发展研究 2018

著　　者:袁　毅　陈　亮
出版发行:上海交通大学出版社　　　　　地　　址:上海市番禺路 951 号
邮政编码:200030　　　　　　　　　　　电　　话:021 - 64071208
出版人:谈　毅
印　　刷:上海景条印刷有限公司　　　　经　　销:全国新华书店
开　　本:710mm×1000mm　1/16　　　 印　　张:18.25
字　　数:300 千字
版　　次:2018 年 8 月第 1 版　　　　　　印　　次:2018 年 8 月第 1 次印刷
书　　号:ISBN 978 - 7 - 313 - 19784 - 9/F
定　　价:88.00 元

"中国众筹行业发展研究"
课题组

组长　曾行兰　张　超

成员　祝德凯　刘鸿斌　赵　予　沈一力　胡安慈

　　　　任宋洁　黄义真　徐　丹　姚　舜　张　悦

　　　　吴林林　肖玉麟　洪丹妮　洪　柳　郑高美嫒

顾问　陈　跃　杨　东

前　　言

　　2017 年是中国众筹深度洗牌的一年,随着互联网金融风险专项整治工作的推进,平台数量从巅峰时期的 500 余家,回落至目前的不足 300 家。行业洗牌的背后反映的是中国众筹在快速成长后的冷静思考,体现了行业从盲目扩张到精细化发展的转变。

　　众筹作为一种集合人力、资金共同"办大事"的投融资方式,被赋予了更多的表现形式和更大的实现空间,发展出权益型众筹、股权型众筹、公益型众筹、收益权众筹、债权型众筹及物权型众筹共六种类型,涉及实体店铺、农业、影视、旅游、公益、汽车、房地产、音乐、游戏、出版等多个领域。作为互联网金融重要的组成部分,众筹通过创新引领实体经济转型升级,已成为金融服务实体经济的全新路径和重要模式。

　　众筹一直受到政府的关注。2017 年国务院两次发文要求建设众创、众包、众扶、众筹支撑平台,推动"大众创业、万众创新";在股权众筹领域,2017 年中国互联网金融协会成立互联网股权融资专业委员会,致力于营造规范、自律、透明的行业环境;同年 9 月,在众筹行业门户网站——众筹家的倡导和推进下,开始吧、第五创等优秀的众筹平台成立了"新实体金融服务联盟",旨在建立行业标准及行业自律准则,引领行业健康发展;2018 年,证监会印发的年度立法工作计划第一条提到:以服务国家战略为导向,提升服务实体经济的能力,进一步增强资本市场直接融资的功能,制定《股权众筹试点管理办法》。随着政策导向逐渐明晰及规范性文件的出台,众筹的定位及相关立法将更加明确,众筹将会在中国创新创业的历史洪流中发挥重要的作用。

　　众筹家作为众筹行业权威的第三方门户网站,多年来为众筹行业的参与者与关注者提供资讯、行业数据、研究报告等服务,致力于推动众筹行业健康持续发展。众筹家积累了众筹行业从 2011 年至今的所有平台的数据,基于此数据以及行业的深度观察和研究,自 2016 年以来,连续撰写并出版了《中国众筹行业发展报告 2016》和《中国众筹行业发展研究 2017》两本著作,此次延续了前面两本著作的基本框架,撰写了《中国众筹行业发展研究 2018》。通过此三本书,连续三年跟踪和反映行业的发展现状及问题,为中国众筹发展历史留下了珍贵的资料。

　　全书案例丰富，数据详实充分，特别是由于众筹经过几年的发展，在时间维度上积累的数据更清晰地反映了中国众筹发展的历史及现状。本书依据数据的变化，将中国众筹划分为三个不同阶段，系统分析了不同阶段中国众筹的特点、问题及主要众筹平台的表现。此外，2017年众筹行业组织及协会成立并开始发挥作用，本书也在其中给予了介绍；除了基于数据对中国众筹行业整体发展情况进行宏观统计分析以外，本书一如既往地对农业、实体店铺、音乐等细分众筹市场的发展情况进行了统计分析；最后系统梳理了行业监管政策，分析了政策导向和行业未来发展趋势。本书是一本理论与实践并重的图书，无论是对众筹投资者、平台运营商、众筹项目方、相关从业人员、众筹研究者、互联网金融研究者，还是希望了解众筹的普通读者，它都是一本极具价值的参考书。

　　众筹思维正在重构传统的商业体系，未来十年里，中国将成为全世界最大的众筹市场，众筹将为中国经济体制转型升级提供新的动力。

　　本书得到了上海市现代服务业联合会副会长兼众筹专业委员会主任、理财周刊传媒总裁、极元金融董事长陈跃的大力支持；在实地调研及数据审核时得到了多家众筹平台员工的配合，众筹平台的创始人和CEO贡献了很多有价值的思想和建议；真功夫集团首席法务官、副总裁、广州互联网金融协会副主席祝德凯先生，亲自撰写了本书第1章中的1.2节；中国人民大学法学院副院长杨东教授和北京大成（上海）律师事务所高级合伙人徐丹律师提供了相关法律和政策的指导；上海交通大学出版社提文静等编辑对稿件进行了专业的修改；此外，本书还得到华东师范大学2017年度人文社会科学智库培育项目的支持，在此，对上述各机构、个人和参与编写的作者一并表示真诚的感谢！

众筹家 CEO　陈　亮

2018.5.28

目　　录

第1章 中国众筹的兴起

1.1 众筹的起源

"众筹"早已是个家喻户晓的名词,但是众筹是什么? 有人回答是凑份子,有人回答是产品预售,有人回答是集资。这些都没有全面概括众筹的本质,下面以例子引入众筹的概念、内涵及作用。

福建省邵武县是位于武夷山南部的一个小县城。离开县城,走进乡镇,立即会被其郁郁葱葱的山林所吸引,一眼望去,漫山翠竹,层层叠叠,阳光透过竹林,变幻着不同的风景。

大山孕育了丰富的物产,这里有只有野生树林才能生长出来的野生红菇,有邵武特有传统工艺加工的湿笋,有不点卤的和平豆腐,有野生山茶,有漫山遍野的芋艿,有当地农民种植的五彩米等。

然而,就在这个山清水秀、风光旖旎、物产富饶的地方,2017年的芋艿却卖不出去,看着芋艿烂在地里,农民痛心疾首,却无能为力。每年,漫山遍野的竹笋也是一样,多半埋在地里,无人去挖,因为挖了也找不到销路。种粮大户阿福的故事更是代表了大多数村民的境遇:阿福在镇领导的建议和支持下,引进了五彩米品种,阿福组织了十余户村民组成合作社,在100多亩四面环山的山坳里种下了五彩米,用山顶流下的清澈泉水浇灌禾苗。为了培育出优质的五彩米,原本可以种两季稻的土地,阿福只种一季,剩下的时间,土地不种植任何作物,以保持肥力。这样,产量相比正常米的千亩产量降低了一半,营养价值却大大提升。本以为这样的优质产品会给阿福的合作社带来不菲的收入,但实际上合作社每年只能收到10~20万元的净利润。当被问及,当地土地资源如此丰富,为什么不扩大生产时,阿福很无奈地说:"一是没有资金包更多的地,稻种等也需要投入;二是不知道如何销售,投入多了,万一卖不出去,可就亏了!"

融资和销售，阿福道出的两大痛点，不正是千千万万农户和养殖户正在面临的困境吗？广西的一位渔业养殖户也曾发出类似的感慨："我们养殖户所承包的海面不能像其他行业的企业一样，拿着房产证可以到银行抵押贷款。"分散的养殖户自有资金极少，融资和销售是两个大问题。农户和养殖户的强项在于种地和养殖，应该让他们扩大规模，安心种养，而融资和销售应该交给更专业的人或机构来做，形成社会的合理分工和高效产销。

一种大多数人陌生而又熟悉的方式可以解决这一难题，那便是众筹。

众筹的思想其实早在千百年前就存在于人们的日常生活中，如中国农村集资修路，国外宗教团体集资建教堂等，都蕴含着众筹的思想和理念。一般认为，国外最著名的早期众筹是1885年美国自由女神像的众筹成功案例。当时，美国政府无法提供足够的资金用于修建自由女神像，于是在一家报社的牵头下，吸引了160 000个捐助者的小额捐款；中国最早期的众筹，是中国南北朝时期的寺庙筹建，晚唐诗人杜牧有诗："南朝四百八十寺，多少楼台烟雨中"，说的是，西安碑林南北朝开建之时，庙宇、佛龛都是众筹得来，这一事例也说明了中国拥有众筹文化传统。

而现当代民间众筹思想得以发扬光大，却是缘于互联网的应用、中小企业融资难以及支持大众创新等因素。

从国外看，随着互联网技术的成熟，利用互联网平台向大众融资得以实现；因为存在中小企业融资难的问题，美国政府对2010年后出现的股权众筹平台高度关注，并于2012年由美国国会批准了《促进创业企业融资法案》(Jumpstart Our Business Startups Act，简称"JOBS法案")，以法律的形式确立了股权众筹的地位，也带动了全球众筹的发展；因为对创新的重视和热情，2008年和2009年在美国上线的两家权益众筹平台Indiegogo和Kickstarter发展极其迅速，此后众筹从欧美迅速漫延到亚洲、中南美洲和非洲等地区。

中国众筹的需求更为迫切，中国有近14亿人口，9亿劳动力，7 000万企业和个体工商户，其中很大部分是中小企业。中小企业是我国重要的税收来源，也是解决就业问题的重要途径，在保障社会稳定和经济发展等方面，发挥着不可替代的作用。长期以来，中小企业融资主要依靠自有资金和银行贷款，而由于担保困难、信用审批效率低要求高等原因，中小企业从银行获得贷款也十分困难。近年来虽然风险投资成为中小企业融资的另一条渠道，但大量的中小企业特别是小微企业，还达不到风险投资的要求，这就要求在风险投资之前有一个融资渠道，帮助小微企业起步,而众筹正是适合这个阶段的产物。此外,中国互联网发展迅速、网民基数庞大、大众投资需求旺盛但投资渠道较少,这些都促进了众筹在中国的发展。

2014 年是中国众筹发展最重要的一年,这一年里,国务院 8 次提出要解决企业融资难问题。2014 年 11 月 19 日,国务院常务会议要求,建立资本市场小额再融资快速机制,开展股权众筹融资试点。随后,众筹在中国得到快速发展,并出现了权益型众筹、股权型众筹、公益型众筹、收益权众筹和物权型众筹等多种形式。平台数量也从 2013 年的 34 家,发展到 2016 年的 770 家。

2018 年 3 月,证监会公布了 2018 年度立法工作计划,其中列入中国证监会"力争年内出台的重点项目"15 件的第一条就提到:"以服务国家战略为导向,提升服务实体经济能力,进一步增强资本市场直接融资功能,制定《股权众筹试点管理办法》。"四年之后,股权众筹试点再次提起,标志着政府及相关监管部门对众筹这一新生事物的高度关注、保护和扶持的决心,也体现了政府对众筹解决中小微企业融资、促进中小微企业发展的殷切期望。

1.2 众筹的必要性、可行性及法律特征

众筹是一种新的金融模式,自诞生以来展示出独特的魅力。究竟是何原因使得历史悠久的"凑份子"行为演变成崭新的众筹金融模式?

1.2.1 众筹诞生和发展的时代必要性

1)经济发展造就巨额居民储蓄

改革开放近 40 年的高速经济发展造就了我国国强民富的现状,政府财政收入除了承担公共事务运行成本以外,还大量投资于基础设施建设、社会保障体系建设和转移支付。而民众收入基本上是消费、储蓄、投资三大支出渠道。

2)民众储蓄的低利率和负利率催生投资出口

民众的三大支出渠道中,最传统的是储蓄,但储蓄收益太低,在 CPI 走高的年份,储蓄收益甚至是负利率。部分民众近些年曾大量开支于房产、股票投资,但房产市场和股市的高风险抑制了部分民众的投资欲望,居民积累的财富被迫储蓄起来。从表 1-1 中可以看出,2013—2017 年居民储蓄总额呈现量速两高。

表 1-1　2013—2017 年居民存款及年增长率

指标/年份	2013	2014	2015	2016	2017
居民人民币存款(亿元)	461 370	502 504	546 078	597 751	643 768
年增长率(%)	—	8.92	8.67	9.46	7.70

数据来源:国家统计局 2013—2017《国民经济和社会发展统计公报》

近年来,大量的理财产品、资管产品火爆的销售势头证明了居民迫切需要新的投资渠道。而另一方面,不时发生的非法集资、集资诈骗、非法吸储等案件,也提出了对居民储蓄进行合法投资疏导的历史命题。

3) 中小企业融资难严重制约经济发展的可持续性

《关于大力推进大众创业万众创新若干政策措施的意见》中提到"形成小企业'铺天盖地'、大企业'顶天立地'的发展格局"。然而,顶天立地的大企业不是天上掉下来的,而是由铺天盖地的无数小企业在市场经济中逐步成长出来的,没有小企业,就不会有可持续发展的大企业。

据商务部数据,截至 2017 年年底,我国实有市场主体 6 600 万,国家工商总局公布的数据亦显示,截至 2017 年 9 月,全国实有企业总量 2 907.23 万户,比 2012 年 9 月底的 1 342.80 万户增长了 116.5%。如此众多的企业中,绝大多数是中小微企业,普遍面临着融资难的问题,资金问题成为制约广大中小微企业成长的主要因素。

清华大学经管学院中国金融研究中心、财经头条 APP 新媒体等共同颁布的《中国社会融资环境报告》研究发现,社会资金向政府平台公司、央企和上市公司集中的趋势越来越明显,而直接服务于中小微企业的小贷、互联网借贷、保理等金融模式,要么显著萎缩,要么转型为消费类金融。中小微企业的融资越发困难。

4) 以小额大量为特征的众筹,成为对接居民投资需求和中小企业融资需求的桥梁

一方面是巨额居民储蓄迫切需要合法性投资出路,另一方面是广大中小企业迫切需要融资,资金供需双方的对接需求,客观催生了众筹这一创新金融模式并使之持续发展。

所以说,众筹是社会发展到特定阶段的必然产物,众筹的产生和发展,是不可逆转的历史趋势。

1.2.2　众筹诞生和发展的时代可行性

众筹是时代的产物。从宏观和微观两个角度分析其业务特征,表现为:

宏观角度:海量的居民投资者将巨额储蓄中的一部分,通过众筹平台,投资于广大中小微企业,以获得高于储蓄利息收益的预期回报,同时促进中小微企业发展。

微观角度:限额内的合格投资者,将其部分闲置于储蓄状态的资金,通过众筹平台,对经过众筹平台风控体系评价通过后的特定项目进行投资,并获得股权、收益权、消费权等相应回报。

以上分析表明:众筹的资金供给方和需求方都具备单体规模小、群体数量大的离散数据特征,对接该供求必须借助移动互联、大数据等科技手段。可以说,移动互联技术、金融科技的发展,为众筹的发展奠定了技术基础。

1)互联网发展和移动互联网发展

中国互联网络信息中心发布的《中国互联网络发展状况统计报告》显示,截至2017 年 6 月,中国网民规模达 7.51 亿,占全球网民总数的 1/5。互联网普及率为 54.3%,超过全球平均水平 4.6 个百分点;中国手机网民规模达 7.24 亿,较 2016 年底增加 2 830 万人。网民中使用手机上网的比例由 2016 年底的 95.1%提升至 96.3%,手机上网比例持续提升。

移动互联市场的发展,客观上为众筹的发展提供了信息技术基础。

2)金融科技的发展

大数据、云计算、区块链、人工智能(AI)等金融科技快速发展,以及相对传统的财务信息系统的推广普及,为众筹的发展奠定了金融科技基础。

据人民银行《中国金融稳定报告 2017》显示,截至 2016 年末,央行征信中心数据库已收录自然人信息 9.1 亿人、企业及其他组织信息 2 210 万户,并将大力推动社会信用体系建设,包括中小微企业和农村信用体系建设。征信体系的完善,既是普惠金融工程的组成部分,客观上也为众筹创造了良好的发展环境。

3)金融服务于实体经济的政策精神

习近平同志多次强调提高金融服务实体经济的能力和水平,2017 年中央金融工作会议再次强调"金融服务于实体经济"的方针,而作为直接为实体项目进行融资的众筹,毫无疑问是服务于实体经济的金融模式。中央方针的明确,亦将助力于众筹的发展。

1.2.3 众筹的法律依据及特征

（1）众筹是一种直接融资行为：以平台为信息中介，融得投资者资金直接运用于特定项目，向投资者支付股权、收益权、消费权等对价。此处严格区别于银行的间接融资，亦严格区别于投资去向不明的欺诈性融资。

（2）众筹是针对特定项目的直接融资行为：通俗地说就是先有项目后有融资，融得资金是严格投放于事先约定的特定用途的，不得挪作他用。此处严格区别于资金去向不明的欺诈性融资、直接衍生出"不得设置资金池"的禁止性规定，亦区别于有明确投资方向和投资制度，但投资项目不明确的私募股权基金的募集。

（3）众筹是针对特定人群的融资行为：此处引入"合格投资者"概念的原因是基于《中华人民共和国证券投资基金法》等法律关于合格投资者的规定和立法思想，目标是鉴于"投资有风险、入市需谨慎"的客观事实，确保在投资风险演化成损失时，投资者有足够的经济能力加以抵御，不至于因投资失败而影响生活和社会稳定。但客观上说，多数众筹平台在吸纳投资者会员时，对"合格投资者"标准审查不严。该属性亦是"非公开"的标准之一。

（4）众筹是严格控制投资者人数的融资行为：该属性针对涉及股权的众筹项目，是"非公开"的另一属性。现行法律法规严禁企业未经主管部门批准而公开发行证券，而公开与非公开的分水岭就是"200 人"。故而绝大多数众筹平台都将单个项目的计划融资人数控制在 200 以内，但也曾出现过"小公募"性质的试水。

（5）众筹法律特征分析下的思考：如何切实加强合格投资者审查？众筹项目不适用大公募，小公募是否可以走远？众筹平台的责任和权利等问题都需要在法律层面上研究，这些问题的妥善解决直接关系到行业的健康发展。

1.2.4 新生的众筹呼唤行业自律和行政监管

众筹属于互联网金融的一种形式，而互联网金融亦包括网络借贷、网络保险、网络支付结算等多种业态。2014 年 12 月中国证券业协会颁布《私募股权众筹融资管理办法（试行）（征求意见稿）》，似乎拉开了股权众筹的时代序幕，且 2015 年《政府工作报告》《发改委关于 2015 年深化经济体制改革重点工作的意见》《国务院关于积极推进"互联网＋"行动的指导意见》《关于促进互联网金融健康发展的指导意见》《中共中央关于制定国民经济和社会发展第十三个五年规划的建议》等文件的出台，更加剧了众筹行业对于互联网金融甚至股权众筹"名分"的期待。但不幸的是，随着多起 P2P 平台侵占、欺诈案件的爆发，主管部门对互联网金融的考察期大幅延长，《私募股权众筹融资管理办法（试行）（征求意见稿）》至今仍未正式颁布实施，且主管部门对行业的整顿、验收越来越严格。

强监管下，行业的发展格局迅速演变，数据显示，截至 2017 年 12 月底，全国众筹平台不足 300 家，与 2016 年同期相比大幅下降，从而引发业内对行业政策前景的担忧。对此，课题组则持乐观态度：

（1）包括众筹在内的互联网金融行业的发展，是不可逆转的历史趋势，长远来看无须担忧。

（2）适度的行政监管和法律约束，是保证行业长远发展的必要前提，由于互联网的特性，完全"自由"的互联网金融必将带来金融灾难，更谈不上众筹行业的发展，故而特定时期有必要高强度监管。

（3）行业自律是行业发展从自发到自觉、从感性到理性的必要手段，没有自律的行业只能是野蛮生长的行业，无法获得长足的发展空间。

（4）2016—2017 年众筹行业发展速度的减缓，是行业在主管部门政策约束下自我调整的必然表现，意味着行业理性的增强，意味着行业发展格局的调整。

1.3　众筹的主要类型及案例

1.3.1　众筹的含义

美国学者 Michael Sullivan 在 2006 年 8 月第一次用到众筹一词，将其定义为：众筹描述的是群体性合作事项，人们通过互联网筹集资金，来支持他人发起的项目；Ethan Mollick 于 2013 年对众筹的概念进行了更严谨的定义：融资者直接通过互联网平台面向广大投资者以实物或者股权回报的形式寻求融资，投资者以较小的额度提供资金支持的商业模式。

迄今为止，没有一个定义能准确地表达和涵盖众筹的内涵与外延，包括百度百科的众筹定义也是一个极为模糊的定义。Mollick 定义虽然较其他众筹定义更为严谨，但仍然较为含糊，Mollick 定义包括四层意思：①融资是通过互联网平台这样一个中介完成的。而随着技术的发展，有些平台已从互联网 PC 端转向移动端 APP 进行。②融资是面向广大投资者的。但实际上，对于众筹中涉及股权的项目，按目前中国证监会的管理办法是，单个项目的投资人数不能超过 200 人，即非广大投资者，而是有限的投资者。并且在投资者资格认定上，有些众筹平台也给出了自己的特定要求,如年收入不得低于 30 万等。监管部门正在制订相关政策,希望给出合格投资者的标准。③回报的方式是以实物或者股权回报的形式。但现在众筹的回报方式除了实物或者股权回报以外,还有收益权、债权、物权以及混合模式。④投资者会以较小的额度提供资金支持。但是,多少是较小的额度呢? 有没有法律规定的上限? 现在政策上都没有明确规定,出于降低风险的考量,立法部门未来可能在制度法规上对投资者的众筹额度进行设定。

1.3.2　众筹的类型及案例

众筹现在主要有权益型众筹、股权型众筹、公益型众筹、收益权众筹、债权型众筹及物权型众筹六种模式。

1) 权益型众筹(Reward-based Crowdfunding)

权益众筹又称为回报众筹、产品众筹、奖励众筹、实物众筹和预售众筹。

权益众筹是指投资者在前期对项目或公司进行投资,获得产品或者服务的众筹模式,在权益众筹的情况下出资者的主要目标是获得非金钱奖励,诸如纪念品或者刚发布制造的产品。我国的京东众筹、淘宝众筹、苏宁众筹、点筹网就是典型的权益众筹平台。

目前我国权益众筹项目主要分布在以下两类平台中:

(1) 电商经营的权益众筹平台。

京东众筹、淘宝众筹、苏宁众筹和小米众筹都是电商经营的权益众筹平台,依托电商原有的巨大流量,以营销电商的产品为主要目的进行众筹。除小米众筹没有给出项目的分类外,其他三家的项目分类如表 1-2 所示,从表中可以看出,各家众筹平台的品类都很相近,有些只是用词的差别,如京东众筹的美食、淘宝众筹的食品和苏宁众筹的农业类的项目,都是食品。但京东众筹强调了家电,淘宝众筹强调是其淘宝店主才能发起众筹。小米众筹比其他平台起步晚,项目相对也较少,主要是一些有创意的科技类小家电。

表 1-2　电商类众筹平台的项目分类

平台	分　类								
京东众筹	科技	美食	家电	设计	娱乐	出版	公益		
淘宝众筹	科技	食品	动漫	设计	公益	娱乐	影音	书籍	游戏
苏宁众筹	科技	设计	公益	农业	文化	娱乐			

电商权益众筹平台对项目方要求较为严格和规范,项目方除了具有营业执照等基本资质、品牌资质和授权资质以外,还要提交产品生产的各种许可证,如尿裤湿巾类生产企业的《消毒产品生产企业卫生许可证》。项目方可在众筹平台上,点击"发起项目",按要求上传资质材料,并需要设计和展示以下几方面的内容:产品说明(项目说明)、产品阶段、预期融资额、融资时间、回报方式等。预期融资额是项目方给出的融资下限,即众筹项目募集的资金需要达到一定的规模下限,否则项目不能成功启动。众筹回报的是面向未来的实物或服务,支持者先付款,发起人经过一段时间的生产制造或服务前期准备工作后,再给予支持者实物回报或服务回报。项目产品也可能成功进入市场销售,一般来说,众筹时的价格要低于市场销售价格。由于市场风险、法律风险等各种因素,项目后期运营也可能失败,从理论上讲,项目失败意味着投资者无法得到预期的产品及服务。但目前电商权益众筹平台一般将即将面市或已经面世的产品放到众筹平台上众筹,因此,失败的风险极小,平台及项目方的目的常常在于宣传新产品,通过众筹预售只是目的之一。

图 1-1　京东众筹的权益众筹项目

(2)专注农业、娱乐等细分领域的权益众筹平台。

近年来,中国农村发生了巨大的变化,国务院推动"宽带乡村"工程,给乡村互联网基础设施建设带来根本性改变;阿里村淘2.0计划培养的一批加盟者以及进城务工返乡的农民构成的一代新农人,成为农村互联网应用的主力;特别是土地流转制的变化,区别于家庭联产承包责任制,农户组织了合作社模式,通过集约化运作带来高效率。农村的巨大变化催生了关于农业、农村以及农户的金融需求。与此同时,由于农村征信体制的严重缺失,传统金融机构很难服务于农村。在农民金融服务巨大需求与传统金融无法满足的矛盾下,众筹的筹资、筹人、筹智、筹渠道等优势得到了发挥。

点筹网就是在这样的背景下,率先成立并致力于成为"中国农民的天使投资人"。目前,点筹网已成为中国领先的权益型农业众筹平台,通过 PC 端和 APP 端两种方式提供服务。

图 1-2　点筹网的农业众筹项目

从图 1-2 的左边图中可以看到,点筹网上的项目都是农产品。中图显示项目投资的回报时间是 8 个月后,回报有两种模式:权益回报和实物回报,这里的权益回报是指该项目预期可能享受年化 14.20% 的收益,实物回报是指投资人还可享受到农产品回报。

点筹网在农民信用缺失、管理监控难等困难下,积极争取各地地方政府的支持和帮助,有地方政府帮助平台推荐、引导和把关,降低了农产品众筹的风险。同时平台自身加强农业大数据、农业信息化及农产品定制管理等系统的研发,通过模式创新、科技创新,打造农业生态链闭环系统,为传统农业赋能,实现向智慧化、品牌化的现代农业转变。点筹网已成为农业部"互联网＋现代农业"百佳单位,广东省"互联网＋"行动计划的试点单位,国家高新技术企业,深圳市重点农业龙头。

2）股权型众筹（Equity-based Crowdfunding）

国外称为股权众筹，目前国内称为互联网非公开股权融资。

股权型众筹是指公司面向普通投资者出让一定比例的股份，投资者通过出资入股公司获得未来收益。这种基于互联网渠道进行融资的模式被称作股权型众筹。

美国的 JOBS 法案确立了众筹平台作为新型金融中介的合法性，允许小企业以众筹形式向社会公众出售股份，解除了私募发行中不得公开宣传与一般劝诱的限制。但在中国，监管部门一直没有对股权众筹这一互联网金融新兴业态出台明确的政策，股权众筹现有的操作模式与《公司法》和《证券法》冲突，《公司法》规定，有限责任公司股东人数不得超过 50 人，股份有限公司股东为 2 到 200 人；《证券法》规定，向不特定对象发行证券或向特定对象发行证券累计超过 200 人的，均构成"公开发行"。2015 年 8 月 10 日，中国证券业协会发布了关于调整《场外证券业务备案管理办法》个别条款的通知，将《场外证券业务备案管理办法》第二条第（十）项"私募股权众筹"修改为"互联网非公开股权融资"。至此，中国的股权众筹平台纷纷改名为"互联网非公开股权融资平台"，由于该名词较长，使用上存在诸多不便，很多平台也自称"股权融资平台"。为使用方便，本书用"股权型众筹"指代"互联网非公开股权融资"。

针对股权型众筹，目前监管层争论的焦点在于：一是到底是以私募还是小额公募的形式进行监管；二是到底是限定于私募股权投资还是降低门槛让普通投资者参与其中；三是"200 人"的限制要不要突破。对于以上重大、敏感的问题，目前还没有倾向性的意见。

本书以湖北圣士网络科技有限公司旗下品牌兴汇利股权融资平台为例，说明互联网非公开股权融资涉及的主要内容。

兴汇利股权型众筹平台由湖北省私募股权融资协会以及前京东、阿里部分高管等于 2014 年 5 月创办。截至 2017 年，已有逾 10 万名中、高资产投资人士选择了兴汇利。平台已成功完成项目十余个，融资近 2 亿元人民币，先后为蒙特梭利、7 天、老汉口热干面、臣刚天下、易制科技等知名品牌提供专业的投融资、品牌拓展等服务。目前，兴汇利已成为国内领先、华中规模最大、用户最多、增长最快的一站式投融资服务平台。

兴汇利平台具有以下三个显著特点：①风控专业化。2015 年兴汇利先后与盈科律师事务所、天驰君泰律师事务所、兴华会计事务所、长江大数据达成战略合作，在保障客户投资权益的前提下，把风险降到最低。②定向帮扶大消费连锁品牌。兴汇利平台以"定向帮扶大消费连锁品牌"为宗旨引入项目,每一个上线的项目都经过了完备的市场尽调、严苛的企业审核以及专业的发展规划。2017 年 9 月,平台宣布战略性升级,转型为一家专注于区域品牌定向帮扶的权威众筹服务平台,通过严格的风控体系,计划在 2018 年引入定向扶持品牌 8～10 家,根据品牌区域发展计划完成项目上线。③着力教育等细分市场的优质项目。兴汇利 CEO 汪东曾涉足教育行业多年,具有丰富的资源积累。相较于其他众筹平台上竞争已趋白热化的餐饮店铺、酒店类项目,优质的教育项目颇受投资者青睐。自 2017 年 4 月至 2018 年 4 月,一年时间内,数家知名教育品牌战略入驻兴汇利,其中包括蒙特梭利幼儿园和中巢文化传媒等,教育项目众筹金额累计超过 1 100 万。深耕教育项目投融资,将成为兴汇利平台未来发展的一大战略方向,并以此为契机逐步实现平台差异化定位,打造自身的核心竞争力。

除了教育项目是该平台的重点关注领域以外,平台在供应链金融众筹领域也具有经验,近期连续完成了楚联汇贸易供应链三期项目的融资。

以下是蒙特梭利国际幼儿园项目(A 标校名:蓝蒙精灵森林国际幼儿园)的融资情况。蓝蒙精灵森林国际幼儿园是由武汉蓝海教育集团在荆门地区投资的第一家以自然生态为主的森林幼儿园,它引入的是蒙特梭利教育法,蒙特梭利早教在全国有 300 多家校区正在经营,可复制性强,收益可观,平均回报率超过 35%。该项目上线时间为 2017 年 2 月 27 日,于 2017 年 4 月 17 日众筹成功,跟投人数为 73 人。具体融资情况如图 1-3 所示。

图 1-3　蓝蒙精灵森林国际幼儿园融资情况

3) 公益型众筹(Donation-based Crowdfunding)

公益型众筹指通过互联网方式发布公益筹款项目并募集资金的众筹类型,它不同于权益型众筹,通常是由个人或非营利组织发起的公益融资项目,支持者一般无任何物质回报。如创意鼓、腾讯乐捐、须弥山等都是专业公益众筹平台,还有一些综合型的网站上也有少量的公益项目。

图 1-4 为腾讯乐捐上的一个项目。扶贫、助学、救困和求医是主要项目类型。

图 1-4　腾讯乐捐项目案例

4）收益权众筹(Royalty-based Crowdfunding)

2015 年美国新出现的收益权众筹模式传播到中国,但中美收益权的含义却不尽相同。中国的收益权一般是指投资者不享受股权但享受分红权,前提是企业盈利,才可能分红。而在美国,收益权众筹的英文名称是 Royalty-based Crowdfunding,其中 Royalty 在金融或者经济学领域是指一种特权使用权益协议,在众筹领域可以称为收益权众筹,或者特权使用权益众筹。收益权众筹是指投资者对企业或项目进行投资,回报以不持有企业的股权,但享有股份收益,通过企业经营而获得可能的经济利益的一种众筹方式。通俗地说,就是一旦未来项目产生销售收入,不管是否有利润,项目发起人都需要向投资者提供一定比例的销售收入作为回报。

美国的收益权众筹平台有 Quirky、TubeStart、AppsFunder、RoyaltyClouds、Lendpool 及 Gideen 等。其中 Quirky 提出了一种完全不同的有趣形式,它鼓励社区参与到产品的发展过程中,任何对最终产品有贡献价值的人都会从销售收入中获得不同比例的回报。

由于中国的收益权被等同于单纯的分红权，因此，本书后面的统计分类中，不再单独分出收益权众筹项目。

5）债权型众筹（Lending-based/Debt-based Crowdfunding）

债权众筹是指投资者对项目或公司进行投资，获得其一定比例的债权，未来获取利息收益并收回本金。

债权众筹相关的概念是 P2P 网络借贷。P2P 是英文 Peer to Peer 的缩写，本意是人与人之间的借贷，P2P 网络借贷是指个体和个体之间通过互联网平台实现的直接借贷。随着 P2P 网贷的发展，"人与人的借贷"逐步延伸为"点对点的借贷"，出现了 P2B 等新模式。P2B 是为中小企业提供需求的平台。现在国外该种形式的众筹已吸引到了政府基金的参与，如英国政府基金在 P2B 平台上与其他投资者共同投资中小企业。

债权众筹包含 P2P、P2B，还包括购买 P2P 公司发行的证券，如 Lending Club 模式。由于债权众筹主要是 P2P 模式，因此，有观点认为债权众筹就是目前在国内普遍流行的 P2P 网络借贷。

由于 P2P 发展速度及规模远远超过众筹，因此，现在国内多习惯将其单列另行介绍。本书也遵行这一习惯，债权众筹不在此书中重点讨论，统计数据中也不包括债权众筹部分。

6）物权型众筹（Property-based Crowdfunding）

物权型众筹是指通过互联网方式众筹资金，收购实物资产，通过资产升值变现退出后获得投资收益，或者通过经营获得经营性收入。物权众筹的应用场景非常广泛，比如汽车众筹、不良资产处置、房产众筹、农产品众筹、艺术品众筹等。为强调其实物性，故称之为物权众筹。

7）其他现象和模式

权益型众筹、股权型众筹、公益型众筹、收益权众筹、债权型众筹和物权型众筹六种商业模式类型已在全球得到广泛的认可与使用，现在，各种模式在具体应用时，出现了一些值得注意的现象。

（1）捐赠常规化。多年来，美国非政府组织一直通过捐赠的形式为某些特定的项目捐赠资金。现在，利用众筹的方式进行捐赠，非政府组织会不断地将项目的最新进展更新展示，使得捐赠者更愿意长期参与，同时也保证了多次捐赠。支持者的主要动机是社交,这通常是维系长期捐赠的良好基础。

(2) 授予不同的精神回报。比较单纯的捐赠,如果能给捐赠人一些精神上的荣誉、头衔或专享权,会更易于吸纳捐款,如 VIP 身份是对高额捐赠的回报,大学里的荣誉头衔、建筑物冠名都是对捐赠的答谢。这点在给大学的捐款中体现最为明显。

(3) 实物或智力成为众筹的对象。通过提供实物或智力而不是资金也可以成为一种众筹模式,使项目的资助者参与进来。在很多情况下,这些产品及服务本身就是需要进行采购的,如果一开始就众筹起来,对项目发起人来说,具有很高的经济价值。如大学科研人员以技术服务智力资本进行众筹,又如锂电池这个产品可以直接资助给电动汽车众筹项目,都属于这种类型。

(4) 混合模式。一些平台试行着贷款和预售的混合模式。同一个项目为投资者提供两种选择,一是可以选择"贷款",投资者出资,项目以利息方式回报投资者;二是可以选择"预售",即投资者以低于市场价预先订购产品或服务。这种混合模式下,项目发起人在众筹之前就要分别设计好特定比例的资金用于贷款模式和预售模式。

第 2 章　中国众筹的三个阶段及特征

2.1　中国众筹不同阶段的划分

中国众筹是从 2011 年 7 月点名时间创立开始。八年来,众筹行业经历了风风雨雨,一些人不得不在失败中黯然离场,另一些人却在坚守中,走出了独特的道路,为中国的中小微企业发展做出了巨大贡献。统计八年来的行业数据,课题组发现行业在不同的时间段呈现出以下特征:

1) 平台数量经历了从快速增长到快速下降的整体态势

图 2-1 显示了 2015—2017 年各年度正常运营的平台数据,其中,2016 年底运营中的平台数达到峰值 532 家,而 2017 年底急剧降低到 294 家,甚至低于 2015 年底的运营平台数量 301 家。

图 2-1　各年度运营中的众筹平台数

2) 众筹的成功项目数及融资总额却是上升态势

图 2-2 显示了 2011 年 7 月众筹在中国诞生以来到 2017 年底各年度的成功项

目数及融资总额。2011 年 7 月—2014 年 12 月各年汇总后的成功项目数和融资总额分别为 4 226 个和 9.31 亿元;2015 年全年的成功项目数和融资总额分别为 15 218 个和 88.68 亿元;2016 年全年的成功项目数和融资总额分别为 48 437 个和 217.43 亿元;2017 年全年的成功项目数和融资总额分别为 69 637 个和 260.00 亿元。众筹成功项目数量及融资额是反映行业景气程度最重要的两项指标,从这两项指标来看,众筹行业整体呈良好发展态势。

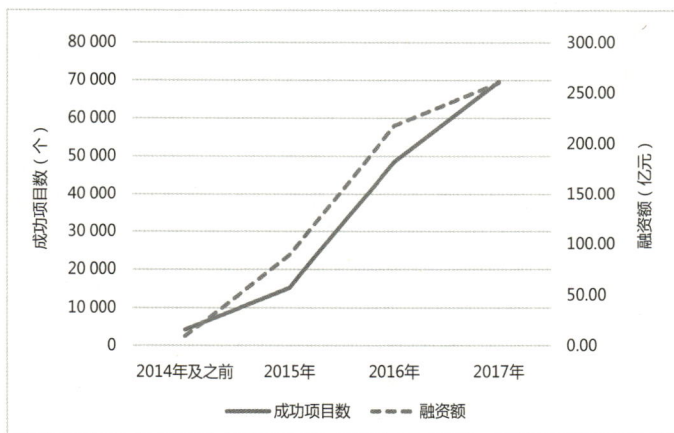

图 2 - 2　各年度众筹成功项目数及完成的融资额

3) 不同类型的众筹发展情况有很大的差异

虽然众筹的成功项目数及融资总额呈快速上升态势,但是不同类型的众筹发展情况却有很大的差异,图 2 - 3 显示了不同类型众筹融资额的差异,项目数量也反映了类似的差异(此处不再列出)。

2011.7—2014.12,股权型、权益型、公益型和物权型众筹的融资总额分别为 5.27、2.94、1.10 和 0 亿元;2015 年全年股权型、权益型、公益型和物权型众筹的融资总额分别为 50.06、28.24、3.77 和 6.61 亿元;2016 年全年股权型、权益型、公益型和物权型众筹的融资总额分别为 58.70、62.39、8.89 和 87.45 亿元;2017 年全年股权型、权益型、公益型和物权型众筹的融资总额分别为 33.61、97.43、4.01 和 124.94 亿元。图中数据显示,2015 年底是股权型众筹发展的拐点,到了 2017 年底,全国的股权型众筹完成的融资总额仅有 33.61 亿元。也就是说,2015 年以后众筹行业的增长主要来源于权益众筹和物权众筹。而物权众筹很多是 P2P 平台转型的类似于债权的众筹模式,一般提供 8%～15% 的年化收益,其资产端是汽车或房产等实物,完成销售后,投资者共同分享收益。对于物权众筹来说,投资者共同承担项目的风险,如果汽车有重大问题,影响汽车的销售,其风险由投资者承担,验车方及众筹平台等相关方承担部分责任。

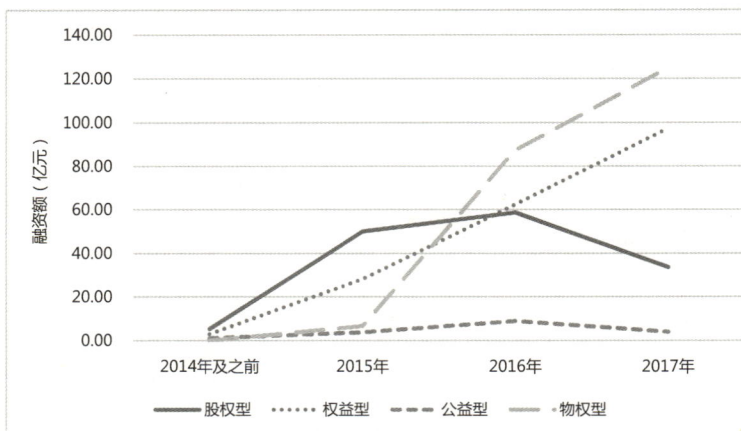

图 2 - 3　股权型、权益型、公益型和物权型众筹各年度融资额(亿元)

　　根据上述几个特征,将中国众筹的发展分为三个阶段:2011—2013 年是萌芽起步阶段;2014—2015 年是爆发增长阶段;2016—2017 年是行业洗牌阶段。行业洗牌阶段有两层含义,一层是这个阶段中,股权型众筹(即互联网非公开股权融资)融资金融及项目数急剧下滑,行业观望气氛浓重;第二层含义是指权益和物权型众筹虽然项目数及融资额仍在大幅上升,但是众筹平台的数量却急剧下降,市场集中度开始提高,经营不善的平台退出市场,而少量平台探索出自己的路子,开始大力扩张,市场占有率迅速提高。

　　下面将根据以上划分的中国众筹的三个阶段描述其发展特征。

2.2　中国众筹三个阶段的特征

2.2.1　萌芽起步阶段(2011—2013 年)

1) 早期众筹平台的发展现状

中国众筹由 2011 年 7 月点名时间上线拉开帷幕。2011—2013 年期间共上线 34

家众筹平台,据众筹家人创咨询的统计数据显示,截至 2017 年底,这 34 家众筹平台还有 15 家在运营中,这 15 家平台的基本信息以及发展现状见表 2-1。其中可采集数据的共 10 家,其官网显示的数据如表 2-2 所示。

表 2-1　2011—2013 年上线的平台基本情况

平台名称	上线时间	平台类型	所在地	现状(2017 年底统计数据)
点名时间	2011/7	权益型	北京	我国第一家众筹平台,2014 年 4 月宣布转型,一年后又回归众筹,2016 年 7 月被 91 金融收购
天使汇	2011/11	股权型	北京	提供项目展示、融资渠道,但项目具体信息仅认证投资人可见
好愿网	2012	权益型	江阴	2016 年转型用 APP 进行众筹
创投圈	2012/1	股权型	北京	提供项目展示、融资渠道,但项目具体信息仅认证投资人可见
啧啧众筹	2012/2	权益型	台湾	台湾平台,共显示有 401 个项目
腾讯乐捐	2012/5	公益型	深圳	我国公益众筹领域的主要平台
乐童音乐	2012/9	权益型	北京	垂直型音乐众筹平台,但项目数不多,且从时间维度上看成功项目数呈下降趋势
大家投	2012/12	股权型	深圳	2017 年 6 月至今无成功项目
众筹网	2013/2	权益型	北京	权益型众筹平台,但流量不及京东众筹、淘宝众筹等电商平台。2017 年上线的项目较少
众投天地	2013/7	股权型	北京	2017 年 8 月至今无成功项目
得募网	2013/7	权益型	郑州	垂直型影视众筹平台,项目数一直不多,现主要为影视剧筹集广告、人员、道具等,却不再筹集资金
5SING 众筹	2013/8	权益型	杭州	垂直型音乐众筹平台,是原创歌手活跃的网站,但项目数一直不多
我爱众投	2013/8	权益型	北京	网站仍能打开,但从 2016 年至今无成功项目
创业易	2013/11	股权型	深圳	提供项目展示、融资渠道,但未展示项目具体信息
原始会	2013/12	股权型	北京	近期平台项目只面向机构投资人

表 2 - 2   2011—2013 年上线仍在运营的平台的项目情况

年份 业绩 平台	2017 全年		历年总计	
	成功项目数	成功项目已筹（万元）	成功项目数	成功项目已筹（万元）
点名时间	10	20	591	4 837
腾讯乐捐	8 847	37 921	23 473	170 396
乐童音乐	136	407	673	1 905
大家投	3	762	53	10 555
众筹网	867	3 126	6 476	22 933
众投天地	63	3 580	198	34 434
得募网	0	0	38	6
5SING 众筹	6	67	65	819
我爱众投	0	0	61	218
原始会	2	250	36	8 605
总计	9 934	46 133	31 664	254 708

表 2-1 及表 2-2 反映了中国最早期众筹平台的发展现状，从数据中可以发现，虽然有近一半的平台仍在运营，但是除了腾讯乐捐在公益众筹领域一家独大且保持稳定发展以外，其他平台大多发展得较为艰难，或业绩下滑，或正在转型，或为规避政策风险及项目风险，转为只接受机构投资人的投资（如原始会）。

2）早期众筹平台的典型特征

生存至今的平台往往有极强的平台个性。其中的许多平台创造了中国众筹行业的第一，鉴于它们在行业产生的影响，以下给予简单的分类说明。

（1）最早上线的中国众筹平台——点名时间。

点名时间，这个中国出现最早的众筹平台，最具有知名度的众筹企业，在发展的过程中一波三折、反反复复，现在在行业内几无声音。

点名时间最早是定位于智能硬件的权益众筹平台，但其痛点在于难以为项目提供足够的流量，而京东、淘宝和苏宁这类电商却有强大的流量支持，同时还有产品生产、销售和物流形成的强大生态,因此京东、淘宝和苏宁的权益众筹平台虽然起步晚于点名时间,但一上线就迅速超越点名时间并占据了一定的市场份额。2014 年,点名时间宣布放弃众筹定位,转型为"智能硬件新品限时预购平台",但并没有解决问题;2015 年,中国众筹爆发,点名时间又重新高调回归众筹,宣称要做"原汁原味的众筹",但无奈此时的权益众筹市场已被几大电商瓜分,点名时间仍不见起色。2016 年,点名时间被 91 金融收购。

（2）最低调的众筹平台——天使汇。

天使汇于 2011 年 11 月正式上线运营,是一家由天津市政府主导,国有资本和 PE fund 共同投资设立的公司。天使汇因其是中国早期上线的众筹平台、投资人背景强大以及线上的投资机构实力雄厚,成为早期中国最有名的股权型众筹平台。但是,天使汇却不像行业其他众筹平台,显示众筹项目概况、融资现状、融资金额等必要的信息,项目具体信息仅认证投资人可见。天使汇只是在网站上展示一个庞大的融资总额数量,多家媒体报告的都是该平台自己发布的总数据。但因为没有单个项目的数据,众筹家在其所有的行业报告中排除了天使汇的项目数据。经过几年时间的观察,行业其他机构及研究人员,开始怀疑其官网数据的真实性,媒体和报告中越来越少地提及天使汇。近期,天使汇终于开放,网站很容易注册成功,可以看到项目信息,但是项目只有两种状态:"融资金额仅投资人可见暂未开启融资""融资金额仅投资人可见项目预热中",也就是说,平台上仍未展示正在融资的项目和已完成的项目。

（3）最综合的众筹平台——众筹网。

众筹网是一站式综合众筹融资服务平台,成立于 2013 年,是网信集团旗下的众筹网站。众筹网的特色在于综合性:其建立了科技、娱乐、影视、农业、出版、艺术、公益等全系列版块,并以"原始会"为品牌率先涉足股权型众筹,与"网信理财"关联呼应,成为横跨"奖励、公益、股权、债权"的全众筹平台。

随着专业性的众筹平台以及电商众筹平台的崛起,众筹网的综合性反而使其在服务上难以专业化,早期的优势渐渐消失。2016 年开始,众筹网项目数量及融资金额明显下降,虽然仍在正常运营,但逐渐成为边缘平台。

（4）最大的公益众筹平台——腾讯乐捐。

美国公益众筹行业相对分散,至少有几十家公益众筹平台,而且发展较为平衡,而中国公益众筹平台数量较少,腾讯乐捐一家独大。

腾讯乐捐目前主要有疾病救助、扶贫/救灾、教育/助学、环境/动物保护以及其他共 5 大类公益众筹项目。在腾讯乐捐上发起求助项目，先是需要个人注册时进行实名认证并在线提交详尽的图文内容，然后由公募机构进行审核并确认项目，最后才能在线接受公众捐款。这在一定程度上保障了项目信息的真实性。其收到的每一笔捐款都直接汇到公益项目挂靠的公募机构账户，由公募机构直接接收，所以公募机构也要承担审核项目、拨付善款、监管执行的责任，这对遏制夸大病情、挪用善款也有极大的作用。而在募款完成后，执行方须填写由所支持的公募机构提供的项目协议，公募机构在收到执行方寄回的项目协议后，在其公示的时间内向发起方拨款，这保证了善款不被挪用。

近年来，腾讯乐捐依托腾讯巨大的流量支持，发展势头良好。2017 年腾讯乐捐所有成功项目共筹得资金 3.79 亿元，占公益众筹全年所有成功项目已筹金额的94.51%，可谓一家独大。

（5）最有影响力又有背景的股权融资平台——原始会。

原始会成立于 2013 年，与众筹网同为网信集团旗下的众筹平台，也是中国证券业协会首批吸纳的互联网非公开股权融资平台会员，主要提供非公开股权融资服务和咨询服务。尽管原始会拥有深厚的背景和先发优势，但自平台成立以来负面消息不断。

2016 年，影视众筹项目"女汉子真爱公式"被爆出信息披露不实、同股不同权、平台不尽调、误导性宣传等问题，引起投资者强烈不满。

同年，中智电池在该平台成功获得融资的短短三个月后，突然宣布停产，至今未重新运营，造成了投资者的经济损失。

事实上，原始会的事件并非个例，包括京东东家、迷你投等在内的业内较具影响力的平台都发生过项目风险事件。这些负面事件引发了业内关于众筹平台在项目尽调、风险控制、投后监管等工作上所负责任的讨论，也在一定程度上降低了投资者对众筹行业的信任度。

2.2.2 爆发增长阶段（2014—2015 年）

2014—2016 年是众筹发展最关键最迅速的时期，这期间上线的平台数量多，尤其是 2014—2015 年上线平台数量最多。表 2-3 和表 2-4 分别列出了部分具有代表性的平台的基本情况及运营数据。

表 2 - 3　2014—2015 年上线的主要平台

序号	平台名称	上线时间	平台类型	所在地
1	众投邦	2014/1	股权型	深圳
2	人人投	2014/2	股权型	北京
3	淘宝众筹	2014/3	权益型	杭州
4	爱就投	2014/5	股权型	上海
5	创客星球	2014/6	权益型	上海
6	京东众筹	2014/7	权益型	北京
7	抱团投	2014/7	综合型	常州
8	大伙投	2014/8	股权型	合肥
9	点筹网	2014/10	权益型	深圳
10	牛投网	2014/10	股权型	北京
11	蚂蚁天使	2014/12	股权型	上海
12	筹道股权	2015/1	股权型	上海
13	中 e 财富	2015/1	物权型	北京
14	人人创	2015/2	股权型	佛山
15	开始吧	2015/3	权益型	杭州
16	众筹客	2015/3	股权型	北京
17	第五创	2015/3	股权型	深圳
18	投壶网	2015/4	股权型	深圳
19	苏宁众筹	2015/4	权益型	南京
20	迷你投	2015/6	股权型	北京
21	小米众筹	2015/7	权益型	北京
22	云投汇	2015/7	股权型	北京
23	维 C 理财	2015/9	物权型	上海
24	靠谱投	2015/10	股权型	北京
25	蚂蚁达客	2015/11	股权型	上海
26	360 淘金	2015/12	股权型	北京

表 2-4　2014—2015 年上线的主要平台业绩　　　　　　（单位:万元）

平台名称	2015 年及之前成功项目数	融资额	2016 年成功项目数	融资额	2017 年成功项目数	融资额	成功项目数总计	融资额总计
众投邦	23	49 935	13	28 346	9	35 908	45	114 189
人人投	275	41 013	65	21 969	91	18 743	431	81 725
淘宝众筹	2 683	99 501	3 875	149 355	25 77	163 494	9 135	412 350
爱就投	17	35 825	17	21 337	15	174 39	49	74 601
创客星球	103	2 303	27	454	2	13	132	2 770
京东众筹	2 469	125 189	3 234	218 251	4 345	178 810	10 048	522 250
抱团投	13	2 146	3	206	1	45	17	2 397
大伙投	25	8 303	23	9 543	2	2 112	50	19 958
点筹网	101	2 724	251	5 456	711	11 693	1 063	19 873
牛投网	22	5 409	37	16 641	0	0	·59	22 050
蚂蚁天使	12	1 240	25	2 537	14	1 565	51	5 342
筹道股权	17	12 710	10	6 034	1	548	28	19 292
中 e 财富	98	3 955	2 504	143 840	8 799	344 924	11 401	492 719
人人创	3	216	26	5 925	70	8 711	99	14 852
开始吧	35	929	521	80 970	838	266 144	1 394	348 043
众筹客	21	4 498	90	16 675	87	8 935	198	30 108
第五创	4	2 630	36	11 278	51	12 210	91	26 118
投壶网	2	14 371	3	10 740	2	4 525	7	29 636
苏宁众筹	353	33 376	784	56 305	1 086	98 383	2 223	188 064
迷你投	27	16 856	39	31 080	6	17 341	72	65 277
小米众筹	0	0	59	15 487	84	28 446	143	43 933
云投汇	5	6 595	11	16 153	5	13 140	21	35 888
维 C 理财	68	2 256	2 966	66 914	10 022	216 384	13 056	285 554
靠谱投	2	510	29	8 817	51	12 752	82	22 079
蚂蚁达客	4	10 555	4	10 917	0	0	8	21 472
360 淘金	0	0	11	13 621	3	2 876	14	16 497

中国目前最优秀的众筹平台大部分都是创办于 2014—2015 年这两年时间里,这个时期的众筹行业具有以下特征。

1) 实体店铺众筹平台逐渐释放出服务实体企业升级的潜能

这时期出现了一些专注于餐饮、酒店、民宿、教育等实体领域的众筹平台。2014 年 2 月创办的人人投是实体店铺领域的开山鼻祖,人人投创办时间较早,直接定位在实体店铺领域,在行业内首创分站管理模式,敢于大胆尝试,这些特点使得人人投发展非常迅速。随后业内出现多家专注于实体店铺的众筹平台。经过几年的发展,一些没有特色的平台逐步转型或下线,而第五创、多彩投、靠谱投、开始吧等逐步显现其实力。到了 2016—2017 年,这几家平台继续在行业内占据重要的地位,同时,人人创、兴汇利和同城众投三家平台也开始发力。目前这些平台各自具有自己的核心竞争力,第五创的投资人是真功夫,真功夫为其带来餐饮行业的经验和资源,再加上第五创创始人自身的餐饮业背景和经验,使得企业发展稳健;靠谱投打造了餐饮业的众筹生态体系,从提升餐饮人的素质、能力到资金多方面服务于餐饮行业;开始吧走的是一条“圈粉—众筹—服务”的生态闭环,依托其媒体影响力,在 2 000 万粉丝中传播众筹,在民宿领域深耕细作,在农业和餐饮方面业绩也不断增长,随着项目数量的增加,全方位服务于这些众筹企业是开始吧未来的商业模式;多彩投的创始人具有金融专业背景,其专业及稳健的作风在项目的评估筛选方面起到重要的作用,该平台在酒店、民宿等领域表现出色;兴汇利虽然是 2014 年上线的平台,但前期发展较为谨慎,目前平台项目数量虽然不多,但创始人通过人脉能够拿到较为稳健的项目,特别是教育领域的项目优质稳健,投资人忠诚度高;同城众投前期发展较为低调,但是 2017 年 4 月,天财商龙投资了同城众投,而天财商龙是国内首家新三板挂牌的餐饮信息化企业,为餐饮酒店企业提供餐饮管理软件,依托天财商龙的餐饮企业数据,同城众投能迅速评估和筛选出优质项目方。到 2018 年 5 月,同城众投已分别在北京、天津、青岛和成都开设四家分公司(众筹平台),大大提高了融资服务效率。

此外,嗨聚众筹、分分投、投哪儿等平台也是实体店铺类的众筹平台。

2) 互联网非公开股权融资平台在“互联网＋”方面做了积极的探索

众投邦、云投汇、投壶网、爱就投、牛投网、智金汇、筹道股权、蚂蚁天使、抱团投众筹网都是行业知名度较高的互联网非公开股权融资平台,而且其投资方或创始人大多有较强的投融资背景。这些平台的项目多是医药健康和智能科技类项目。因此,大多数平台是传统投融资机构“互联网＋”的尝试。

投壶网、众投邦、云投汇和爱就投的项目平均融资金额较大,分别是 4 233.71 万元、2 537.53 万元、1 708.92 万元和 1 522.47 万元,这四家企业具有典型的投融资背景,云投汇是一家由老牌 PE——中科招商发起、投资、布局的互联网非公开股权融资平台;投壶网创始人以及管理团队及股东的组成成员,具有多年从事私募股权行业投资和并购的经验,该平台目前专注于健康产业的项目;众投邦的创始人朱鹏炜曾担任深圳市达晨创业投资有限公司投资总监,深圳市创新投资集团投资经理等职务,该平台专注于新三板企业的投融资;爱就投的创始人徐文伟是紫槐资本的创始人,该平台也将重点放在医药大健康领域的项目上。

蚂蚁天使与其他平台不同,该平台坚持小额原则,在众多互联网非公开股权融资平台中形成差异化。从其数据可以看到:到 2017 年年底平台共完成 51 个项目,融资金额为 5 342 万元,项目平均融资额仅 104.75 万元,金额最小的项目"乐波文化"仅融资 21 万元。

牛投网由创业黑马投资创办,该平台立足于"社群＋众筹"模式,帮助盈利能力强的早期项目快速实现首次融资。平台的项目平均融资金额为 373.73 万元,创业黑马为其带来重要的资源及便利,如创业黑马投资的企业可以成为牛投网的项目来源,创业黑马的项目评估团队及其他资源可以同时服务于牛投网,降低了牛投网的成本及风险,提高了效率。

具有投融资背景的众筹平台有创投机构做背书,投融资经验极其丰富,专业判断能力强、项目资源广,不足之处在于这类企业没有草根企业的紧迫感强,经营理念及方式上易受传统投融资模式的制约,早期传统的线下资源及团队对于众筹平台帮助较大,但长期看来,这类众筹平台还需要大胆创新,探索更具竞争力的众筹模式。

3）互联网巨头及电商巨头纷纷创建众筹平台

2014 和 2015 年,是互联网巨头纷纷布局众筹的阶段:淘宝众筹和京东众筹分别于 2014 年 3 月和 7 月上线;京东东家和蚂蚁达客分别于 2015 年 3 月和 11 月上线;苏宁众筹、小米众筹、百度众筹分别于 2015 年 4 月、7 月、9 月上线;2015 年 6 月,36 氪股权众筹上线,获得过蚂蚁金服的战略投资,2017 年 7 月正式更名为迷你投;2015 年 12 月,奇虎 360 上线股权型众筹平台 360 淘金。

但互联网巨头似乎并没有真正发力众筹,反映在行动上,多数总公司对众筹部门不够重视,投入不大,团队较弱,互联网巨头的品牌效应和流量优势在众筹公司的运营中,并没有起到太大作用。相反,这类众筹平台在大企业的羽翼下,创新力和战斗力反而不如一般的众筹平台。因此,互联网巨头旗下的众筹平台大多发展缓慢,大部分平台到 2016 年下半年及 2017 年业务停滞甚至退出众筹市场。

京东、阿里和苏宁三大电商平台较早较深地介入了众筹,京东既创办了权益众筹平台——京东众筹,又创办了股权融资平台——京东东家;苏宁也建立了苏宁众筹和苏宁私募股权众筹网站;阿里的权益众筹称之为淘宝众筹,而其股权融资平台就是蚂蚁达客。三家电商的权益众筹平台——京东众筹、淘宝众筹和苏宁众筹发展都很稳健,但互联网非公开股权融资平台发展并不顺利,到众筹的第三个阶段(2016—2017 年),京东东家和苏宁私募股权众筹开始淡出众筹市场,而蚂蚁达客2017 年全年无项目上线。

2.2.3　行业洗牌阶段(2016—2017 年)

专家表示,对于股权众筹及互联网股权融资行业而言,2017 年是深度洗牌的一年。在监管趋严、规范发展的金融监管主旋律下,伪众筹平台逐步退出市场,行业野蛮生长的局面已基本结束。而真正坚持互联网众筹"初心"、秉承金融专业性、敬畏市场规则的平台在默默深耕中,正展开新一轮布局。

表 2 - 5　2016—2017 年上线的主要平台概况

(单位:万元)

平台名称	上线时间	平台类型	所在地	2016 年成功项目数	融资额	2017 年成功项目数	融资额
百度百众	2016/4	股权型	北京	4	3 153	5	4 859
嗨聚众筹	2016/7	股权型	杭州	11	385	5	334
禾胜金服	2016/8	综合型	上海	1	551	10	2 116
米筹金服	2016/9	股权型	上海	2	9 100	14	3 782
乐趣来	2017/2	权益型	北京	/	/	11	86
合伙吧	2017/3	股权型	长沙	/	/	15	2 088
爱米众筹	2017/3	物权型	上海	/	/	293	11 273
青车之旅众筹	2017/5	物权型	青岛	/	/	80	887
中海领投	2017/5	权益型	深圳	/	/	8	395
广信众筹	2017/7	综合型	郑州	/	/	4	6 400
百度音乐人	2017/8	权益型	北京	/	/	26	84
华鑫钻众筹	2017/9	物权型	深圳	/	/	38	2 551

（续表）

平台名称	上线时间	平台类型	所在地	2016 年成功项目数	融资额	2017 年成功项目数	融资额
宪拓众筹	2017/10	物权型	大连	/	/	30	208
分分投	2017/12	综合型	北京	/	/	10	6 868

2016—2017 年行业逐步优胜劣汰,进入洗牌阶段。这阶段的特征主要表现在以下几个方面。

1) 全国正常运营的众筹平台数量骤减

运营中众筹平台的数量从 2011 年的几家发展到 2016 年底高峰期的 532 家,到 2017 年底骤减到 294 家,众筹行业正在从一拥而上的盲目前进向精细化方向发展。

2) 众筹行业整体保持较强劲的增长,但发展不平衡

2016 年下半年特别是 2017 年,众筹行业开始弥漫着悲观的气氛,市场一般认为近两年众筹行业在衰退,但是,从数据上可以看出,行业没有衰退,还是保持着强劲的上升,只是各类型的众筹发展严重不平衡。由图 2-3 的数据可见,权益型和物权型众筹的成功项目融资金额一路上升,而股权型众筹则下降趋势明显。

3) 股权型众筹遇冷,多个平台业务停滞

股权型众筹 2015 年和 2016 年的融资额分别为 50.06 和 58.70 亿元,而 2017 年融资额急降到 33.61 亿元,成功项目数也从 2016 年的 1 087 个下降到 745 个。股权型众筹市场走弱的主要原因在于,股权众筹政策一直不明朗,与《证券法》及《公司法》均有冲突。2015 年下半年,P2P 网贷行业野蛮发展,出现大量风险事件,导致监管部门对网贷行业进行整顿和清理,随着网贷行业监管越来越严,同属于互联网金融的众筹也随之受到影响,一些股权融资平台直接被当地政府要求停止业务,不得不转型、下线或停业;另一个原因在于股权型众筹相比权益众筹来说,风险更大,早期股权型众筹项目风险没有立即显现出来,但到 2016、2017 年,项目纷纷到了退出期,很多平台交易过的众筹项目业绩不佳,甚至有项目企业倒闭。在这种情况下,股权型众筹平台开始谨慎经营,不再盲目乐观发展业务。

4) 互联网巨头和电商企业创办的众筹平台纷纷暂离市场

前几年互联网巨头先后上线众筹平台,而 2017 年后他们却不声不响纷纷暂离这个市场。蚂蚁达客网页一直停留在测试版本,2017 年未见上新项目;奇虎 360 旗下

的 360 淘金自 2017 年 10 月起未上线项目;途牛众筹也悄然下线;网易三拾长时间停留在网易养猪众筹项目。互联网巨头退出的原因一方面是经过两年的试水,其众筹平台表现不佳,另一方面也是主要原因,即政策的不确定性,导致互联网巨头暂离市场,这并不表示他们已完全放弃这一市场,等政策明朗,这些平台也许会再次回归。

一些互联网巨头只是试水众筹,并没有花费太多精力,相比起来,京东东家和苏宁私募股权众筹平台,却是深度进行了众筹实践的。但重力打造众筹生态的京东东家却因项目业绩不良,考虑到风险巨大而逐步淡出。而苏宁私募股权众筹平台考虑到自己有大量实体门店,项目一旦出现风险,不管是不是平台责任,投资者闹事都会影响其实体门店,因此,苏宁私募股权众筹也被调整下线,官网打开后,直接跳转到苏宁易购上。

5) 行业进入洗牌阶段,行业集中度提高

2017 年开始,行业内平台数量急剧下降,但权益、物权众筹项目和实体店铺股权型众筹项目的项目数量及融资金额都是一路上升态势,这说明很多平台经营困难被迫下线,而少数平台找到了自己的发展路径。少量的平台占据了大量的市场份额,行业集中度提高。

6) 汽车众筹在该阶段表现抢眼

步入 2016 年以后,中国众筹还在飞速增长,除了权益众筹和 10 余家实体店铺众筹平台以外,增长主要来源于汽车众筹。汽车众筹从 2015 年开始出现,但到 2016 年下半年才开始爆发。2016 年上半年、2016 年下半年、2017 年上半年、2017 年下半年汽车众筹的融资金额分别为 14.42、68.77、52.90 和 55.04 亿元,即 2016 年全年融资金额为 83.19 亿元,而 2017 年全年为 107.94 亿元。其中出现一些体量较大也较有影响力的平台,如维 C 理财、中 e 财富,而维 C 理财本身正是在蚂蚁天使众筹平台上,于 2015 年 8 月通过众筹完成早期融资的,12 个投资者完成了 95 万元的融资金额。截止到 2018 年初,维 C 理财项目最新估值已达 15 000 万元,股份增值 655 万元。

第3章　全球众筹发展概况

3.1　全球众筹数据统计

根据相关数据显示,2016 年全球众筹融资交易规模约为 1 989.6 亿元,同比增长77.15%。

图 3-1　全球众筹融资交易规模

从图 3-1 中可以看出,2016 年全球众筹行业增速放缓,但从各国对众筹行业所推出的相关政策来看,众筹依旧有很大的发展空间。除美国颁布的 JOBS 法案外,世界各国都有所行动。2016 年 8 月,瑞典政府针对众筹成立了专门委员会,委员会主要负责审查投资众筹的监管环境。同年 9 月,芬兰众筹法规正式实施,法规降低了平台的准入门槛(平台将采用备案制),注册流程在降低行业准入门槛的同时,力争取得保护投资者和市场发展的良性平衡。11 月,意大利国会通过的 2017 年预算法案中,允许全体中小企业通过股权众筹平台融资。总之,世界各国对于众筹行业的监管政策逐渐明晰,对于今后众筹行业的发展将会起到进一步的推动作用。对我国而言,要在借鉴国内外成功经验的基础上,构建符合我国实际情况的行业监管体系,在保证众筹行业健康发展的基础上,最大程度发挥促进我国中小微企业发展的作用。

3.2　美国众筹行业概况

3.2.1　美国众筹行业数据统计

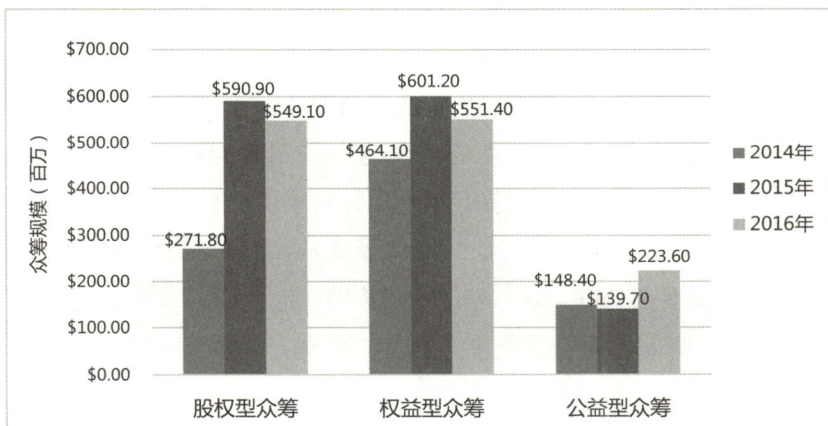

图 3 - 2　2014—2016 年美国众筹规模变化情况

　　根据《2017 年美洲另类金融行业报告》中的数据,可知美国股权型众筹在 2016 年略有下降,同比上年下降 7.07%,尽管有下降趋势,这种模式仍然给 637 家企业筹集资金约 5.49 亿美元;相反,公益型众筹在 2016 年有所增长,比 2015 年增长了 60.06%,众筹规模达 2.24 亿美元,其中教育研究领域以及慈善事业领域所占比重较大,分别为 45% 和 41%;权益型众筹在 2016 年下降 8.28%,众筹规模达 5.51 亿美元。经统计,每项权益型众筹项目的平均交易金额约为 25 000 美元,平均参与人数达 180 人。

3.2.2　美国众筹行业基本情况

美国是众筹模式的发源地,众筹之所以能在美国迅速发展主要是因为:自美国金融危机爆发后,美国银行倒闭频频发生,市场风险加剧、资金成本上升,中小企业尤其是初创企业在市场上处于融资劣势。而作为传统融资渠道有益补充的美国众筹市场,运用互联网技术对接投资者和创业者,为产业初期的企业提供了资金来源。众筹最初是作为文化创意、科技创意或产品预售等筹措资金的一个手段。随着网络平台的兴起以及社交网络传播的特性,众筹使任何有创意的人都能够向几乎完全陌生的人筹集资金,消除了从传统投资者和机构融资的许多障碍,其融资项目领域也拓展到房地产、可再生能源等众多领域。

2012 年 4 月,美国颁布了迄今最完善的众筹相关法律《JOBS 法案》,使股权融资成为合法的众筹融资模式之一。其设立了股权众筹的豁免条款,对符合条件的公开发行众筹进行注册豁免,不必像一般证券发行那样需要繁杂苛刻的条件和程序。2013 年 10 月,美国证券交易委员会(Scurities And Exchange Commission,SEC)发布了关于落实《JOBS 法案》的具体监管草案,监管规定主要包括:

(1) 关于发行者的规定。一家公司可以在 12 个月内通过众筹方式发行不超过 100 万美元的证券,相关交易只能通过众筹公司或注册券商管理的网络进行;2015 年 3 月 25 日,SEC 批准了一项颠覆性的最终规则,这项规则与《JOBS 法案》第四条的执行有关,也就是所谓的"Regulation A+"条例。根据这项规则,小企业和创业公司将获准从"大众"那里筹集最多 5 000 万美元资金。已向 SEC 申报的公司、违反 SEC 规定的公司、未制订明确商业计划的公司等几类公司不得通过众筹方式发行证券;发行者应向 SEC 提交发行文件,按规定披露相关信息和按期向 SEC 提交年度报告。

(2) 关于投资者的规定。年收入低于 10 万美元的个人投资者,年投资额不得超过 2 000 美元或年收入的 5%;年收入在 10 万美元或以上的投资者,年投资额不得超过其年收入的 10%,同时每年最高投资额不得超过 10 万美元。

(3) 关于众筹平台的规定。SEC 规定,众筹平台需要制定相关措施防范欺诈风险;向投资者提供必要的教学材料;披露发行者及证券发行的相关信息;为众筹交易提供信息交流渠道;协助完成证券的发行和交易等。

可以看出,美国通过针对性的立法,在筹资额和投资额上进行双重限制,且明确了发行人及众筹融资平台的义务。总之,美国对众筹融资的监管一直在鼓励创新和防范风险、加强对投资者保护和提高投融资效率之间寻找平衡。

3.2.3 美国知名众筹平台介绍

美国是全球众筹的风向标,本节以美国较为出众的权益型和股权型众筹平台为例介绍美国众筹平台的特点。

1）权益型众筹平台

（1）Kickstarter。

Kickstarter 是 2009 年创立的美国知名度最高的综合型奖励性众筹平台。Kickstarter 网站致力于支持和激励创新性、创造性、创意性的活动。通过网络平台面对公众募集小额资金，让有创造力的人有机会获得他们所需要的资金，以便使他们的梦想得以实现，是"有创意、有想法，但缺乏资金"与"有资金，也愿意支持好创意"的桥梁。Kickstarter 平台上众筹的项目包括艺术、电影、新闻、工艺品、时尚、设计、漫画等 15 个品类。在 Kickstarter 众筹平台上，资金需求方通常会设立一个筹资期（一般是 30 天）和筹资目标，如果募资超额即项目众筹成功，相关投资者可以根据不同的投资额度获得相应回报，如果募资不及目标则宣告项目众筹失败，所募资金将自动返还到支持者账户，即遵循"全部或者零"（all or nothing）模式。Kickstarter 收取募集资金的 5% 作为佣金，但不索取项目或作品的所有权。由于 Kickstarter 网站的支付平台为亚马逊，亚马逊还会收取额外的 3%～5% 的费用。截至 2018 年 1 月，Kickstarter 网站累计众筹资金达 34.6 亿美元，平台发起项目数达 38.6 万个，其中成功项目数达 13.8 万个，全球有约 1 400 万人曾支持过 Kickstarter 上的项目，并且在所有支持者中有 455 万人支持过 2 个以上的项目。

（2）Indiegogo。

Indiegogo 创立于 2008 年，最初专注于电影类项目，现已发展成为接受各类创新项目的美国第二大众筹平台。Indiegogo 平台的项目发起人可以选择"灵活筹资""固定筹资""预售"三种模式。在"灵活筹资"下，项目发起人可以选择在未达到预期目标的情况下利用获得的钱继续进行其计划，但是所有承诺给支持者的奖励必须 100% 兑现；"固定筹资"下，发起人必须在设定的时间内完成融资目标，才能获得投资者提供的资金；当发起人完成"灵活筹资"或"固定筹资"的众筹后，可以进入"预售"模式，允许投资人在众筹成功后继续投资，并且没有金额和结束时间的限制。Indiegogo 平台收取项目发起人实际募集资金 5% 的费用（"灵活筹资"下，发起人设定的众筹目标，无论是否完成都按 5% 收费；"固定筹资"下，发起人完成众筹目标按 5% 收费，未完成目标不收费；"预售"下，按实际募集资金的 5% 收费），此外，再加上 3% 第三方支付 PayPal 或信用卡的手续费。2014 年 1 月至 2017 年 5 月，Indiegogo 平台的项目数比 Kickstarter 的略多，但相比之下 Kickstarter 平台达到筹资目标的项目更多。根据 crowdfundingcenter.com 提供的数据显示，Kickstarter 的项目平均成功率约为 31.5%，而 Indiegogo 的项目平均成功率约为 11.3%。此外，Indiegogo 平台的透明度远没有 Kickstarter 高，Indiegogo 平台上没有 Kickstarter 上披露的全部众筹项目、分类众筹项目的完成情况，这在一定程度上不利于项目发起人作出众筹决策。但总体来看，Kickstarter 和 Indiegogo 基本主导了美国的权益型众筹市场。Indiegogo 过去以帮助草根创业者筹款、帮助初创公司融资而起家，但随着平台的发展，渐渐意识到这种商业模式的弊端，近年来，该平台逐渐开始转型。有消息称，Indiegogo 目前正在计划推出股权众筹项目，未来有可能成为混合型众筹平台。

（3）PledgeMusic。

PledgeMusic 创立于 2009 年，从网络流量来看，仅次于 Kickstarter 和 Indiegogo 两大平台。虽然 PledgeMusic 认为其是帮助音乐人与粉丝建立直接联系的音乐平台，但其本质可以说就是一家众筹平台，只专注音乐领域的众筹，以音乐为中心的专辑、单曲、书、DVD、巡回音乐会，都可以在该平台上发起项目。该平台有两种参与项目的方式，一种称之为 direct-to-fan 方式，这种方式下，只有达到项目目标时，项目发起人才能得到资金，在这之前资金保存在"艺术家账户"中，如果未达到项目目标，资金将退回支持人账户。另一种方式与传统的预售相同。在收费方面，平台共收取 15% 的佣金，可以看出收费水平偏高，但该平台的成功率较高，高达 90% 左右。

（4）Seed & Spark。

Seed & Spark 是专注于电视和电影行业的众筹平台，创立于 2012 年，总部位于洛杉矶。其总体目标是建立一个独立的电影社区，直接为电影制作者和爱好者提供项目资金筹集、销售和在线观看等服务。该平台官方称有 75% 的成功率，在平台上发起的项目需要达到筹资目标的 80% 才算众筹成功。Seed & Spark 向成功的项目收取 5% 的费用。

（5）Barnraiser。

Barnraiser 于 2014 年推出，作为特色众筹网站，主要关注健康食品和绿色农业技术。该平台官方称有 65% 的成功率，平台向成功的项目收取 5% 的费用以及 3%～5% 的支付费用，如果项目不成功，未达到筹资目标，则不收取费用。

2）股权型众筹平台

（1）Wefunder。

Wefunder 是美国一家在线股权众筹平台，2012 年成立于美国马塞诸塞州。相较于其他股权众筹平台,Wefunder 的特色在于依托 YC 创业孵化器融资成立并发展,每周只上线一个新项目,无融资倒计时,并且起投金额低,个别项目 100 美元起投。此外,Wefunder 创始人参与过《JOBS 法案》的制定。YC 为 Wefunder 提供了种子资金并帮助其从 97 个投资机构和个人处筹集了 110 万美元,依托 YC 创业者同伴社区强大的资金和智囊支持,Wefunder 上融资的项目成功率非常高,其原因除了对融资公司严格的审核外,还有就是投资者的质量,每一个项目背后都有 25 位左右的知名机构和个人投资者,他们多是 YC 创业者同伴社区的成员,也有部分是知名风投和对冲基金人,这些知名机构和个人投资者多数拥有 100 万美元净资产,年收入大于 2 500 万美元,大概每个项目投资额在 1 万至 25 万美元之间,为项目贡献了绝对力量。Wefunder 前期不收取费用,只在众筹成功项目中收取融资总额 4% 的费用,低于其他平台,并且还提供投资合同模式自由选择或者由律师重新编写等增值服务。截至 2018 年 1 月,Wefunder 平台共有 143 557 名投资者进行注册,共为 185 家创业公司筹集资金 5 615.95 万美元。

(2) AngelList。

AngelList 平台成立于 2010 年,主要服务于高科技创业,是美国最具代表性的股权众筹平台。该平台上的股权众筹有 3 种模式:联合投资、由创业企业自己发起的联合投资以及基金模式。

① 联合投资:2013 年 9 月,AngelList 推出了联合投资体模式,即经过审查考核,选出有经验的知名投资者作为"领投人",普通投资者作为"跟投人"。该平台首创的"领投＋跟投"模式,成为其他众筹平台学习的榜样。其中领投人是核心,负责找项目,并对项目作书面的投资分析,本人也在其组织的联合投资项目中投入一大笔资金,并在投资收益中获得 15%～20% 的收益提成作为回报。经验缺乏的跟投人可以选择领投人推荐的投资项目,投资一小笔资金,利用领投人在挑选投资项目和投后管理上的丰富经验,就可以获得更加稳定和高效率的收益。这种模式下平台利润主要来自投融资的附带收益,分享跟投人的部分投资盈利。

② 自发合投:如果初创企业不想应付那些投资金额较小的投资者,那他可以采用"自发合投"模式由公司自己发起一个联合投资,前提是该企业已经获得了一个高质量投资者 10 万美元及以上的投资承诺,之后便可以面向更多跟投人筹集资金。自发合投与上文描述的联合投资区别在于,自发合投不由领头人履行管理义务,资金的募集和投后管理由 AngelList 主导,因此 AngelList 向普通合格投资者收取 10%

的附带收益。

③ 基金模式:除了以上两种方式,投资者还可以投资 AngelList 平台上的基金来对初创企业进行投资。每个基金会广泛地投资大概 100 个早期科技公司并且侧重领域会略有不同,基金主要投资有风投机构谈判并领导投资的项目,投资者不能单独退出每笔投资。事后风投机构收取项目总收益的 15%,AngelList 收取 5%。

另外,AngelList 不仅为创业企业提供投融资服务,还提供求职招聘业务,是高新技术领域里初创企业招聘与应聘的重要社交平台。在 AngelList 官网,置顶的版块是人才招聘,创业企业可以免费在此发布招聘信息,应聘者也能免费搜集就业信息并应聘,AngelList 意图使其成为世界上为创业企业服务的最大的市场。

（3）CircleUp。

CircleUp 是一个帮助小型消费品零售公司筹集资金的网络平台,总部位于美国旧金山。其众筹对象仅针对平台合格投资者,该公司的特点在于采用了一套机器学习算法对融资公司进行估值,以帮助投资者更方便地决策。其盈利模式是向成功完成融资的公司收取一定比例的佣金。创业公司想要在 CircleUp 上融资,必须在提出申请的前一年至少有 100 万美元的年收入,每家公司在 CircleUp 上都有一个独特的页面,在创业公司正式上线募资前,CircleUp 会对它们进行评估并反馈给投资者,如果投资者认为将评估工作交给 CircleUp 企业本身不合适的话,CircleUp 会要求创始人提交顶级估资机构证明。上线公司可以通过 CircleUp 与投资者进行沟通并获得数额在 10 万到 100 万美元之间的投资。投资者参与投资的额度为 1 000～25 000 美元。

（4）SeedInvest

SeedInvest 成立于 2012 年,总部位于纽约,是一家股权众筹平台,SeedInvest 试图将天使投资和风险投资吸引到其平台上。在 SeedInvest 上募资的公司都经过严格审核,一旦初创公司明确表示募资意向,公司要给出特定的目标金额和期限,且平台鼓励募资公司都尽量提供视频,可以是一个简单的 1～2 分钟的关于公司愿景和商业计划的自制视频,以便于投资者评估。与其他平台不同的是,SeedInves 还推出自动化投资模式,有资格获得自动投资的企业需要经过严格的审核,对于投资者来说,这种模式更加方便,并且这种模式下的最低投资限额更低。通过这个网站筹集的资金,SeedInvest 将抽取其中的 5%～10%。目前,该平台累计投资人数达 211 131 人,共为 150 家初创企业募集资金近 950 万美元。

（5）StartEngine。

StartEngine 成立于 2014 年,是一家比较新的股权型众筹平台,但发展迅速。StartEngine 上超过 95% 的投资者都是 non-accredited 投资者,且该平台接受来自各国的投资者,在所有募资公司中,超过 35% 的公司由女性或少数族裔主导。除此之外,StartEngine 的盈利模式也较为多样。目前,已有超过 10 万人通过StartEngine 发现他们想要投资的新公司。

总之,从这些较为出色的平台基本可以看出,美国众筹涉及的领域众多,既有综合型众筹平台,也有垂直型众筹平台。从模式来看,众筹模式多样,包括"领投＋跟投"模式、自动化投资模式等,为投资者提供了多种选择。最为重要的是在监管方面,由于有明确的法律条文,使得无论是对筹资公司还是投资者都有标准进行限制,在一定程度上降低了投资风险。

3.3　英国众筹行业概况

3.3.1　英国众筹行业数据统计

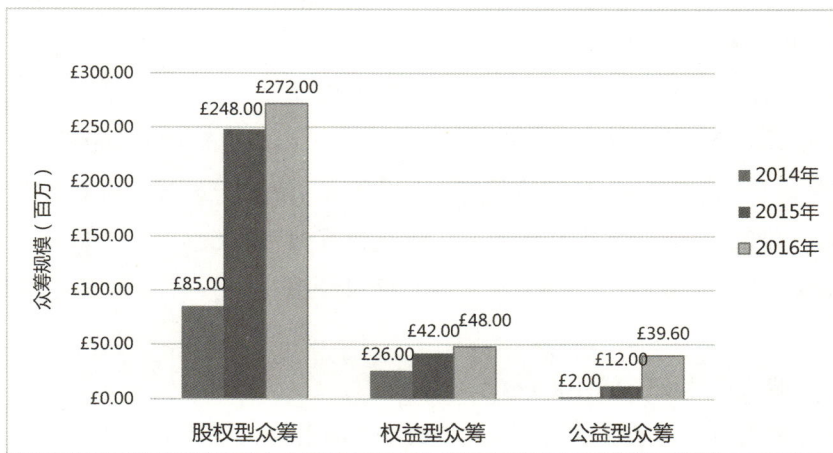

图 3 - 3　2014—2016 年英国众筹规模变化情况

根据《2017 年英国另类金融行业报告》中的数据显示,英国股权型众筹在 2016年有所增长,由 2015 年的 2.48 亿英镑增至 2.72 亿英镑,增长比例为 9.68%,不过增长速度较往年来看速度放慢;权益型众筹和公益型众筹在 2016 年同样有所增长,权益型众筹增长了 14.29%,众筹规模由 2015 年的 0.42 亿英镑达到 0.48 亿英镑;2016 年以捐赠为基础的公益型众筹达到 0.40 亿英镑,相较于 2015 年的 0.12 亿英镑,增长率达 230.00%。

3.3.2　英国众筹行业基本情况

自美国产生众筹后,英国也出现这一商业模式,随后在几年内站稳脚跟。在众筹行业的监管方面,特别是对股权众筹行业,英国进行了张弛有度的监管,既有法律条例严格限定股权众筹平台的经营以保护投资者,又有政策优惠鼓励投资,推动行业发展。具体来说,互联网金融监管职责属于英国金融行为监管局(Financial Conduct Authority,简称 FCA),其颁布的《关于网络众筹和通过其他方式发行不易变现证券的监管规则》为行业监管提供了法律保障。主要内容包括以下几点:

1) 投资者限制

针对非上市证券缺乏市场价格,以及难以在二级市场转让的特性,《监管规则》要求,在众筹平台(或其他渠道)提供该类投资的企业应当只能对特定类型投资者发行。这些特定类型投资者包括:

(1) 职业客户。具体指经核准并受监管的金融机构,包括四类:一是银行、投资公司、其他获得核准并受监管的金融机构、保险公司、集合投资计划及其资产管理公司、养老基金、商品和商品衍生品交易商、其他机构投资者;二是满足下列任意两项的大型企业:① 净资产总额为 2 000 万欧元以上;② 净营业额为 4 000 万欧元以上;③ 自有资金 200 万欧元以上;三是国家和地方政府,诸如中央银行等管理政府债务的公共部门;四是以投资金融工具为主要活动的其他机构投资者,包括专门从事资产证券化或其他融资交易的实体。职业客户之外的其他投资者是非职业客户,即零售客户。

(2) 能够获得建议的零售客户。

(3) 被归类为公司融资相关人或风险投资基金关联人的零售客户。

(4) 被认证或自我认定为成熟投资者或高净值投资人的零售客户。

(5) 在该类产品中承诺投资不超过其可投资资产净值 10% 的零售客户。

2) 适当性测试

平台应当对没有获得建议的零售客户进行适当性测试,检测客户是否具有足够的知识和经验理解投资不易变现证券所涉及的风险。

3）信息披露与尽职调查

鉴于不易变现证券风险巨大，《监管规则》要求平台向客户说明：不易变现证券缺乏二级市场，很难变现。同时提供足够详细的信息，包括是否对被投资公司进行了尽职调查，尽职调查的范围以及任何相关分析的结果。

另外，英国监管机构对投资类众筹融资平台的审批是根据现行的投资公司的相关规定进行的特例审批。经监管机构批准后，投资类众筹融资平台公司还将加入英国金融服务补偿计划（Financial Services Compensation Scheme，FSCS），旨在进一步维护消费者的权益。FSCS 是对获批金融公司的客户进行赔偿的最后一个资金来源，相当于为投资者提供一个保险机制。平台公司一旦出现停止交易和违约的状况，投资者和融资者可以通过 FSCS 申请获得补偿。由此可见，英国对于众筹行业的监管也较为明确合理。

3.3.3　英国知名众筹平台介绍

（1）Crowdcube。

Crowdcube 是一家于 2010 年 10 月在埃克塞特大学创新中心成立的股权众筹平台，2013 年 2 月被英国金融行为监管局（FCA）认定为合法，并且在 2013 年被评为欧洲最火热的 Fintech 公司。2016 年，Crowdcube 成为英国第一家为初创企业和小型企业筹集 2 亿英镑投资的众筹网站，而其上市的前十大项目已经筹集了超过 2 800 万英镑。Crowdcube 平台的运作流程是融资者向 Crowdcube 提出申请，并对公司状况、行业背景、市场需求、商业模式、自身优势、退出渠道等相关情况予以说明和披露，提供必要的文件供投资者查看，同时设置出让股份、目标金额、筹款期限和项目汇报等信息。然后 Crowdcube 会在 72 小时内对项目进行审核，通过审核后，融资者根据自己的融资需求，设定融资金额，提供一定股权，并把自己的融资计划发布到 Crowdcube 上。Crowdcube 上的融资期限一般是 60 天，如果到期筹资未成功，项目发起人可以与平台协商是否延期。

与许多股权众筹平台对于投资者的资金有所要求不同，Crowdcube 最低要求金额低至 10 英镑。Crowdcube 采用"all or nothing"模式，在众筹期间内，如果达到了筹资目标金额，那么筹资人可以获得全部筹集资金；而如果在众筹期间内未达到目标金额，则为筹资失败，之前投资人所投款项将会返回投资人。在收费模式上，Crowdcube 免收会员费、项目发起费、融资过程费以及第三方支付费。但项目融资成功后，Crowdcube 会对每个项目收取 1 750 英镑的咨询、管理费（其中 1 250 英镑支付给律师事务所,500 英镑为平台收取)和融资总金额 5% 的中介费用,对投资者则免费。

（2）Seedrs。

Seedrs 成立于 2012 年 5 月,公司总部设在东伦敦科技城,是一家定位于投资欧洲初创企业和后期企业的股权众筹平台。作为一个"all or nothing"的平台,要求筹资公司除非达到其宣布的筹资目标,否则将不会获得任何资金,但如果企业获得超过所预期的筹资金额,企业可以将相关资金作为超募部分用于项目。

与其他众筹平台类似,Seedrs 提供平台给各类型创业企业帮助其发布项目筹集资金来扩大自身规模,也给许多不具备丰富投资经验的人提供投资渠道参与众筹,其投资额低至 10 英镑,以吸引用户。Seedrs 将投资者通过银行或其他方式投资的资金筹集完毕后放入第三方存管处,在项目调查详尽后再将资金转入筹资人处,尽可能保证资金安全。2017 年 5 月,Seedrs 推出了二级市场,在平台中每月开放一周时间,使投资者可以在市场中交易私人股份。通过二级市场,可以让投资者将自己手中的股份进行交易,可以更大程度地推动股份流转,也能帮助创业企业获得更多的资金。Seedrs 不断扩大自身业务,在英国及欧洲范围外,也在美国开展业务。2017年,Seedrs 的总投资金额超过了 3 亿英镑。

（3）Crowdfunder UK。

Crowdfunder UK 是 2011 年推出的一家股权众筹平台,多为科技等类型的早期创业者提供支持。Crowdfunder UK 是目前英国排名第一的众筹网站,其涵盖项目类型广泛,如商业、体育、慈善等众多方面。与其他的众筹平台类似,都是由筹资人将相关的项目信息进行发布,平台对其进行推广,项目运行的最长周期是 8 周。但不同的是,项目在筹资过程中,除了筹资人所需资金外,还有机会获得所谓的"our ＋Funders",即由对项目所处领域感兴趣并寻找投资机会的人进行额外的投资,来帮助筹资人更好地完成项目运行。

筹资人可以在筹资过程中选取"all or nothing"或是"Flexible Funding"两种模式:"all or nothing"即同其他的众筹平台一样,如果项目成功,则筹资人可以获得全部的筹集资金,但如果项目在规定时间内没有筹集到预期的筹资金额,则宣告项目失败,项目资金回到投资者账户;而"Flexible Funding"则是无论是否达到目标金额,筹资人在规定时间结束后都可以拿到所筹集资金,而投资者会收到邮件通知他们项目结束,由筹资人向平台缴纳相关的业务费用。此模式多用于平台中慈善类型的众筹项目筹资。在费用收取方面,Crowdfunder UK 会在项目成功后收取筹资人筹资金额中 6% 的业务费用。

（4）The House Crowd。

The House Crowd 是一家成立于 2011 年 12 月的英国房地产众筹公司,于 2012 年 3 月正式投入交易,在英国属于最早一批房地产众筹公司。在 The House Crowd 平台,投资者的起投资金为 1 000 英镑。由多位投资者共同购买一处房产,若是将它进行租赁,则定期获得一定租金;若是将房产最终出售,则获得房产出售后的相关收益。The House Crowd 定期会在平台上推出项目,约每周两个左右。The House Crowd 会对项目进行评估,对于其所处位置、升值空间、预期租金收益、购置过程中所产生的一系列费用成本都放进其投资回报的计算中。投资者可以选择项目并且投入以 1 000 英镑为倍数的资金参与项目,之后由平台负责后续维护,包括租客的选择、租金的收取、房屋的相关维护等。投资者投资房屋 5 年后,每隔一年由所有投资者共同发起投票,达到比例后房屋将被出售,投资者可以获得初始投资额及相应利润。The House Crowd 在项目进程中收取 25% 的业务费用,即租金的 25% 或房产出售时的 25%。The House Crowd 自 2012 年到 2017 年已经筹集了超过 4 400 万英镑,帮助超过 15 000 名投资者获得 900 多万英镑的投资回报。

（5）Crowd Racing。

Crowd Racing 是世界上第一个向大众提供赛马股份的众筹平台。类似于股权众筹。Crowd Racing 通过众筹的方式,让众多投资者可以共同拥有一匹马或者共同选择教练来组建一支队伍。投资者在选定自己中意的项目之后进行投资来购买马匹和支付一年的相关培训费用,之后可以获得比赛的相关奖金分红、定期的马匹信息、马匹比赛的情况以及一旦马匹出售时的应得份额。这样的平台,让更多的投资者可以以低成本参与到这样看似昂贵的项目中,也可以让更多的投资者成为俱乐部的所有者。

3.4　国外典型项目案例

众筹作为一种"互联网＋"投资模式,越来越受到大众的认可和青睐,众筹所涉及的领域也越来越广,其依靠大众所发挥的作用也越来越大。本节将介绍几个国外典型的众筹案例。

1）政治领域

众筹曾在政治领域发挥过极大的作用，最著名的案例可以追溯到 2008 年的奥巴马总统选举。奥巴马所属的民主党，向来不受财大气粗的大企业青睐，筹款能力弱于共和党。但随着 2008 年以 Facebook 为首的社交媒体崛起，大批草根用户可以在社交媒体上表达对奥巴马的支持并参与竞选筹款活动，众多小企业主甚至个人的支持，达到了积沙成塔的效果，使得奥巴马的筹款能力迅速提升。2008 年竞选，奥巴马团队筹集到 7.45 亿美元，筹款金额甚至超过麦凯恩 1 倍，成功入主白宫。当时，支持奥巴马的人有 320 万人之多，据估计所筹资金超过 85% 来自互联网，其中绝大部分是不足 100 美元的小额捐款。而这些捐几十美元的人和捐几千美元的人的投票权是一样的。

2）校园击剑项目

蒂姆·莫尔豪斯是一位美国击剑运动员，曾获得奥运会银牌，同时也是体育产业中最具影响力的倡导者之一。莫尔豪斯长期致力于促进全球击剑运动的发展，特别重视少年儿童的击剑培养。2011 年，莫尔豪斯发起了"校园击剑"（Fencing in the Schools）项目，该项目旨在将击剑运动带入校园，不仅能改善体育教育，培养少年儿童的奥林匹克精神，还有助于解决儿童肥胖问题。2014 年春，校园击剑项目计划举办一场名为"校园对战"（Duuel for the Schools）的大型筹资活动。活动在纽约市举办，现场将真实上演奥运选手的击剑对决赛，除纽约当地的捐赠者与支持者外，校园击剑项目还希望吸引其他地区的人们参与到活动中来，因此就需要一种方式，来帮助其在更广泛的地理基础上提升项目关注度。为此，校园击剑项目决定，在"校园对战"开始前，通过 Crowdrise 平台发起一项众筹活动。其筹资目标为 15 万美元，众筹活动结束后，校园击剑项目共筹集到 17.5 万美元，成为迄今为止最大规模的运动员众筹活动。

在众筹活动中，莫尔豪斯还与 Sabra Hummus、Under Armour 及迪克体育用品公司（体育盛事慈善活动）等企业赞助商合作。"仅仅利用自有筹资活动，参与者人数可能无法达到 1 000 人。"莫尔豪斯说，"我们借鉴了迪克体育用品公司体育盛事活动的配捐形式，并学习了 Under Armour 公司，达到了病毒式传播的宣传效果。"在校园击剑项目期间，Under Armour 曾开展 48 小时的"你捐赠 1 美元，我出资 5 美元"的捐款活动。与此同时，迪克体育用品公司的体育盛事则选择在 48 小时内参与网站筹资活动，每捐赠 1 美元将实际产生 7 美元的投资效果。校园击剑项目通过社交平台、广告邮件及电话营销等方式,请参与者在 2 天期限内参与捐资或再次捐资。48
小时内,活动成功募集的资金已成功超过活动目标的 50%。对于校园击剑项目来
说,众筹活动也使他们有机会挖掘潜在支持者,并在当地与美国的其他地区,乃至全
球范围内推广击剑活动。

3）智能家庭机器人 Jibo

2014 年,Jibo 在美国 Indiegogo 上发起众筹,短短三周内,就完成了超过 400 万
美元的众筹,共计卖出 6 500 台,这样的数据在当时打破了 Indiegogo 的众筹纪录。
Jibo 是一款家用社交机器人,由 MIT 科学家 Cynthia Breazeal 制造。它高约 28cm,
重约六磅,拥有电子眼睛、耳朵和声音,头部可以 360 度旋转并进行声音定位,能够讲
故事、聊天和提供安慰,也可以拍照和做日程提醒。众筹的机制对 Jibo 这种创新性
产品的帮助特别大,可以让公众有机会提前评判他们的市场潜力。在证明了用户的
积极反馈后,Jibo 公司得到了风险投资家的青睐,获得来自中国、日本以及韩国等地
数家知名投资机构总计 1 100 万美元的融资。Jibo 公司的 CEO 曾表示,Jibo 之所以
成为众筹界的“网红”,秘诀是做好视频。“你要预先想好你的产品将来会被送到什
么样的场景中去使用。很多创业团队忽视这个问题,融资不如意也在所难免了。”

第4章　众筹行业门户及各类协会组织

行业门户及各类行业协会等组织是行业发展必不可少的机构。在中国众筹行业发展历程中起重要作用的行业门户网站及行业协会主要有:众筹行业门户——众筹家、新实体金融服务联盟、中国互联网金融协会互联网股权融资专业委员会和上海现代服务业联合会众筹服务专业委员会等。

4.1　众筹行业门户——众筹家

众筹家是上海善筹金融信息服务有限公司成立的众筹专业服务网站,是《理财周刊》旗下专注众筹行业的权威资讯与专业服务第三方门户。众筹家总部设在上海,并在北京、深圳、成都等国内互联网金融重镇建立了分部,业务辐射全国。众筹家依托其自建的众筹行业大数据以及专业的服务能力,已成为行业领先的门户网站。众筹家成立于 2014 年 12 月,三年多的时间里,已被多家媒体报道,市区领导多次视察指导,每年一部的行业白皮书获得了同行及学术部门的高度评价,众筹家自建的众筹数据已被 Wind 数据库收录,数据被《第一财经》独家报道。众筹家与多家媒体及众筹企业建立了深度合作关系,在行业里倡导并筹建了"新实体金融服务联盟",聚集了 10 家优秀的众筹平台,建立行业标准和规范,对于中国众筹行业的健康发展起到了促进作用。众筹家的产品及服务如下:

(1) 众筹行业解决方案。众筹家作为众筹行业门户,能够快速聚焦行业信息。依托信息中心、众筹家大数据资源、众筹家行业经验以及众筹家自建的众筹系统等优势,提供行业解决方案及众筹相关的咨询服务。

(2) 众筹服务平台。众筹家自主开发了众筹服务平台,通过该系统,可以开展众筹平台的所有业务。众筹家提供的"众筹行业解决方案＋众筹服务平台＋支付",可帮助企业快速上线并运营众筹业务。

(3) 众筹资讯。众筹资讯来源于以下渠道:①网站自有内容团队采编;②众筹家数据研究院研究成果;③专家专栏、说客;④站内论坛;⑤其他网站转载;⑥专业报告文献改编及翻译。

（4）众筹大数据。众筹家自建的众筹数据已被 Wind 数据库收录，众筹家通过程序抓取及线下活动等多种方式，获取数据并构建了众筹大数据：①众筹平台及项目数据库（包括全国各众筹平台的概况及平台上项目的融资数据）；②众筹专业术语库；③众筹政策库；④众筹名人库；⑤众筹行业机构库；⑥众筹文献库。

（5）行业报告及白皮书。通过采集全国众筹平台的项目数据，对数据进行全方位分析，揭示行业发展现状及问题，动态跟踪和解读行业政策的变化。出版了白皮书《中国众筹行业发展报告（2016）》《中国众筹行业发展研究（2017）》，即将出版《中国众筹行业发展研究（2018）》。书中主要包括以下内容：①众筹概述；②中国众筹发展的不同阶段及特征；③全球众筹发展概况；④中外众筹对比；⑤众筹项目评价；⑥行业宏观数据统计；⑦细分市场数据统计：实体店铺、农业、旅游、影视、科技、出版、游戏、音乐；⑧众筹监管与政策；⑨众筹大事记；⑩众筹与科技。

（6）众筹咨询及服务。为政府、企业及研究机构提供行业数据及行业报告定制服务；为企业提供众筹咨询服务。

（7）会议等线下活动。每年举行若干次规模不等的行业会议，如一年两度的"互联网金融博览会"众筹专场、大型专题会议以及行业负责人的闭门会议等。

（8）投资社区。建立并运营筹吧，通过筹吧，聚集投资者及创业者，开展投资人教育和项目方教育。

（9）项目大众点评系统。自主研发了众筹项目点评系统——"尽评"，在平台上动态展示众筹平台的项目，投资者在系统中点评项目，供其他投资者参考。

4.2　新实体金融服务联盟

众筹行业第三方门户网站"众筹家"通过对自建的众筹行业数据的研究发现，近年来出现了一个令人非常振奋的变化，即第五创、多彩投等为餐饮、酒店、教育、民宿、农业等实体经济服务的众筹平台，经过多年坚持不懈的努力，各自在自己的细分领域，逐步找到了各具特色的经营模式，完成的众筹项目及融资金额增长迅速，不仅利用众筹的方式帮助这些领域的小微企业解决了资金问题，同时，筹集资源从企业文化建设、行业规范、诚信守法、股权激励、品牌建设等多方面帮助小微企业，使许多参与众筹的企业向规范化的连锁企业发展，这些众筹平台在带动实体产业转型升级中发挥了重要的作用。与此同时,众筹家也发现,尽管众筹行业对中国实体经济正在起着越来越重要的作用,但是在众筹的监管及行业规范方面仍存在很多空白。为此,在众筹家的倡导下,2017 年 9 月 20 日,"新实体金融服务联盟"筹备会在上海外滩游轮上召开。来自开始吧、多彩投、靠谱投、人人投、第五创、人人创、点筹网等十余家在内的中国众筹行业最优秀平台的代表,就新实体金融服务的意义、创新的方向以及联盟建立的思路进行了深入探讨。与会代表一致认为,行业优秀平台共建行业联盟,建立行业规范和准则、及时向监管部门汇报行业问题、行业信息共建共享、投资人教育等工作势在必行,对于行业健康发展有重要意义。

各主要负责人对联盟的建立发表了自己的看法:开始吧创始人兼 CEO 徐建军说,众筹行业目前体量还不大,联盟的诞生将在推进以众筹为代表的新实体金融服务行业的合规化、标准化、规范化和规模化方面起到重要作用。多彩投创始人、首席战略官张森华强调,联盟应该帮助实体产业与 VC 产生联系,帮助联盟内部成员建立起沟通机制,有助于建立起行业地位。靠谱投联合创始人齐燕杰也强调,众筹发展过程很艰难,仍处于教育市场的阶段,但未来市场很大,现在需要的是联合携手,共同制定标准,从自律再到共律。由此,好的资产端才会接受众筹模式,用户才愿意参与。第五创创始人兼 CEO 黄东表示,联盟的价值应该定位于自律、合规,实现金融服务和支持实体经济,帮助去库存、提升项目品牌的竞争力、产业升级、消费升级。人人投总裁张勇表示,众筹行业一荣俱荣一损俱损,因此行业应多沟通、了解,才能够互相支持,做大做强,因而也才会有更多项目方愿意采用众筹方式融资,众筹投资也将成为更多合格投资者的投资理财选择。人人创创始人、执行董事袁伯其指出,在国内的不同地区,众筹平台面临的政策环境差异非常之大,政府与市场对于行业的理解也各有不同。因此,众筹行业需要一个联盟为行业发声,让社会看到众筹平台的价值。同时,以联盟的形式,众筹行业可以做更多、更大、更规模化的事情。淘宝众筹孙华霄认为,众筹还是有价值有市场有认可度的,并没有逆风而行,关键是要将行业规则建设好。

2017 年 11 月 3 日,"新实体金融服务联盟"成立大会在杭州西溪宾馆召开。会议由众筹家主办,开始吧承办,包括来自众筹家、开始吧、靠谱投、多彩投、人人投、人人创、第五创、点筹网、同城众投、真功夫在内的中国众筹行业代表参与本次会议。会议通过了《新实体金融服务联盟章程》,章程中明确了联盟的组织架构,选举并通过了开始吧的徐建军为理事长,众筹家的陈亮为秘书长,第五创的黄东、点筹网的黄金高、靠谱投的聊永、多彩投的张森华、人人投的郑林为副理事长；真功夫的祝德凯和华东师范大学的袁毅担任联盟顾问。众筹家设为秘书处，负责联盟的协调工作。

众筹行业自律组织章程规定了主要的组织职能：

（1）负责向行业传播和解读各级监管部门发布的各项相关法律法规及指导意见，代表行业向监管部门沟通汇报，获得监管部门的理解和支持。

（2）在法律框架内宣传推广行业，提高行业的社会认知度。

（3）建立行业通用标准及具体技术标准，建立行业自律规则，对行业进行监管指导。

（4）利用联盟资源及影响力，促进监管归属、ICP 许可、备案、银行存管等行业共性问题的解决。

（5）共建和共享行业信用数据，创建新实体行业诚信体系。

（6）行业中平台项目数据（公开数据）的接入、统计及动态发布，以反映行业发展现状，统计和发布行业对实体经济贡献指数等报告。

（7）开展项目方培训及投资人教育，吸引优质资源和合格投资人。

（8）组织行业交流，提高行业整体技术水平和管理能力。

该行业自律组织一旦正式注册成立，将在引导行业规范发展、建立行业自律体系、与监管部门沟通联络等领域开展工作，与各级、各地的互联网金融协会共同促进行业发展。

4.3　中国互联网金融协会互联网股权融资专业委员会

2017 年 9 月 27 日，中国互联网金融协会常务理事会通过了互联网股权融资专委会的组成方案和专家委员名单，互联网股权融资专委会正式成立。

互联网股权融资专业委员会是中国互联网金融协会下设的专业委员会。专委会主要职责是：制定互联网股权融资自律管理规则、经营细则和行业标准；组织实施教育从业机构遵守法律法规和互联网股权融资有关监管规定，组织开展合规及风险教育培训；依法开展互联网股权融资从业机构自律管理及检查，维护互联网股权融资市场秩序；履行互联网股权融资法律法规和有关监管规定及协会理事会赋予的其他职责。

互联网股权融资专委会主任委员由大成基金管理有限公司副总经理姚余栋担

任,副主任委员由中关村并购母基金研究院院长王雪松及证监会打非局张超担任。委员来自传统金融机构、新兴互联网金融从业机构、信息服务机构和学术研究机构等,具有广泛代表性和专业权威性。

2017 年 10 月 16 日。中国互联网金融协会互联网股权融资专业委员会成立大会暨第一次工作会议在北京召开。会议对互联网非公开股权融资信息披露标准进行了深入讨论,并出台了相关草案稿。其中,对于股权融资平台、领投方和融资方等参与主体信息披露的要求进行了规定,并针对互联网股权融资的五方面问题进行了深入探讨和工作部署。五方面的问题主要是:①确定互联网股权融资的政策设计和工作思路;②研究行业发展现状和面临的主要制约因素及应对之策;③研讨如何加强行业的法律制度框架设计、自律治理体系等顶层制度设计和重点课题研究,优化行业发展环境;④研讨互联网股权融资专委会的工作机制和目标成果;⑤研讨《互联网非公开股权融资信息披露标准》(草案稿)。

此后,互联网股权融资专委会向专委会的委员发布研究课题,专委会委员研究后开会讨论,最后形成研究简报。

4.4　上海现代服务业联合会众筹服务专业委员会

上海现代服务业联合会众筹服务专业委员会由致力于推动互联网非公开股权融资平台健康发展的社会团体、企事业单位、科研机构自愿组成,现有会员单位 41个。专委会的任务是:在联合会的领导下,依法履行聚合、自律、协调、研究、教育、推广的职能,发挥桥梁、纽带和服务的作用,促进众筹平台的学习、交流与合作,沟通众筹平台与创业者、投资者和政府管理部门的联系,团结本市众筹行业的相关机构和从业人员,探索行业创新发展模式,营造规范、透明、安全的行业环境,为促进上海众筹事业健康快速发展,加快建设上海金融中心、科技创新中心做出贡献。

2015 年 6 月 28 日,在"第二届上海互联网金融博览会高峰论坛"上,上海现代服务业联合会新金融服务专业委员会、众筹服务专业委员会举行了揭牌仪式。上海市政协副主席周汉民、上海现代服务业联合会会长周禹鹏出席并致辞,联合会副会长兼秘书长赵效定,副会长周伟民、陈振鸿、巢卫林以及知名互联网金融企业代表、传统金融机构代表、专家学者、媒体记者约 600 多人出席活动。

周汉民表示,中国互联网金融的发展很大程度上是倒逼机制逼出来的,因为中国相对滞后的传统金融业发展,尚未完全跟上实体经济的需求,给互联网金融的发展留下了巨大的空间。随着中国互联网金融的蓬勃兴起,对其加强监管刻不容缓,互联网金融应被纳入现行金融业监管框架,因为互联网金融并未改变金融的实质,此外还需加强行业自律和企业内控。

周禹鹏表示,中国互联网金融对完善市场金融体制、提高资金配置效率,特别是在当下宏观经济下行的状态下,对中小企业的融资都发挥了独特的作用。今年上海将加快建设具有全球影响力的科技创新中心,科技创新离不开金融的创新,离不开金融资本的支持,互联网金融如何助力上海全球科创中心建设,应成为业者认真思考的问题。

在论坛开始前,上海现代服务业联合会新金融服务专业委员会、众筹服务专业委员会分别举行了成立大会暨一届一次会员大会和一届一次理事会。顾振奋、陈跃分别担任新金融服务专委会和众筹服务专委会主任,陈亮担任众筹服务专委会的秘书长。

第5章　行业宏观数据统计

5.1　采集对象及研究方法

5.1.1　采集对象

截至 2017 年年底,国内共上线过 834 家众筹平台,除去已下线或已转型的 540 家平台后,对 294 家运营中众筹平台的基本信息进行统计分析。统计内容包括项目名称、项目网址、认筹状态、众筹类型、预期筹集资金、出让比例、项目估值、实际筹集资金、已达比例、发起时间、结束时间、众筹周期、投资人数、关注人数、评论次数、发起人、发起人所在地、项目所在地、项目简介等字段。并对 294 家平台按以下标准进行筛选:第一,将部分明显是造假数据的网站剔除;第二,将无法获取数据的网站剔除;第三,将明显有问题的部分数据剔除,保留可信部分。

利用计算机程序按字段自动采集了各个网站的项目信息并对项目进行了两种分类,一是权益型众筹、股权型众筹、物权型众筹和公益型众筹的分类;二是项目所涉及领域的分类,领域分类包括科技、实体店铺、农业、影视、音乐、游戏、出版、旅游、房地产、公益、汽车和其他共 12 个大类,并对部分类别进行更为详细的二级分类。

众筹项目的认筹状态一般分为三种:众筹中、已成功和已失败。众筹中项目是指采集数据时该项目还未到项目结束时间,仍处于可认筹状态;已成功项目是指该项目已结束认筹且已筹金额达到预期(部分特殊项目虽未达预期,但平台方、项目方和投资者几方商议后接受项目的已筹金额,也视为项目成功);已失败项目是指该项目已结束认筹,但已筹金额未达预期,或因其他特殊原因导致项目失败。平台官网上的预热项目和展示项目不在数据采集范围内。

需要说明的是,目前有些众筹研究机构发布的报告中,将仍处于众筹中但已筹金额达到预期的项目视为已成功项目。但考虑到项目还未结束,存在诸多不确定因素(如项目被发现有问题而被冻结),可能导致项目最终众筹失败,故本书不将其计入已成功项目。

目前我国众筹项目发布仍以 PC 端为主,单独在 APP 端发布项目的平台较少,且部分 APP 平台只显示当前众筹中的项目而不显示已结束项目。故本书仅对 PC 端数据进行采集。

特别注明,数据采集日期为 2018 年 1 月初,采集对象为 2017 年 1 月 1 日至 2017 年 12 月 31 日期间平台上的众筹项目,而平台改版时而有之,对于采集完成后平台改版并更新项目的情况,以采集时间阶段内网站显示为准。

5.1.2　研究方法

本书涉及的研究方法主要包括以下三种:

1)全平台"数据自动抓取＋人工审核"

人创咨询运用独立编写的网页信息采集程序抓取了众筹行业所有平台数据(已下线、无项目或问题平台除外),并在人工对这些数据进行预处理、核对、纠错、分类的基础上,进行统计分析。由于各平台对项目众筹过程中及众筹成功后的处理方式不同,所收集的数据全部以平台在线运行项目为准,包括项目众筹中、项目已失败、项目已成功三种。

2)实地调研及访谈

对于典型互联网众筹平台,研究团队除广泛搜集媒体报告、平台公开资料外,还通过面对面或电话形式对众筹平台负责人、融资人、投资者等相关从业者进行采访,以确保信息的准确性。

3)定性与定量研究相结合

本书中对采集预处理后的数据进行层次分析、对比分析、回归分析等统计分析,对研究的数据进一步精确化,以便更加科学地揭示规律,把握本质,理清关系,预测行业发展趋势。而对于一些无法量化的有用信息,本书采用一定的定性研究方法,主要凭借研究员的经验和众筹平台过去和现在的延续状况及最新的信息资料,对众筹平台及市场的特点、发展规律等作出归纳和判断。

5.2　众筹平台统计分析

5.2.1　众筹平台上线时间分布

据不完全统计,截至 2017 年年底,国内上线过的众筹平台共计 834 家。其中,2011 年上线平台 3 家;2012 年上线平台 11 家;2013 年上线平台 20 家;2011—2013

年期间共计上线 34 家,仅占比 4.08%。2014 年,国内众筹行业爆发,全年共有 168 家平台上线,占到所有平台的 20.14%;2015 年,众筹平台持续增加,全年共有 289 家平台上线,占到所有平台的 34.65%;2016 年,上线平台数稍有回落,全年共上线平台 279 家,占到所有平台的 33.45%;2017 年,上线平台大幅减少,全年共有 64 家平台上线,仅占比 7.67%。

　　截至 2017 年年底,这 834 家平台中已下线或转型的共有 540 家,正常运营的平台共 294 家,与 2016 年年底的 532 家运营中平台对比,跌幅达 44.74%。从图 5-1 中可以看出具体情况。2011—2013 年期间上线的 34 家平台中,现已下线或转型的有 19 家,现正常运营的有 15 家;2014 年上线的平台中仍正常运营的有 59 家,占 2014 年上线平台数的 35.12%;2015 年上线平台数最高,但现已下线或转型的平台数也不少,289 家平台中有 187 家下线或转型,余下正常运营的平台共 102 家,占比 35.29%;2016 年上线的平台现仍正常运营的为 81 家,占 2016 年上线平台总数的 29.03%;2017 年上线的 64 家平台中,已下线或转型的有 27 家,仍正常运营的有 37 家。

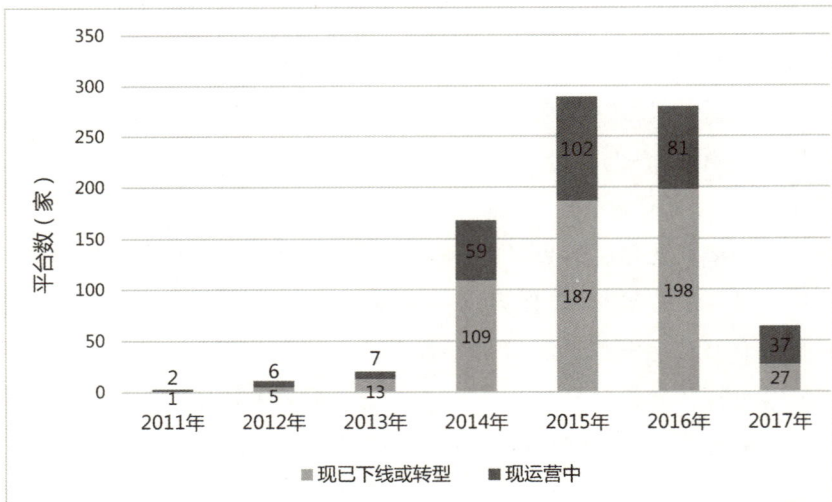

图 5-1　众筹平台上线时间分布

　　特别说明,以上所描述的平台状态是指在 2017 年年底时各平台的状态。如 2015 年上线的平台中已下线或转型的平台有 187 家,是指这 187 家平台在 2017 年年底处于已下线或转型状态,而不是指 2015 年当年有 187 家平台下线或转型。

　　事实上,大量众筹平台的集体下线并非毫无征兆,早在 2016 年下半年,就有部分众筹平台的业务没有进展,项目融资停滞,虽然这些平台的网站仍然能够打开,但网站信息并没有继续更新。2017 年下线的平台中,很大一部分就是这些在 2016 年就已经出现停运迹象的平台。2017 年,大量众筹平台下线或转型,同时新增平台数量也较少,众筹行业进行着一场优胜劣汰、适者生存的洗牌。

5.2.2　众筹平台类型分布

　　众筹平台按其回报模式划分,可分为股权型、权益型、物权型、公益型和综合型。股权型众筹此处是指互联网非公开股权融资,即融资者通过股权型众筹参与互联网平台以非公开发行方式进行的股权融资活动;权益型众筹指发起项目的个人或公司以提供产品或服务作为投资回报;物权型众筹指通过互联网向大众筹集资金,用于收购实物资产,通过资产升值变现获取利润;公益型众筹是指发起项目的个人或公司无偿获得支持者的捐赠;综合型平台是指包括两种及以上众筹模式的平台。

　　全国处于运营中的 294 家众筹平台中,权益型平台数量最多,共有 90 家,占比 30.61%;股权型平台 89 家,占比 30.27%;物权型平台 62 家,占比 21.09%;综合型平台 41 家,占比 13.95%;公益型平台数量最少,只有 12 家,仅占比 4.08%(见图 5 - 2)。2016 年下半年,二手车众筹全面爆发,大量平台上线,使得物权型平台一度成为各平台类型中占比最高的,但在 2017 年,大量的二手车众筹平台下线或转型,使得现运营中的平台数量低于权益型和股权型平台。

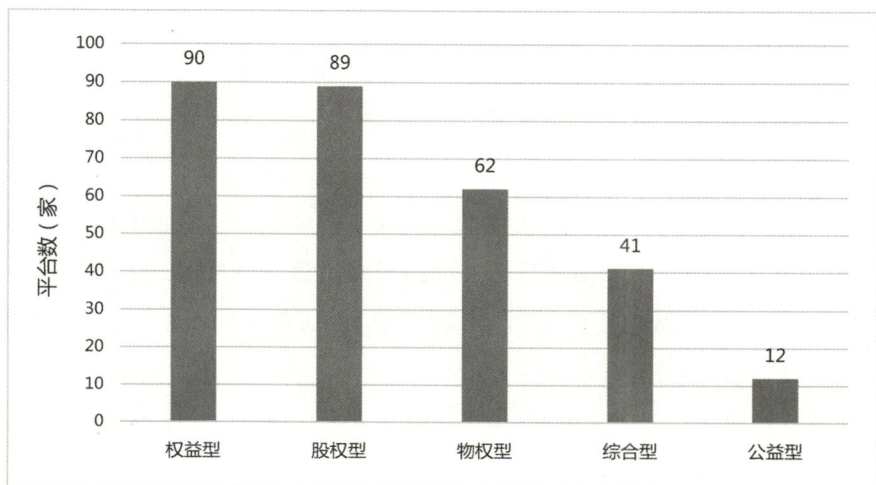

图 5 - 2　众筹平台类型分布

5.2.3　众筹平台地域分布

从正常运营的 294 家众筹平台的所在地分布情况看,全国 34 个省级行政区中,众筹平台覆盖 23 个。平台地域分布格局和往年大致相同,主要集中在经济较为发达的沿海地区,而分布在东北、西北和西南地区的平台较少。平台数最多的是北京,共有 69 家,占比 23.47%;其次是广东,共有平台 55 家,占比 18.71%;排名第三的是山东,共有平台 36 家,占比 12.24%;上海共有平台 33 家,占比 11.22%;随后是浙江和江苏,平台数分别为 25 家和 14 家。

5.2.4　新增众筹平台概况

据不完全统计,2017 年全年共上线众筹平台 64 家,其中 27 家已下线或转型。

新增平台中有 50 家为物权型众筹平台,占比达 78.13%,其中大部分为汽车众筹平台。新增权益型众筹平台为 6 家,股权型众筹平台为 2 家,综合型众筹平台为 4 家,公益型众筹平台 2 家。

由于大部分的汽车众筹平台来自山东,故新增平台在地域分布上以山东为主,共有 18 家平台,占比 28.13%;广东和江苏各有 6 家,上海和浙江各有 5 家。

5.3　众筹项目统计分析

由于本系列书籍已出版了《中国众筹行业发展报告(2016)》《中国众筹行业发展研究(2017)》,详细分析了众筹行业 2016 年及之前的数据,故本书接下来重点对 2017 年全年的数据做出统计分析。

5.3.1　众筹项目类型分布

据不完全统计,2017 年全年共上线 76 670 个众筹项目,其中已成功项目有 69 637 个,占比达 90.83%,成功项目的实际融资额高达 260.00 亿元,相比 2016 年上涨了 19.58%。可见虽然众筹平台数量并不可观,但从融资规模上看,众筹行业整体发展相对稳健,发展态势良好。

众筹项目按照回报方式进行划分,可以分为股权型项目、权益型项目、物权型项目和公益型项目。不同项目类型在 2017 年发生的全部项目数、成功项目数、成功项目预期融资额、成功项目已筹金额和成功项目支持人次的具体数据如表 5-1 所示。

表 5 - 1　2017 年全年众筹情况一览表

众筹类型	全部项目数	成功项目数	成功项目预期融资额（亿元）	成功项目已筹金额（亿元）	成功项目支持人次（万）
物权型	45 542	45 444	124.93	124.94	76.99
权益型	18 209	13 927	20.99	97.43	2 303.35
股权型	1 053	745	27.29	33.61	4.19
公益型	11 866	9 521	19.90	4.01	1 597.63
总计	76 670	69 637	193.11	260.00	3 982.16

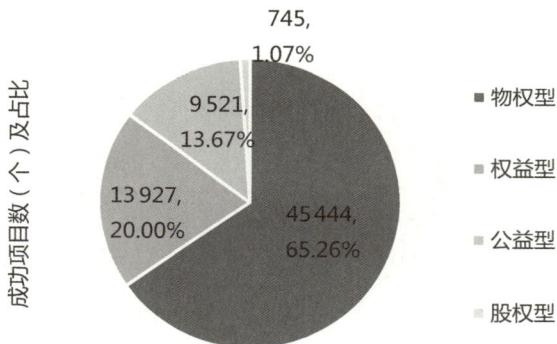

图 5 - 3　2017 年全年各众筹类型成功项目数

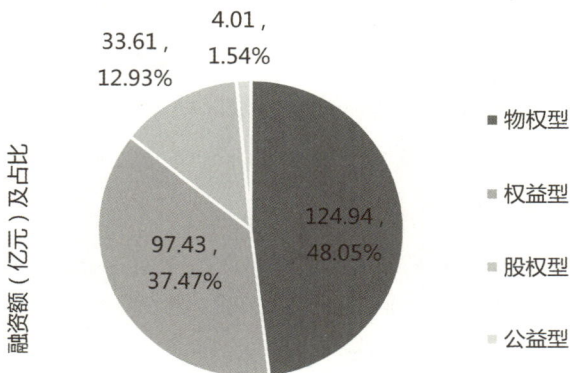

图 5 - 4　2017 年全年各众筹类型成功项目实际融资额（单位：亿元）

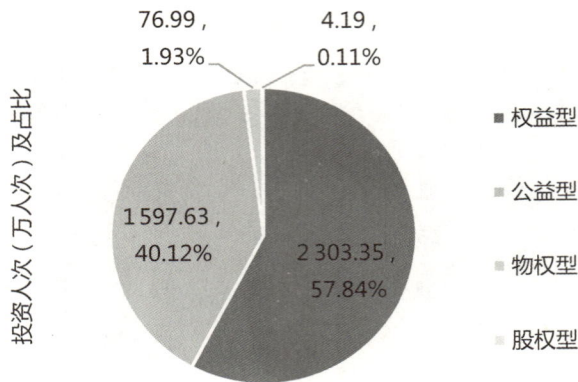

图 5 - 5　2017 年全年各众筹类型成功项目总投资人次（单位：万人次）

从项目数来看，无论是全部项目数还是成功项目数，都以物权型项目最多，权益型次之，然后是公益型，股权型最少。2017 年物权型项目共 45 542 个，相比 2016 年上涨 96.73%；物权型成功项目共 45 444 个，相比 2016 年上涨 96.79%。物权型全部项目数和成功项目数分别占据了 2017 年总项目数和总成功项目数的 59.40% 和 65.26%。

从融资金额来看，物权型成功项目的已筹金额最高，权益型和股权型次之，公益型最少。2017 年物权型成功项目已筹金额约为 124.94 亿元，占到了行业全年总融资额的 48.05%；权益型成功项目已筹金额约为 97.43 亿元，占比 37.47%；股权型成功项目已筹金额约为 33.61 亿元，占比 12.93%；公益型成功项目已筹金额约为 4.01 亿元，仅占比 1.54%。

从投资人次来看，权益型成功项目的支持人次最多，其次是公益型，再次是物权型，最后是股权型。公益型和权益型项目的参与门槛相对不高，所以在支持人次上获得了很大的优势。物权众筹虽然项目数和实际融资额均最高，但在投资人次上远远不及权益众筹和公益众筹。股权型众筹由于受相关法规的限制且项目数不多，投资人次相对其他类型较少。

5.3.2　众筹项目行业分布

选取十个具有代表性的众筹细分市场，分别是汽车众筹、实体店铺、科技、农业、房地产、旅游、影视、音乐、游戏和出版，总计 50 923 个项目。不同细分市场在 2017 年全年发生的全部项目数、成功项目数、成功项目预期融资额、成功项目已筹金额和成功项目支持人次的具体数据如表 5 - 2 所示。

表 5 - 2 众筹细分市场发展概况

细分市场	全部项目数	成功项目数	成功项目预期融资额（亿元）	成功项目已筹金额（亿元）	成功项目支持人次（万）
汽车众筹	39 513	39 437	107.94	107.94	50.32
实体店铺	1 227	1 120	15.62	49.80	16.24
科技	3 717	2 921	16.97	38.58	890.08
农业	3 457	2 987	2.63	9.64	314.38
房地产	1 178	1 168	8.61	7.52	11.53
旅游	187	150	0.33	3.46	4.95
影视	313	217	2.88	2.96	37.09
音乐	816	325	0.45	0.53	12.04
游戏	186	142	0.12	0.25	14.54
出版	329	268	0.12	0.18	13.72
总计	50 923	48 735	155.65	220.86	1 364.89

注：本表按各细分市场成功项目已筹金额进行排序。

从表中可以看出，汽车众筹市场的全部项目数和成功项目数均最多，分别占十大细分市场总项目数和总成功项目数的 77.59% 和 80.92%。其成功项目已筹金额也排名第一，占细分市场总融资额的 48.87%，可见 2017 年汽车众筹延续了 2016 年的火爆趋势，发展情况较好。但汽车众筹成功项目的支持人次较少，约 50.32 万人次，不如科技、农业等领域。

在剩余的九个细分市场中，科技众筹的市场规模相对较大，全部项目数排名第一，成功项目数及已筹金额均排名第二，成功项目支持人次总量优势最为明显，高达 890.08 万人次，远远超过排在其后的农业众筹。

农业众筹的成功项目数仅次于汽车众筹，但预期融资额及已筹金额数额相对较小，分别为 2.63 亿元和 9.64 亿元，主要原因是农业众筹多为权益型项目，单个项目所涉及的金额一般不大。

实体店铺类的总项目数和成功项目数分别位于十大细分市场中的第四、第五位，但其成功项目总融资额位于第二位，实体店铺类项目中有不少股权型项目，单个项目金额相比权益型项目而言较大。

2017 年房地产众筹成功获得融资 7.52 亿元，居于十大细分市场中第五位。

5.3.3 各地众筹平台成功项目数总量

将平台按所在地进行划分,并对各地众筹平台的成功项目进行统计,得到各地平台发布的成功项目数量。这与项目所在地不同,项目所在地是指发起方发起的项目的地址,而此处统计的是不同地区的众筹平台上发布的项目详情。

北京、上海、广东、江苏四地的成功项目数过万,其中北京最多,有 16 359 个,占全国成功项目总数的 23.49%。北京一直都是众筹平台的重要聚集地,拥有几家项目数较多的大平台,如中 e 财富、京东众筹等;其次是上海,有成功项目 13 673 个,占比 19.63%,上海地区有几家规模较大的物权型众筹平台,如维 C 理财等,使其成功项目数较多;广东排名第三,共有成功项目 12 927 个,占比 18.56%,除了广东地区的众筹平台数量较多外,另一个主要原因是腾讯乐捐有大量成功项目,占到了整个广东省成功项目的 68.44%;排在第四的是江苏,共有成功项目 10 597 个,占比 15.22%。主要是由于苏宁众筹和汽车众筹平台智仁科的项目数较多。以上四个地区的成功项目数合计 53 556 个,占比 76.91%。

除了以上四个地区外,山东和浙江两地的表现也比较突出。其中山东共有成功项目 8 155 个,占比 11.71%,大部分是汽车众筹项目;浙江共有成功项目 4 375 个,占比 6.28%,其中近六成项目来自淘宝众筹。

而其余地区的成功项目数仅占比 5.10%,成功项目分布差异明显。

5.3.4 各地众筹平台实际融资额总量

对各地区众筹平台成功项目实际融资额进行统计,整体来看可分为三个梯队。

第一梯队是实际融资额在 10 亿元以上的地区,包括北京、上海、浙江、山东、江苏和广东。其中北京排名第一,实际融资额约为 90.59 亿元,占全国总融资额的 34.84%,北京的众筹平台数量较多,且有几家较大型的平台,使得其融资总量最大;浙江排在第二,实际融资额约 46.05 亿元,占比 17.71%,大部分融资额来自开始吧和淘宝众筹两家平台;随后是上海,实际融资额约 37.90 亿元,占比 14.58%;第一梯队的六个地区实际融资额合计约 247.48 亿元,占全国总融资额的 95.18%。

第二梯队是实际融资额在 5 000 万元至 10 亿元区间内的地区,包括湖北、河北、河南、安徽和辽宁,其中湖北、河北和河南三地的融资额在亿元以上。第二梯队实际融资额合计约 11.08 亿元,占全国总融资额的 4.26%。

第三梯队为其余地区,实际融资额在 5 000 万元以下,合计融资额仅占比 0.55%。

第 6 章 权益型众筹

6.1 权益众筹发展现状

最早成立的权益型众筹平台是美国的 ArtistShare,于 2001 年开始运营,是一家以粉丝为基础的艺术众筹网站,被称为"众筹金融的先锋",同时也是全球第一家众筹平台。但在之后的很长一段时间里,众筹这种新型融资方式却没有得到人们的广泛关注,Crowdfunding(众筹)这个词在 Google 上也没有太多搜索量。直到两大众筹平台 Indiegogo 和 Kickstarter 分别于 2008 年和 2009 年相继成立,才使众筹进入了一个全新的发展时期。和 ArtistShare 一样,Indiegogo 和 Kickstarter 也是权益型众筹平台。权益众筹作为众筹行业的先行者,目前已经形成了一定规模,是众筹行业的重要组成部分。

2011 年 7 月,点名时间上线,标志着我国众筹行业正式拉开序幕,而这正是一家权益型众筹平台。点名时间的运作模式与 Kickstarter 相似,因此被称为"中国的 Kickstarter"。之后,权益众筹便在国内获得了快速发展,平台和项目如雨后春笋般涌现。尽管后来经历了告别众筹,回归众筹,到最后被收购这一系列动荡,点名时间仍在中国众筹史上画下了重重一笔。

权益众筹为多个行业提供了展示优秀项目的渠道,涉及科技、影视、农业、出版、音乐、旅游、人文、游戏等多个领域,具有巨大的想象空间。通过众筹平台,投资者可以了解更多的项目产品,找到新的投资方式;项目方可使其产品得到充分展示,增加融资渠道。无论对投资者还是项目方来说,权益众筹都具有巨大的商业价值,且发展潜力无限。

权益众筹的快速发展与社会环境的变化不无关系。互联网技术的发展为互联网经济奠定了强大的基础,而随着互联网经济的不断发展,人们的金融消费习惯也发生了变化,传统金融消费受到冲击,网络产品开始走进人们的生活。众筹作为互联网金融的组成部分,也受到了广泛关注。而相较于其他众筹模式,权益众筹的普及率更高,一方面,多数权益众筹项目所涉及的产品与人们的日常生活息息相关,如各种电子数码设备、家居用品、农产品等等;另一方面,权益众筹对投资金额要求较低,多数项目的参与金额在几十元到几千元不等,支持者很容易达到参与门槛。

市场需求也是使得权益众筹能够持续发展的重要原因。权益众筹的出现,可以在一定程度上解决中小微企业的融资难题。相比于银行贷款等传统融资方式,权益众筹的融资成本低,融资速度快,还可以为企业创造出人脉、资源等附加价值。观察权益众筹项目可以发现,很多时候权益众筹带来的不仅仅是资金,有很多项目发起方是为了增加产品的知名度和关注度,例如一些数码产品、手工艺品、农产品等等。这些产品大多数已经面世,市场上的同类产品很多,项目发起方设定的目标金额并不高,几千元到几万元不等,很明显,资金并不是他们的第一目的,借助平台向更多的人推广产品,增加品牌知名度才是这场众筹为其带来的最大利益。这在京东众筹、淘宝众筹、苏宁众筹等平台上有非常明显的体现;而从用户需求的角度看,权益众筹的发展也为用户带来了全新的体验,权益众筹平台本身具有互动社交平台的特点,为用户与用户之间、用户与项目方之间搭建了一个交流沟通的平台,用户通过平台找到了自己感兴趣的项目,在获得项目回报的同时,也有极高的参与感。

虽然目前已经形成一定规模,但仍有很多制约因素影响权益众筹的发展。一是相关政策法规尚不成熟。近几年来,国内关于政策的讨论更多的围绕股权型众筹,关于权益众筹的监管还相对滞后。二是中小平台存活难。根据 2017 年各平台权益型成功项目融资额数据显示,开始吧、京东众筹、多彩投、淘宝众筹和苏宁众筹五家平台的融资总额占到所有融资额约九成,对项目方来说,当然优先选择流量大的众筹平台,留给中小平台的机会就不多了。三是权益众筹平台盈利困难。一般众筹平台最直接的盈利点是收取项目佣金,部分股权型项目还有平台占股的方式。但对权益众筹来说,单个项目的融资金额不是很高,相应抽取的佣金也就不多,且绝大多数权益型平台上的项目数较少,抽取佣金的商业模式很难为平台带来利润。四是目前众筹行业征信体系缺位。投资者无法判断项目方是否值得信任,如果项目方在众筹过程中出现不诚信的行为,不仅损害投资者的利益,也会影响众筹平台声誉。五是众筹项目存在知识产权保护不足的问题。在权益众筹项目中,有的产品还未面世,项目方需要在项目介绍中披露产品相关信息,鉴于国内知识产权保护现状,难以保证创意不被他人剽窃,这使得项目方缺乏安全感。但若是项目信息披露过于保守,投资者无法看到完整的信息,也很难做出投资决策。

6.2 权益众筹数据分析

6.2.1 权益众筹平台上线时间分布

据不完全统计,截至 2017 年年底,国内共上线过权益众筹平台 229 家。其中,2011 年上线平台 2 家;2012 年上线平台 6 家;2013 年上线平台 9 家;2011—2013 年期间共计上线 17 家,仅占到所有权益众筹平台的 7.42%。2014 年,权益众筹平台数量大增,全年共有 59 家平台上线,占比 25.76%;2015 年,平台数量持续增长,全年共有 98 家平台上线,占比 42.79%;2016 年,行业趋于冷静,权益众筹平台上线数也有所回落,全年共上线 49 家,占比 21.40%;2017 年,整个众筹行业新上线的平台数量较少,其中有权益型平台 6 家。

截至 2017 年年底,这 229 家权益众筹平台中已下线或转型的共有 139 家,正常运营的平台共 90 家,正常运营平台数同比 2016 年年底下降了 39.60%。从图 6-1 中可以看出具体情况,2011—2013 年期间上线的 17 家平台中,已下线或转型的有 9 家,正常运营的有 8 家;2014 年上线的平台中仍正常运营的有 21 家,占 2014 年上线权益众筹平台数的 35.59%;2015 年上线的 98 家平台中有 64 家下线或转型,余下正常运营的平台共 34 家,占比 34.69%;2016 年上线的平台中仍正常运营的有21 家,占当年上线平台数的 42.86%;2017 年上线的 6 家平台均在运营当中。

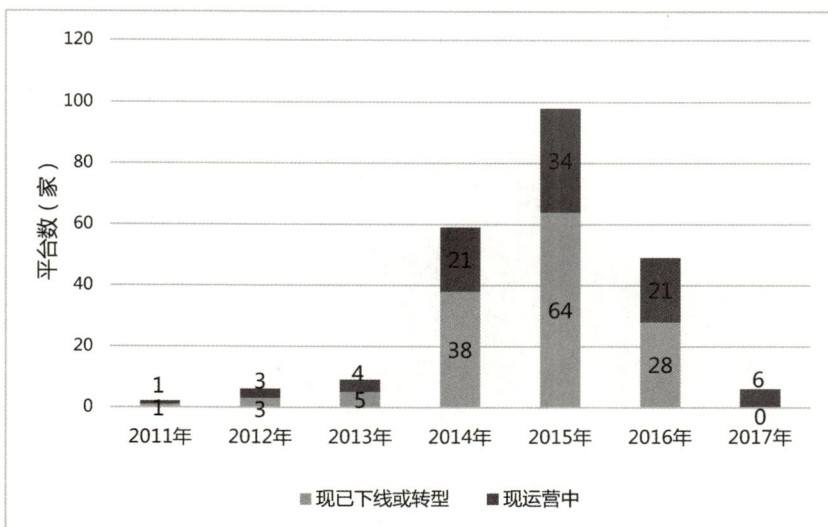

图 6-1 权益众筹平台上线时间分布

6.2.2 权益众筹平台地域分布

正常运营的 90 家权益众筹平台分布在全国 20 个省级行政区,地区分布差异明显,经济文化发达、开放程度较高的沿海地区是平台主要聚集地,东北、西北和西南地区数量屈指可数,差异的形成与各地的金融环境、创业文化等因素不无关系。北京的权益型众筹平台数量最多且领先优势非常明显,共有 26 家,占比 28.89%;广东排名第二,共有 12 家,占比 13.33%;浙江紧随广东排在第三,共有 11 家,占比 12.22%;江苏和山东次之,各有 7 家;上海的权益平台相较北京、广东等地数量较少,只有 6 家。以上地区是权益型平台的主要分布地,平台合计 69 家,占比 76.67%。其余地区的平台数量较少,均不超过 5 家。

6.2.3 权益众筹市场规模占众筹行业总规模比例

据不完全统计,2017 年全年共有权益型项目 18 209 个,其中成功项目有 13 927 个,占比 76.48%。成功项目预期总融资额约为 20.99 亿元,实际总融资额约为 97.43 亿元,成功项目总支持人次约为 2 303.35 万人次。

2017 年全年众筹行业共有项目 76 670 个(包括权益型众筹、股权型众筹、物权型众筹和公益型众筹),其中权益型项目为 18 209 个,占比 23.75%。权益型众筹项目发起流程较为简单,融资成本低,且有京东众筹、淘宝众筹、苏宁众筹等大流量的电商平台提高项目产品知名度,加上一些农业、音乐等领域的垂直型平台的行业影响力不断提高,所以有很多个人或企业愿意尝试,使得权益型项目总数占比较高。

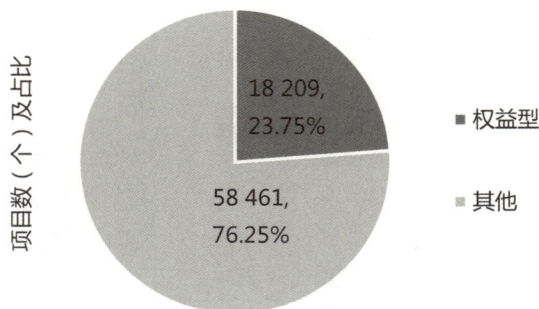

图 6 - 2 权益众筹项目数占比

2017 年全年众筹行业共有成功项目 69 637 个,其中权益型成功项目为 13 927

个,占比 20.00%。相比总项目数占比,权益众筹成功项目数占比稍低。

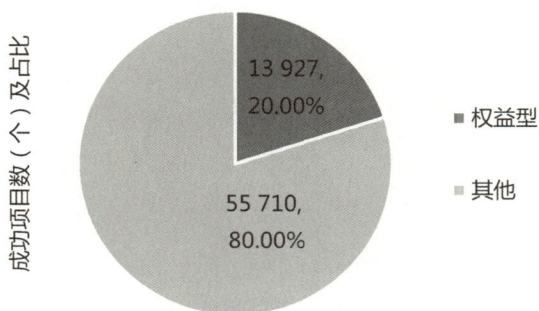

图 6 - 3　权益众筹成功项目数占比

2017 年全年众筹行业成功项目实际总融资额约为 260.00 亿元,其中权益型成功项目实际总融资额约为 97.43 亿元,占比 37.47%。虽然单个权益众筹项目融资金额普遍偏低,但由于项目数较多,使得成功项目融资总额较高。相比项目数占比,权益型成功项目融资额占比较大。

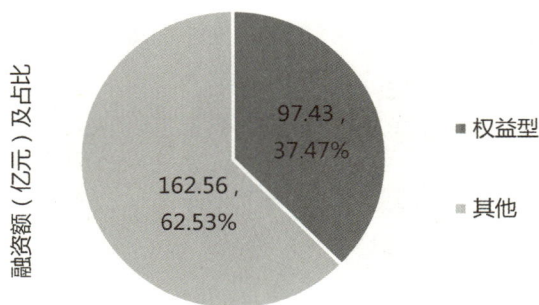

图 6 - 4　权益众筹成功项目实际总融资额占比

2017 年全年众筹行业成功项目总支持人次约为 3 982.16 万人次,其中权益型成功项目总支持人次约为 2 303.35 万,占比 57.84%。权益型成功项目支持人次是各个类型中占比最高的,且和其余类型差距较大。权益众筹参与流程简单,投资门槛较低,还能得到一定的实物或服务回报,成为不少人试水众筹的首选。

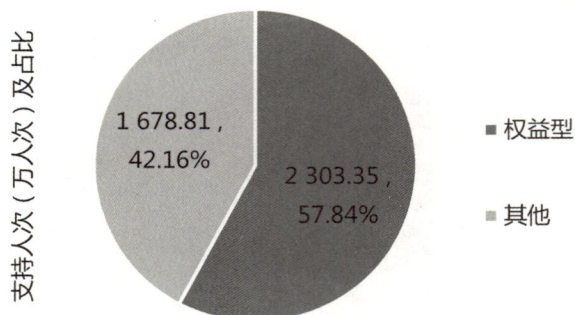

图 6 - 5　权益众筹成功项目支持人次占比

从以上分析来看,无论是项目数还是融资额抑或是支持人次,权益众筹在整个众筹市场中都占有较高比例,是众筹行业的重要组成部分。

6.2.4　权益众筹 2017 年市场规模占权益众筹总规模比例

截至 2017 年年底,共有权益型成功项目 37 783 个,其中 2017 年全年为 13 927 个,占比 36.86%。2017 年权益型成功项目数同比 2016 年增加了 2.69%,涨幅较小。

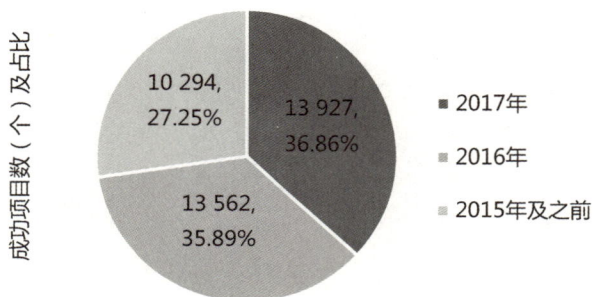

图 6 - 6　2017 年权益众筹成功项目数占比

截至 2017 年年底,权益型成功项目实际总融资额约为 191.01 亿元,其中 2017 年全年约为 97.43 亿元,占比 51.01%。可见权益众筹在 2017 年取得了相当不错的融资成绩,全年融资额超过了过去融资总额。2017 年权益型成功项目融资额比 2016 年增加了约 35.04 亿元,涨幅达 56.16%。

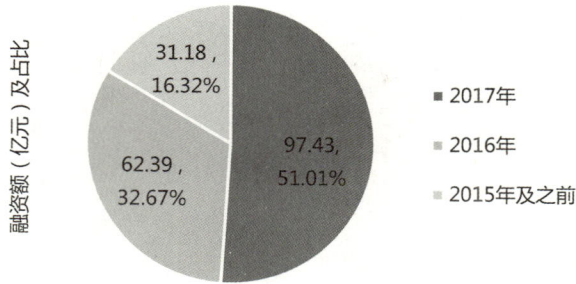

图 6-7　2017 年权益众筹成功项目实际总融资额占比

截至 2017 年年底,权益型成功项目总支持人次约为 7 402.20 万人次,其中 2017 年全年约为 2 303.35 万人次,占比 31.12%。2017 年权益型成功项目支持人次比 2016 年减少了 1 163.23 万人次,跌幅 33.56%。

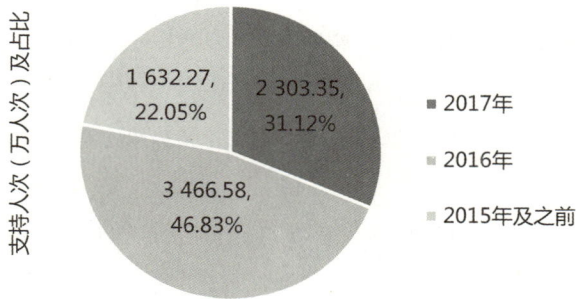

图 6-8　2017 年权益众筹成功项目支持人次占比

6.2.5　权益众筹成功项目各指标区间分布

据不完全统计,2017 年全年共有权益型成功项目 13 927 个,除去 2 个项目的预期融资金额无法统计,共有 13 925 个有效值,对这些项目的预期融资金额进行区间分布统计,结果如图 6-9 所示。预期融资额在 1 000 元及以下的项目有 647 个,占比 4.65%;在 1 000~10 000 元(包含 10 000 元)区间的项目有 2 600 个,占比 18.67%;在 1~5 万元区间的项目有 3 967 个,占比 28.49%;在 5~10 万元区间的项目有 4 144 个,占比 29.76%;以上区间内的项目数合计为 11 358 个,占比达 81.57%,可见大多数权益型成功项目的预期融资额在几百元到数万元不等。预期融资额在百万元以上的项目只有 208 个,仅占比 1.49%。相比股权型项目,权益型项目的预期融资额普遍偏低。

在 2016 年成功项目预期融资额分布统计中,1～5 万元区间的项目数最多,且领先优势明显。而在 2017 年分布统计中,项目数最多的区间是 5～10 万元,整体来看,权益型项目的预期融资额有上涨趋势。

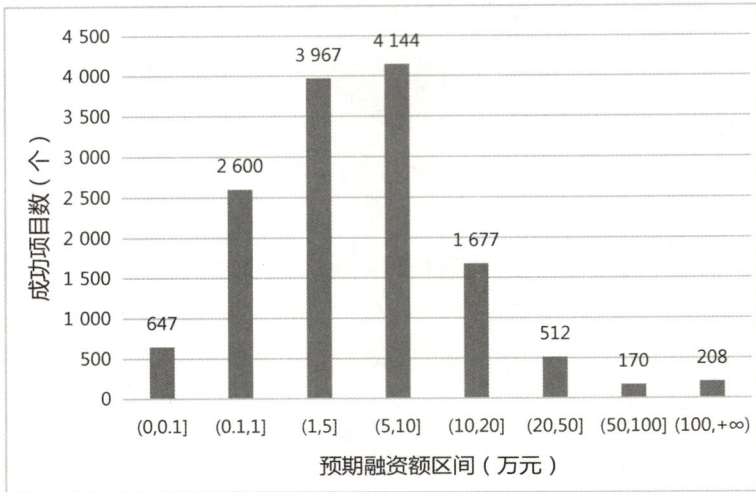

图 6 - 9 权益众筹成功项目预期融资额区间分布(区间单位:万元)

对权益型成功项目的实际融资金额进行区间分布统计,结果如图 6 - 10 所示。实际融资额在 1 万元及以下的项目有 1 640 个,占比 11.78%;在 1～5 万元(包含 5 万元)区间的项目有 2 561 个,占比 18.39%;在 5～10 万元区间的项目有 2 157 个,占比 15.49%;在 10～20 万元区间的项目有 3 273 个,占比 23.50%;以上区间内的项目数合计 9 631 个,占比 69.15%,可见多数权益型成功项目的实际融资额不超过 20 万元。在 20～1 000 万元区间的项目数合计 4 099 个,占比 29.43%;实际融资额超过千万元的项目有 197 个,多数来自开始吧、多彩投、京东众筹、苏宁众筹和淘宝众筹等大平台。

13 927 个权益型成功项目中,除去 588 个项目的支持人次无法统计,共有 13 339 个有效值,对这些项目的支持人次进行区间分布统计,结果如图 6 - 11 所示。支持人次在 10 人次及以下的项目有 987 个,仅占比 7.40%;在 10～50 人次(包含 50 人次)区间的项目有 1 618 个,占比 12.13%;在 50～100 人次区间的项目有 1 224 个,占比 9.18%;以上区间内的项目数合计 3 829 个,占比 28.71%,可见权益型成功项目中,支持人次在 100 人次及以下的项目占比并不高。在 100～1 000 人次区间的项目有

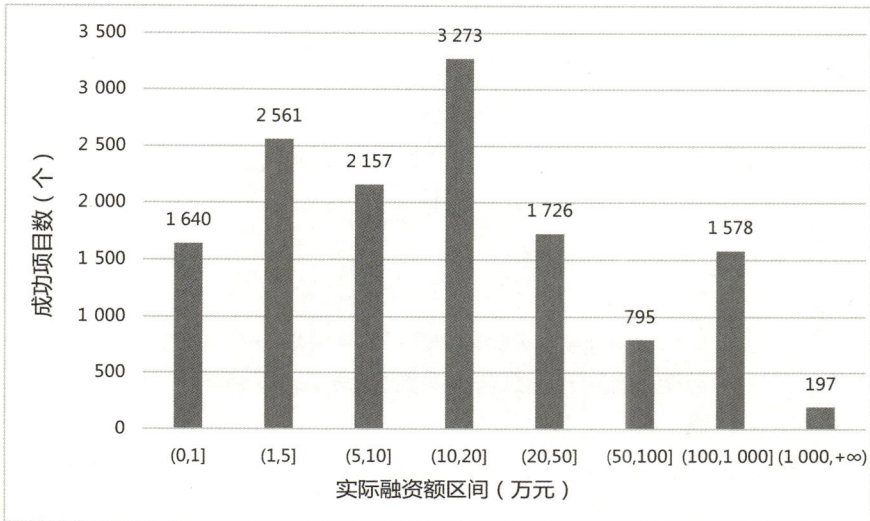

图 6-10 权益众筹成功项目实际融资额区间分布（区间单位：万元）

6 364个，占比47.71%；在1 000～10 000人次区间的项目有2 701个，占比20.25%；以上两个区间内的项目合计9 065个，占比67.96%，即大部分权益型成功项目的支持人次在100～10 000人次之间。支持人次超过10万的项目有9个，这些项目可以说是高人气明星项目，支持人次最多的项目获得了百余万人次参与。

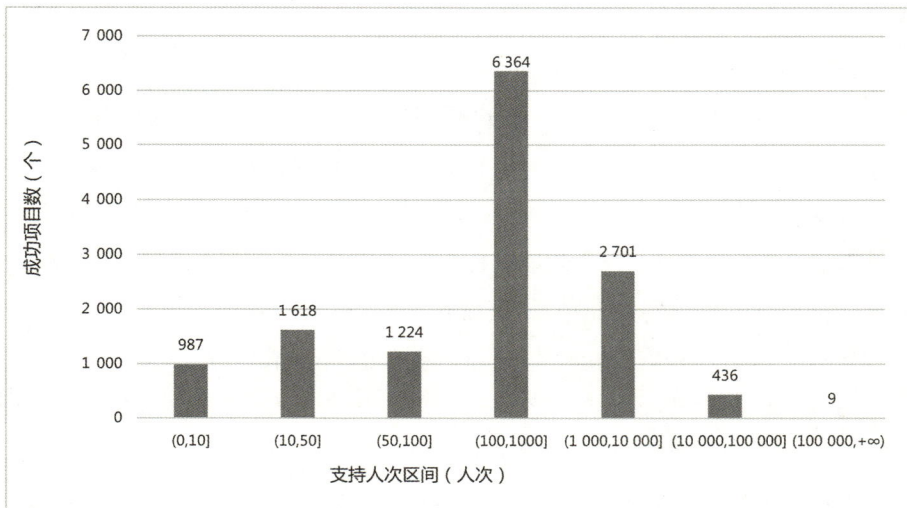

图 6-11 权益众筹成功项目支持人次区间分布

6.2.6 权益众筹项目分类统计

结合当下众筹行业的热门细分领域,对权益型项目进行分类,主要分出了八大类别:科技、实体店铺、影视、农业、旅游、音乐、出版和游戏。

据不完全统计,2017 年全年共有权益型项目 18 209 个,其中八大类别项目总数为 9 322 个,各类别具体项目数如图 6-12 所示。

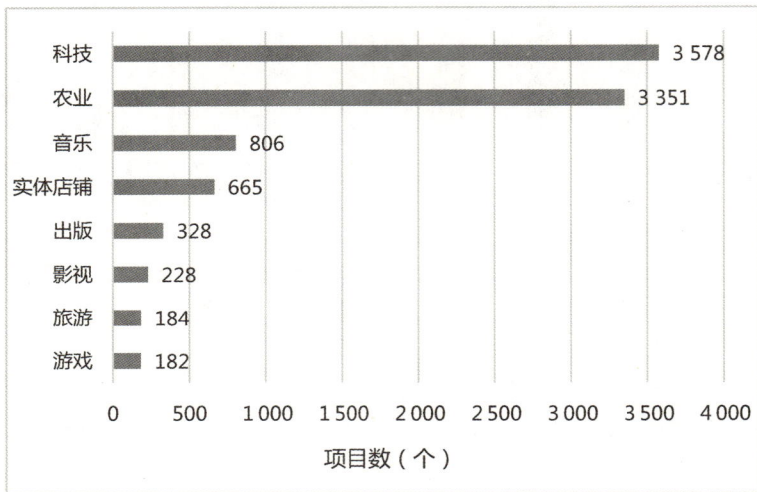

图 6-12 权益众筹项目类别分布

总项目数排在第一的是科技众筹,共有 3 578 个,占到八大类别权益型项目总数的 38.38%。随着人们生活水平的不断提高,对科技产品的需求也逐渐增加,而科技行业本身的迅速发展,也为市场提供了更多的产品和选择;紧跟科技众筹的是农业众筹,共有 3 351 个,占比 35.95%。我国是农业大国,农业众筹项目数之多符合我国国情,且农业众筹项目中很多产品是绿色无污染的农产品,如今人们由于食品安全问题,很愿意尝试支持这些农业项目,有需求就会有市场,这也是农业众筹项目较多的重要原因;科技众筹和农业众筹项目合计 6 929 个,共占比 74.33%。音乐众筹排名第三,共有 806 个项目,占比 8.65%。权益众筹平台中有一些音乐领域的垂直平台发展较好,如乐童音乐、酷狗直播众筹、百度音乐人等;实体店铺排在第四,共有 665 个项目,占比 7.13%;项目数最少的是游戏众筹,只有 182 个,仅占比 1.95%,游戏类项目由于受众群体的限制以及市场上已经成熟的竞品太多,使其在数量上不及其他类别。

　　在八大类别 9 322 个项目中,成功项目为 7 333 个,各类别成功项目数分布如图 6 - 13 所示。和总项目数的分布趋势略有不同,成功项目数排在第一的是农业众筹,共有 2 885 个,占到八大类别权益型成功项目总数的 39.34%;科技众筹紧随其后,共有 2 807 个,占比 38.28%;实体店铺众筹超越音乐众筹,排名第三,共有 592 个,占比 8.07%,虽然排名靠前,但和前两位的差距很大;其余分类的权益型成功项目均不多,未超过 500 个。

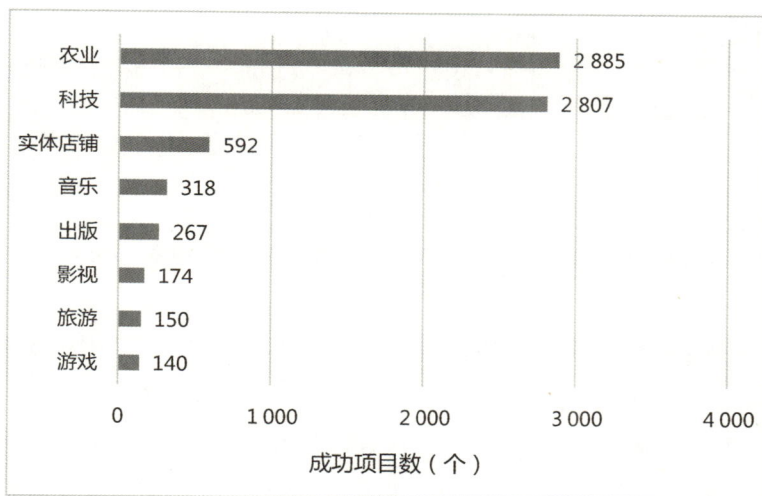

图 6 - 13　权益众筹成功项目类别分布

　　八大类别权益型成功项目实际总融资额约为 75.17 亿元,其中实体店铺众筹排在第一位,已筹金额约为 34.15 亿元,占到各类别实际总融资额的 45.43%,实体店铺众筹融资额较高的主要原因是有不少来自开始吧和多彩投的项目,这些项目的已筹金额普遍较高;科技众筹的成功项目融资额排名第二,约 25.79 亿元,占比 34.31%;农业众筹的成功项目数排在第一,但已筹金额却排名第三,其项目平均融资额不及实体店铺众筹和科技众筹,农业众筹项目中多为农产品项目,一般涉及的金额不高,导致整个权益型农业众筹已筹金额相对较低;音乐众筹与农业众筹类似,成功项目数排名靠前,但已筹金额排名靠后,音乐众筹多为预售型项目,单个项目已筹金额普遍不高;旅游众筹的成功项目数排名第七,但项目融资额排在第四,说明其单个项目融资额较高。

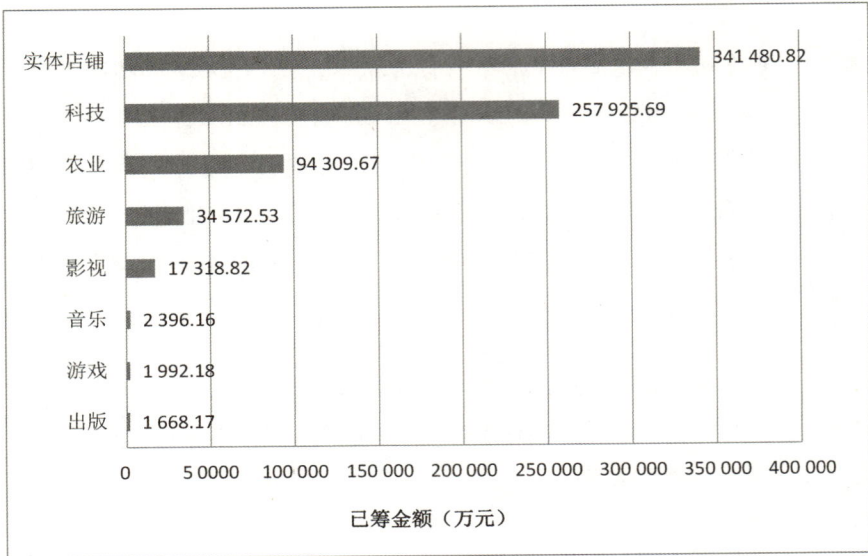

图 6－14　权益众筹成功项目已筹金额类别分布（单位：万元）

　　八大类别权益型成功项目总支持人次约为 1 299.01 万人次,其中科技众筹遥遥领先,约为 889.66 万人次,占比 68.49%;农业众筹排名第二,约为 314.30 万人次,占比24.20%;科技和农业众筹成功项目支持人次合计约为 1 203.96 万,占比 92.68%。其余类别的支持人次相对较少,影视众筹排名第三,约为 37.01 万人次;实体店铺众筹虽然融资额排在第一,但支持人次排名靠后;排在最后的是旅游众筹,只有约 4.95 万人次。

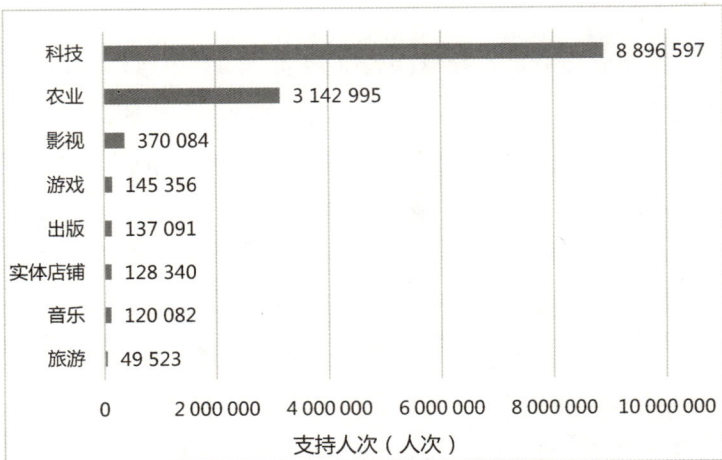

图 6－15　权益众筹成功项目支持人次类别分布

6.2.7　权益众筹融资规模分布

据不完全统计,2017 年全年中国权益众筹市场融资规模达到 97.43 亿元,对各个平台权益型成功项目融资总额进行统计,排名前十的平台如表 6-1 所示,各平台融资规模占比如图 6-16 所示。

表 6-1　2017 年众筹平台权益型项目融资规模 TOP10

平台名称	总项目数	成功项目数	成功项目已筹金额(万元)	成功项目支持人次
开始吧	903	838	266 144.13	299 930
京东众筹	5 356	4 335	178 733.86	8 824 451
多彩投	182	165	172 643.36	/
淘宝众筹	2 768	2 518	163 326.07	7 421 709
苏宁众筹	1 854	1 079	97 908.95	2 302 623
小米众筹	87	83	28 386.23	1 208 358
点筹网	711	711	11 692.52	9 048
聚米众筹	81	80	10 679.12	4 175
微打赏	2 012	971	4 421.46	276 673
众筹房	5	5	3 111.00	1 218

注 1:本表按各平台权益型成功项目已筹金额进行排序。

注 2:本表统计的是各平台的权益型项目数据,并非平台总体数据。

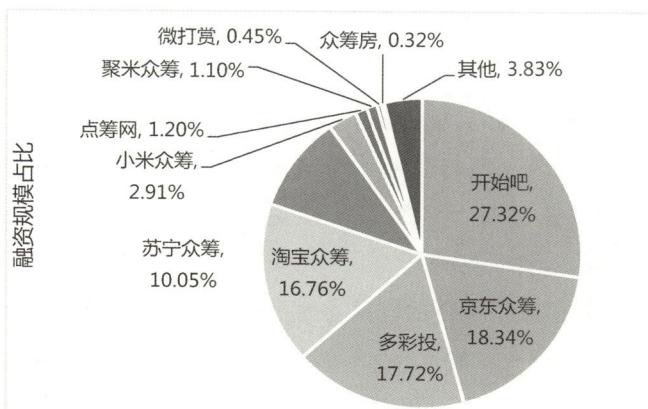

图 6-16　2017 年权益众筹行业融资规模占比图

注:本图统计的是各平台的权益型成功项目数据,并非平台总体数据。

　　权益型成功项目融资规模前十的平台,融资总额约为 93.70 亿元,占到了 2017 年整个权益众筹市场规模的 96.17%。其中有八家平台的融资总额过亿,分别是开始吧、京东众筹、多彩投、淘宝众筹、苏宁众筹、小米众筹、点筹网和聚米众筹。

　　排名第一的平台是开始吧,其 2017 年融资规模约为 26.61 亿元,占 2017 年权益众筹整体规模的 27.32%。2016 年,开始吧在各平台权益型成功项目融资额排名中位于第三位,居于京东众筹和淘宝众筹之后,时隔一年,其超越两大电商众筹平台居于首位,实力不可小觑。开始吧平台上的项目分为民宿、餐饮、农业、休闲共四大版块,项目的介绍风格、文案设计极具调性,浏览项目就像是阅读有趣的故事。

　　排在第二位的是京东众筹,其 2017 年权益型成功项目融资额约为 17.87 亿元,占比 18.34%。京东众筹有着长期积累的客户群,且平台为项目发起方提供从资金、生产、销售到营销、法律、审计等一系列服务,着力打造众筹众创生态圈,吸引了优质项目且有潜在的众筹支持者参与,使其融资规模不断扩大。

　　随后是多彩投,在 2016 年各平台权益型成功项目融资额排名中,多彩投排在第七位,此次跃进前三,提升非常明显。其 2017 年权益型项目融资规模约为 17.26 亿元,占比 17.72%。

　　排在第四的是淘宝众筹,2017 年融资规模约为 16.33 亿元,占比 16.76%。和京东众筹类似,淘宝众筹依托淘宝这一电商平台,具有用户规模和平台知名度优势,因此聚集了大量项目方和投资者,融资规模较大。不过在 2016 年的排名中,淘宝众筹排在第二,这次排名有所下滑。

　　苏宁众筹和小米众筹分别排在第五、第六位,融资额分别为 9.79 亿元和 2.84 亿元。小米众筹的成功项目数不多,但其项目平均融资额较高。

　　随后是点筹网和聚米众筹,融资额分别为 1.17 亿元和 1.07 亿元。点筹网专注于农业细分市场,聚米众筹专注于影视细分市场。

　　除去排名前十的平台,其余平台 2017 年权益型成功项目融资总额仅占比 3.83%。

6.2.8　权益众筹典型项目分析

　　对 2017 年成功的权益型项目的已筹金额进行统计,排名前十的项目如表 6 - 2 所示。这十个项目的融资额均超过 3 000 万元,相邻项目间金额差距较小,项目多数来自开始吧和多彩投两家平台。其中多彩投的"鸿海温斯顿行政公馆"成功融资 7180.00 万元,是实际融资额最高的项目;开始吧的"松赞拉萨,通往圣地的地之肚脐"成功融资 6973.70 万元,排名第二;苏宁众筹有两个项目上榜,分别排在第五和第六位；京东众筹、淘宝众筹无项目上榜。

表 6 - 2　2017 年权益众筹项目融资金额 TOP10

项目名称	预期融资额(万元)	实际融资额(万元)	已达比例	支持人次	所在平台
鸿海温斯顿行政公馆	2 000.00	7 180.00	359%	/	多彩投
松赞拉萨，通往圣地的地之肚脐	20.00	6 973.70	34 868%	248	开始吧
西安大雁塔亚朵酒店	500.00	6 725.00	1 345%	/	多彩投
承天，点燃中药"黄精"食代	0.10	6 520.92	6 520 918%	718	开始吧
9.8折抢筹苏宁卡 O2O购物节折上折	100.00	6 497.74	6 498%	132 607	苏宁众筹
小野兽T3智能锂电摩托	1 000.00	5 803.20	580%	13 540	苏宁众筹
平遥亚朵酒店	500.00	5 395.00	1 079%	/	多彩投
奇境江湖，一起联盟	20.00	5 160.00	25 800%	94	开始吧
普陀国际游艇会·旅游度假景区	2 000.00	4 630.00	232%	/	多彩投
跟着松赞，去寻找被遗忘的纳西古王国	100.00	3 936.04	3 936%	338	开始吧

注 1：本表按各权益型成功项目实际融资额排序。

注 2：平台多彩投的项目支持人次无法采集。

对各个权益型成功项目的支持人次进行统计，排名前十的项目如表 6 - 3 所示。这十个项目的支持人次均超过 9 万人次。其中网易三拾的项目"网易养猪七年的光荣与梦想，都在这了"人气最高，支持人次达 125.66 万人次；排在第二位的是优酷众筹的影视项目"这条镇魂街你说了算！"，支持人次约为 28.04 万；上榜项目最多的是京东众筹，有 3 个项目，淘宝众筹和苏宁众筹各有 2 个，网易三拾、优酷众筹和小米众筹各有 1 个。

表 6 - 3　2017 年权益众筹项目支持人次 TOP10

项目名称	预期融资额(万元)	实际融资额(万元)	已达比例	支持人次	所在平台
网易养猪七年的光荣与梦想，都在这了	1 000.00	1 919.23	192%	1 256 601	网易三拾
这条镇魂街你说了算！	30.00	30.85	103%	280 358	优酷众筹
云猫智能门锁 指纹密码锁	10.00	999.95	9 999%	195 448	京东众筹
大方1080P高清云台摄像机	1.00	1 901.45	190 145%	178 625	小米众筹
全新一代迈腾 领世登场	10.00	25.43	254%	159 681	京东众筹
【政府推荐】中国甜糯玉米之乡 非转基因玉米	5.00	303.02	6 060%	135 344	淘宝众筹
9.8折抢筹苏宁卡 O2O购物节折上折	100.00	6 497.74	6 498%	132 607	苏宁众筹
化妆刷电动清洗器——刷毛干净 化妆更美丽	20.00	209.97	1 050%	111 423	淘宝众筹
Hey！这里的现金能翻10倍	50.00	95.00	190%	110 000	苏宁众筹
精武鸭脖武汉老味道卤味零食	5.00	105.27	2 105%	92 060	京东众筹

注：本表按各权益型成功项目支持人次排序。

6.3　典型平台案例解析
——开始吧

6.3.1　平台概况

开始吧（前身为"开始众筹"）是国内领先的生活风格型消费投资平台，总部位于浙江杭州，2015 年 3 月正式上线。

开始吧专注于消费升级领域的线下商业头部内容，并为其提供优质的金融解决方案，以及涵盖行业上下游的综合服务，包括内容生产、品牌营销、行业培训、社群运营等。开始吧提倡一种崭新的报复平庸的生活方式，通过"超级真人秀式"的浸入式项目呈现形式，寻找到具有高度价值认同与相似趣味主张的同类人。

开始吧旗下还拥有"一人一城""有束光""简二家"等三大新媒体矩阵，以及国内首家非标住宿领域的综合服务商"借宿"。未来，开始吧将成为"新中产"人群的消费升级入口。

开始吧于 2015 年 4 月获天使轮融资，同年 11 月完成 A 轮融资。2016 年，开始吧完成 A＋轮及 B 轮融资，投资方包括经纬创投、元璟资本、昆仑万维等。2017 年 8 月 29 日，开始吧完成由云锋基金领投的 1.9 亿元 C 轮融资，估值达 2 亿美金。

1）新媒体矩阵

开始吧旗下拥有三大新媒体矩阵，专注于打造高品质的生活风格类内容，其所拥有的 2 000 万中高端订阅用户，主要集中于一线中心城市以及一线旅游目的地城市。

"一人一城"矩阵从吃喝玩乐购各种生活消费场景入手，关注消费升级场景下的各种生活方式，传递生活美学。旗下囊括"一人一城""借宿""花吃姐姐"等微信公众号，引领更多人的精致生活。

"有束光"矩阵包含"开始吧""有束光""且听且说"等微信公众号，内容由平台项目及生活美学人物故事组成，旨在用故事展示平凡人报复平庸的方式。长标题、完整的人物故事、正向的价值观等标志性特点至今仍被业内普遍效仿。

"简二家"矩阵致力展现有品质的家居生活，汇集装修爆改、家装知识、生活窍门、收纳技巧等鲜活内容，以倡导一种富有审美趣味的女性新消费主义。矩阵包含"二姑娘家""简二家""蜜桃太太"等微信公众号，内容互不重叠，相互补充。

2）开始吧旗下"借宿"

2016 年 11 月 24 日，开始吧正式将旗下民宿业务版块"借宿"拆分运营，并注入投资 3 000 万元，以打造国内非标住宿行业的综合服务商，为非标住宿行业从业者打通资源、资金、运营以及市场命脉，提供一站式解决方案。

2016 年至今，借宿打造出覆盖中国领先的民宿的消费平台——借宿严选，并在 30 多个城市、乡村举办近百场线下分享会。针对民宿热潮及行业的一些痛点，借宿在莫干山、云南创办了两所民宿学院，联合浙江旅游学院开办首个民宿班，培养专业人才，吸引了众多民宿主及地方政府前来学习、考察。迄今为止，借宿已为 500 多家民宿筹募资金超过 20 亿元。

此外，借宿率先发起民宿集群，致力于成为全域旅游解决方案的提供者，以精品民宿作为先锋业态，配套极具当地特色的文创、文旅品牌，完美契合消费升级需求，多点联动打通全域旅游，将中国秘境缔造成一个个高端旅行目的地。

2017 年 11 月 9 日，借宿第一个民宿集群"黄河宿集"上线众筹，5 家顶尖民宿"飞茑集""千里走单骑""西坡""大乐之野""墟里"充分利用当地及周边独特的地理和人文环境，以高标准、高服务的用户体验为主要考量方向，完成以集群为中心的线路开发和特色项目地的打造，该项目仅用 3 小时破 6 000 万＋认筹额，并达到 2 000 万＋的传播，已成为宁夏建区 60 周年纪念献礼工程。

这样顶尖民宿与品牌文创的集聚，能在短期内迅速引爆舆论，吸引全国甚至世界范围内的高端消费者，引发当地旅游业的持续发酵和升级，是文旅行业变革与乡村复兴的里程碑。

3）获奖荣誉

2016-10-16，开始吧获评 2016 文创新势力 TOP10；

2016-12-14，开始吧获评 2016 年度"21 世纪中国最佳商业模式奖"；

2017-03-12，开始吧创始人徐建军获评"杭州 2017 年度创业人物"；

2017-11-03，新实体金融服务联盟成立，开始吧当选理事长单位；

2018-01-18，开始吧被网易授予"新易奖·新锐互联"奖；

2018-03-12，开始吧入选"杭州准独角兽企业"；

2018-03-15，开始吧荣膺消费者合法权益保护（2017）年度案例优秀企业奖。

6.3.2 风险控制

1）项目风控体系

开始吧已搭建了由近 20 位拥有金融、法律、财务背景的专业人员所组成的合规风控团队。团队成员分别来自银行、互联网金融机构、基金公司、律师事务所和四大会计师事务所等机构的风控、审计岗位,研究生以上学历占比 50% 以上。

2017 年 6 月起,开始吧进一步完善了原有的风控体系,并且与国内专业的第三方大数据智能风控服务提供商展开深度合作。目前,开始吧平台所有项目在上线前,都会经过严谨的法律合规和财务尽调审核,并借助行业标杆 SAAS 级风控系统,实现信用风控与反欺诈双线并行,同时做好充分的信息披露和风险揭示工作。

除此之外,开始吧还与国内顶尖的律师事务所国浩、泽大达成合作,由其为开始吧提供全方面的法律咨询服务,以做到最大程度的风险把控。

2）资金安全保障

开始吧在业内率先与恒丰银行达成合作,进行第三方资金存管,确保用户资金安全,不流经平台。

此外,平台内部设置了严格的资金管理流程和安全完善的系统,资金只能转出到认证及绑定过的银行账户,用户可以实时查询资金账户详情了解资金情况。

3）技术安全保障

开始吧采取各种合适的物理、电子和管理等方面的措施来保护数据,以实现对数据安全的承诺。

在信息存储方面,平台采用集中的影像存储服务来保证合同等文件的存储安全,不仅可以有效避免信息被篡改以及删除,还能实现永久保存。

同时,针对网站之间的页面跳转以及数据的发送,平台采用数字签名技术,以保证信息以及来源的不可否认性。

4）隐私安全保障

开始吧平台用户的所有隐私信息都经过高级安全加密算法进行加密处理,防止任何人包括公司员工获取用户信息。

平台承诺在任何情况下都绝不会出售、出租或以任何其他方式泄漏用户信息,确保用户的个人信息安全有保障。

6.3.3 数据统计

据不完全统计,截止至 2018 年 3 月 31 日,开始吧共上线项目 1 775 个,总项目成功率为 90%；认筹总金额超过 49 亿元，认筹总人次超过 62 万人次。

各项目类型累计数量占比如下：民宿类占比 29%，餐饮类占比 21%，农业类占比 22%，休闲类占比 28%；各项目类型累计认筹总额占比如下：民宿类占比 50%，餐饮类占比 19%，农业类占比 16%，休闲类占比 16%。

项目地域分布前十的为浙江、上海、北京、江苏、云南、福建、广东、山东、四川、安徽；参与认筹的用户地域分布前十的为浙江、上海、广东、北京、江苏、福建、四川、山东、湖北、云南。

值得一提的是，王功权发起的"青普，人文度假'新物种'"于 2018 年 1 月众筹成功，成为目前平台上认筹金额最高的项目，认筹额约达 1.08 亿元。

注：本节数据由开始吧统计，基于当月实时发生，且包含最终未成功项目及网站上线前发生的项目。

6.3.4　典型项目

1）项目名称：这个地产老炮消失三年，只为做一杯好牛奶（认养一头牛）

项目简述：70 后地产老炮自己建一座牧场，打造中国第一个情感符号牛奶品牌。

项目发起人：徐晓波 / 杭州。

预期融资额：10.00 万元。

实际融资额：337.19 万元。

投资人次：960 人。

已达比例：3 371.93%。

分红时间：1 年。

总分红金额：200.00 万元。

项目亮点：中国首家会员制产地直供乳品品牌，两次发起众筹约 493 万元。

2）项目名称：9 种猪肘口味的德国餐厅，全世界找不出第二家（海森堡）

项目简述：国内最大的德系餐饮店，专注德国不同风味猪肘。

项目发起人：蒋幼淳/上海。

预期融资额：20.00 万元。

实际融资额：1 383.00 万元。

投资人次：355 人。

已达比例：6 915.00%。

项目亮点：9 种猪肘口味的德国餐厅，曾创单店平效奇迹，350 平店单月营业额破 300 万元。

3）项目名称：北京城中，有一处温情四溢的旅居空间（秋果酒店）

项目简述：一个具有都市人文关怀和文化气质的酒店，开业以来 OTA 评价 4.9 分，全年入住率 95%。

项目发起人：刘伟／北京。

预期融资额：30.00 万元。

实际融资额：947.10 万元。

投资人次：365 人。

已达比例：3 156.99%。

分红时间：三个月。

总分红金额：68.80 万元。

年化收益率：21%。

项目亮点：2017 年发起三次众筹，其中第三次成为 2017 年 10 月认筹金额最高的权益型众筹项目。

4）项目名称：五条人糖水铺，好得有点不像话（五条人糖水铺）

项目简述：拜于顺德百年糖水世家门下的五个好兄弟，改良糖水配方，风靡厦门海岛。

项目发起人：张永强／厦门。

预期融资额：1.00 万元。

实际融资额：21.00 万元。

投资人次：659 人。

已达比例：2 100.39%。

分红时间：1 个月。

总分红金额：3.46 万元。

项目亮点：首月分红，年化收益达到 99.25%，创造了开始吧平台上最高分红纪录。

6.3.5　开始吧对众筹的理解

开始吧将众筹理解为一个切入口，由此深入到受益消费升级的四个大品类，包括"非标"住宿、"创业"餐饮、"新"休闲空间、"休闲"农业，将资金切实导向实体经济，而非在金融体系内空转，这也是对于"十八大"以来"金融服务实体经济"这一重要指导方针的贯彻。

开始吧所服务的这些项目往往是市场上不被传统金融机构所关注的优质资产，开始吧将其匹配给了手握闲置资金的，寻求投资以及消费的优质用户，通过内容运营的方式（旗下的新媒体矩阵），将以上两者高效而低成本地进行匹配，从而助推消费升级带来的产业迭代，同时满足用户的美好生活需求。

开始吧团队内部有一个共识，所有的消费升级都是个性化需求对标准化需求的升级。对于用户群体而言，开始吧致力成为一个生活方式的信息入口，以顺应"消费升级"时代商业模式与消费方式的迭代方向，众筹项目兼具消费与投资属性，既能拓宽用户的投资渠道，也满足了他们更多元、更个性化的消费需求。

6.4　国内外权益众筹比较

相比国内的权益型众筹项目，国外的项目更加贴近权益众筹的初衷。国外不少项目首先针对的是一些尚未面世的产品或服务，发起人在指定的平台上进行宣传和推广，让对该产品感兴趣的支持者以资金的形式进行支持，接着发起人用筹集的资金去开发该产品或服务，最后发起人按事先的约定以低于开发成本的价格或无偿优先提供给支持者新的产品或服务。如此看来，权益众筹的核心是解决产品从无到有的问题，是使创意变为现实的过程，因此，其本质是金融，而不是产品销售，然而这样的众筹理念在我国的发展中逐渐变了味道。如今国内的权益众筹中不少项目更多的像是电商预售，并没有抓住众筹的本质。这也就不难理解为什么阿里、京东、苏宁等电商行业的巨头会先后布局权益众筹。凭借资金、流量、渠道和品牌影响力等诸多优势，这些巨头占据了大量的市场份额。发起人参与众筹的主要原因也不再是为产品开发筹集资金，更多的是借助众筹平台来打响自己的品牌，增加产品知名度。在京东众筹和淘宝众筹上，众筹项目的持续时间一般在一个月左右，且产品发货时间一般在众筹结束后一个月内。也就是说，从项目发起到向支持者发货，这期间不过两个月左右的时间，事实上就是在销售商品。而在 Kickstarter 和 Indiegogo 平台上，从项目上线众筹，到产品开发、测试、生产，到最后给支持者发货，平均周期是一年半。所以我国大部分的权益众筹项目并非真正为初创企业和创客而生，一定程度上更像是商品预售。

造成上述所说的差异，也有很大一部分因素来自于用户习惯。在像 Kickstarter

这样的平台上,聚集着一群理想主义者,他们对改变社会有着伟大憧憬,在参与众筹时感性因素超越了理性。他们更加看重众筹过程中的产品制作参与感和体验感。国外权益众筹中很多项目都还处于初级阶段,它们存在很多不足,需要不断地改进和完善。而一部分的支持者——极客,他们热衷于在产品的研发阶段参与进去,去寻找和解决这些缺陷,或是希望产品能向着自己期望的方向发展和完善,他们享受的是从无到有的乐趣。但是国内的用户就不太一样,他们更加理性,希望拿到的东西是靠谱的,也希望可以马上拿到。这样的用户心态,使得上述处于初级阶段的产品众筹很难成功,慢慢地类似的项目也不再轻易选择众筹这种融资方式。所以我国的权益众筹现状很大程度上也是由用户决定的。

盈利模式是国内外权益众筹差异的另一个体现。关于这一点,其实国内外众筹平台都在探索之中,国外多数知名平台采用收取佣金的模式,项目发起人在项目成功后,需要从筹资额中拿出一定比例的金额交给众筹平台。而这种模式在国内却很难被大多数平台复制,目前我国有不少权益众筹平台是免费的,一方面是出于新平台建立信任机制的需要,由此吸引更多的创业者和支持者;另一方面,权益众筹市场份额由于被几大巨头占据,多数平台体量较小,这种情况下对项目融资额收取一定比例的佣金显得毫无意义。但随着各个平台不断地探索和发展,合适的盈利模式或将被探索出来。

6.5 权益众筹的主要风险

1) 项目方道德风险

与股权型众筹的投资群体不同,权益众筹的支持者大多没有丰富的项目投资经验和专业的项目识别能力,单凭平台上展示的项目信息不一定能很好地辨别项目真假。项目发起人作为众筹项目的起点,如果提交了伪造的项目信息,甚至可能连众筹平台都无法甄别;而有的项目方在项目运营或产品回报出现问题时,不仅不积极解决问题,反而对投资者爱答不理,最终导致投资者利益受损。

2) 平台道德风险

国内众筹平台目前一般只具备工商登记和 ICP 备案,并没有进行公安机关网安部门登记备案,也没有专门的机构对权益众筹平台的经营范围、资金发放、业务拓展等进行监管,这种情况下平台道德风险就尤为凸显。部分平台为了能发布更多的项目,增加网站流量,而忽视了项目的质量,降低了项目上线的门槛,导致一些粗制滥造的项目上线,平台项目杂乱。在项目成功之前,一些众筹平台将支持者的资金存在自己平台钱包下,其中存在很大的资金风险。而项目成功后,平台是否能做到后期跟踪,若出现问题能否积极处理,都直接关系着支持者的利益。

3)产品质量风险

现阶段,国内权益众筹产品无第三方机构或者平台对其质量进行检验,众筹过程中支持者也无法核实产品的实际质量如何,使得权益众筹市场产品质量良莠不齐,大量创新性不突出、有瑕疵的产品混杂于整个众筹市场中,这就导致支持者可能获得质量低劣的产品。另外,有的项目方将众筹当作产品试水、营销的手段,在项目展示中肆意夸大产品,甚至为了引爆热点,不惜自掏腰包去刷单,给支持者造成众筹产品火爆的假象,影响支持者的判断,最终货不对版。如火爆一时的智能硬件类产品,就存在不少类似问题。在国内某众筹平台上,通过支持者的评论可以发现,不少项目都存在跳票或质量不达标等问题。

4)售后维权风险

很多权益众筹的项目方不是成熟的企业,在项目完成后,后期如果出现质量或软件优化等问题,在售后服务上很可能跟不上。还有少数项目方通过众筹仅愿意获得一锤子买卖,根本不关心产品的售后服务。有支持者认为,众筹平台应该起到监督管理的作用,对有跳票和存在质量问题的项目,平台也负有一定的责任,平台有义务做一些后续的跟进工作。但有部分众筹平台认为,支持者收到项目回报后,就意味着平台与该项目的合作结束了,退货或退款将由项目团队负责,平台可以提醒项目团队做好售后工作,但不负有相关责任。

5)政策风险

目前我国关于众筹行业的政策监管主要针对股权型众筹,对公益众筹的监管力度也有所加强。但对权益众筹方面的强制性监管仍是缺位,相关标准、统一规范以及设计、专利侵害方面都没有十分清晰的界定。同时,由于股权型众筹的政策缩紧,很多初创企业转向发起权益众筹,这加大了权益众筹出现问题的概率。就目前来看,要避免问题项目的产生,更多的只能依靠项目发起人的自觉自律以及众筹平台更为完善更为专业的审核机制。

6.6　权益众筹的模式探索及发展趋势

从"2017年权益众筹行业融资规模占比图"(图 6－16)中可以看到,京东众筹、淘宝众筹、苏宁众筹、小米众筹这几家电商众筹平台占据了不少市场份额,中小平台的商业模式如果和以上平台类似,其拥有的资源很难与巨头们抗衡,想要在业内崭露头角可谓困难重重。但同时也可以发现,开始吧、多彩投、点筹网、聚米众筹等几家平台在前十排行榜之列,其中开始吧居于榜首,多彩投位于第三位。这几家平台有一些共同之处,它们都有着精准的平台定位和鲜明的平台特色,细分化、精品化、个性化使得平台与众不同。深耕细分市场、打造独特优势,一直都是众筹行业的发展潮流。

表面上看,众筹平台是一个对接筹资人和投资者的信息展示平台,但在实际操作中,如果平台没有其他的附加服务,很难拥有核心竞争力,很可能快速被行业淘汰。就目前的发展情况来看,越来越多的平台开始提供一站式综合服务。众筹平台向产业链整合发展,重点不仅仅在于为项目提供资金,而是以平台为依托,提供人才、渠道、管理、运营等多方面的支持,目的是成为依托网络的产业资源整合平台。另外,服务一体化在聚集了更多融资人和投资者的同时,也能为平台带来新的盈利点。

权益众筹具有很强的社交属性,众筹的初衷是通过大家的力量帮助一个人实现自己的愿望,而这种属性与社交场景是天然契合的。社交众筹平台上的项目有着非常好的示范作用,发起人通常可以通过一个众筹项目聚集到一群有着相似需求和爱好的人,而项目一旦成功,类似项目在这个群体中会有很好的复制性。发起人还可以将众筹项目转发到微信、微博、QQ 等社交平台朋友圈,这种基于熟人朋友圈的社交众筹也是缓解信用机制缺乏所造成的普遍性信任危机的好办法,同时也加强了熟人之间的社交纽带,是众筹"社交属性"的最好体现。

权益众筹经过几年的发展,已经成为几大众筹类型中较为成熟的众筹模式,市场规模稳步上升,具有巨大的发展潜力。但同时,我国权益众筹市场环境及平台自身发展机制还存在较大缺陷,缺乏创新、监管缺位、信任危机等问题一直存在。结合具体情况,不断寻求新的服务模式和盈利模式,将是权益众筹行业需要思考和探索的重要内容。

第7章　互联网非公开股权融资

7.1　互联网非公开股权融资发展现状

互联网非公开股权融资,是指公司向投资者出让一定比例的股份,投资者通过出资入股公司,最终以分红或股权变现的方式获得未来收益的一种众筹模式。为方便理解,本书也将互联网非公开股权融资简称为"股权型众筹"。股权型众筹是融资者通过相关互联网融资平台以非公开发行方式进行的股权融资活动,即现在普遍定义的私募股权众筹融资。互联网非公开股权融资不属于2015年7月18日十部委发布的《关于促进互联网金融健康发展的指导意见》中规定的股权众筹融资范围。

而股权众筹融资主要是指,通过互联网形式进行公开小额股权融资的活动,即过去所称的公募股权众筹融资。具体而言,是指创新创业者或小微企业通过股权众筹融资中介机构互联网平台(互联网网站或其他类似的电子媒介)公开募集股本的活动。由于其具有"公开、小额、大众"的特征,涉及社会公众利益和国家金融安全,必须依法监管。未经国务院证券监督管理机构批准,任何单位和个人不得开展股权众筹融资活动。

在"大众创业,万众创新"的大环境下,政府鼓励股权型众筹等互联网金融业态积极发展。早在2013年11月,新闻联播就对股权型众筹平台进行了报道。2014年11月,政府提出开展股权众筹融资试点,鼓励互联网金融向"小微""三农"提供规范服务。随后12月18日,中国证券业协会发布《私募股权众筹融资管理办法(试行)(征求意见稿)》,将股权众筹纳入规范化管理。2015年6月,国务院印发《关于大力推进大众创业万众创新若干政策措施的意见》,明确要"引导和鼓励众筹融资平台规范发展"。第十二届全国人大四次会议表决通过《国民经济和社会发展第十三个五年规划纲要(草案)》,把"大众创业,万众创新"融入发展的各领域各环节。股权型众筹这一具备鲜明草根特性的互联网金融创新模式获得了政府越来越多的关注和支持。

从 2015 年下半年开始,股权型众筹受到互联网金融专项整治的影响,发展进入冷静期,停业、转型的股权型众筹平台数量较多,同时部分股权型众筹项目进入到退出期或者分红期,风险开始逐渐浮出水面。平台控制上线项目数量,投资者趋于理性谨慎入局,这种心态持续到了 2017 年。

虽然 2017 年股权型众筹行业发展状况不尽如人意,但在监管政策等方面利好信息不断,相信股权型众筹将在 2018 年获得长足的发展。

1)国务院发文,众筹行业迎首个利好

2017 年 1 月,中共中央办公厅、国务院办公厅印发了《关于促进移动互联网健康有序发展的意见》。意见提出,支持中小微互联网企业发展壮大。进一步发挥国家中小企业发展基金、国家创新基金等政策性基金引导扶持作用,落实好税费减免政策,在信用担保、融资上市、政府购买服务等方面予以大力支持,消除阻碍和影响利用移动互联网开展大众创业、万众创新的制度性限制。积极扶持各类中小微企业发展移动互联网新技术、新应用、新业务,打造移动互联网协同创新平台和新型孵化器,发展众创、众包、众扶、众筹等新模式,拓展境内民间资本和风险资本融资渠道。

2)《证券法》修订草案二读,推动股权众筹成亮点

2017 年 4 月,证券法修订草案迎来"二读"。参与了全国人大常委会法工委证券法修改课题研究的专家表示,本次二读的亮点包括了推动股权众筹机制。修法专家称:"三板、四板发展不好,很大的原因在于底层的五板市场——股权众筹市场没有发展起来,企业小额融资方便了,才能促进中小企业的发展,也才能推动更多好的企业进行 IPO。"

3)科技部发文支持科技成果转化,鼓励股权众筹交易模式

2017 年 6 月,中华人民共和国科学技术部发布了《"十三五"技术市场发展专项规划》(下称《规划》)。《规划》中提到,要实施促进成果转化行动,创新技术转移机制模式,并且鼓励探索建立从实验研究到交易流通的全流程技术创新融资模式,强化资本要素对技术要素流通转化的加速和催化作用。通过股权众筹、新三板、区域股权交易中心等平台,鼓励资本机构"做市"撮合交易,实现科技企业股权流通、增值与退出。

4)互联网非公开股权融资专委会成立,股权众筹进入新阶段

2017 年 10 月,中国互联网金融协会互联网股权融资专业委员会成立大会暨第一次工作会议在北京召开。会议由吕罗文秘书长助理主持,李东荣会长出席并讲

话,证监会等监管部门派员出席会议,专委会首届委员参加会议。

李东荣会长指出,发展互联网股权融资是发展直接融资、建设多层次资本市场的重要举措。中国互联网金融协会成立互联网股权融资专委会是贯彻落实第五次全国金融工作会议的要求,也是互联网股权融资行业和社会各界的共同期盼,具有重要的现实意义。

5)国务院批示:小微活,就业旺,经济兴

2017 年 11 月,中共中央政治局常委、国务院总理李克强作出重要批示:小微活,就业旺,经济兴。鼓励小微企业金融服务发展,强调健全多层次资本市场,着力解决小微企业融资难融资贵问题,促进大众创业万众创新。同期,央行行长周小川发文鼓励"积极有序发展股权融资,稳步提高直接融资比重",被业内视为股权众筹的政策风向标。

6)"新实体金融服务联盟"成立

2017 年 11 月,"新实体金融服务联盟"成立。联盟由众筹家发起,开始吧、第五创、靠谱投、多彩投、人人投、点筹网、同城众投、人人创等在内的一批优秀的众筹平台、真功夫等优质的餐饮企业共同组建。联盟致力于汇聚众筹行业品牌企业,引导众筹行业建立行业标准和自律规范,使联盟中的众筹平台成为餐饮、酒店等实体企业众筹的最优选择。与会的平台代表均表示,需要社会了解众筹对支持实体经济发展所起的作用,需要通过联盟建立行业标准和规范,以促进行业健康发展,为中国实体经济服务。

7.2　互联网非公开股权融资数据分析

据不完全统计,2017 年全国股权型众筹行业整体情况为:截至 2017 年年底,全国共上线过股权型众筹平台 191 家,其中正常运营的为 89 家,下线或转型的为 102 家。2017 年全年共有 1 053 个股权型众筹项目,其中成功项目有 745 个,占比70.75%;2017 年全年成功项目的实际融资额约为 33.61 亿元。

7.2.1　互联网非公开股权融资平台上线时间分布

据不完全统计,截至 2017 年年底,国内上线过股权型众筹的平台共计 191 家。其中,2011 年上线平台 1 家;2012 年上线平台 3 家;2013 年上线平台 8 家;2011—2013 年期间共计上线 12 家,仅占比 6.28%。2014 年被称为股权型众筹元年,国内股权型众筹平台出现爆炸式增长,全年共有 59 家平台上线,占到所有平台的 30.89%;2015 年,股权型众筹平台持续增加,全年共有 91 家平台上线,占到所有平台的 47.64%;2016 年,新增平台大幅回落,整个行业趋于冷静,全年上线平台仅 27 家,占所有平台的 14.14%;2017 年,股权型众筹平台新增较少,共新增平台 2 家。

截至 2017 年年底,这 191 家平台中正常运营的有 89 家,已下线或转型的有 102 家,详情见图 7-1。上线较早的平台(2013 年及之前)和上线较晚的平台(2016 年及之后)大部分处于运营状态,而已下线或转型平台多为 2014 年和 2015 年股权型众筹飞速发展时期上线的平台。

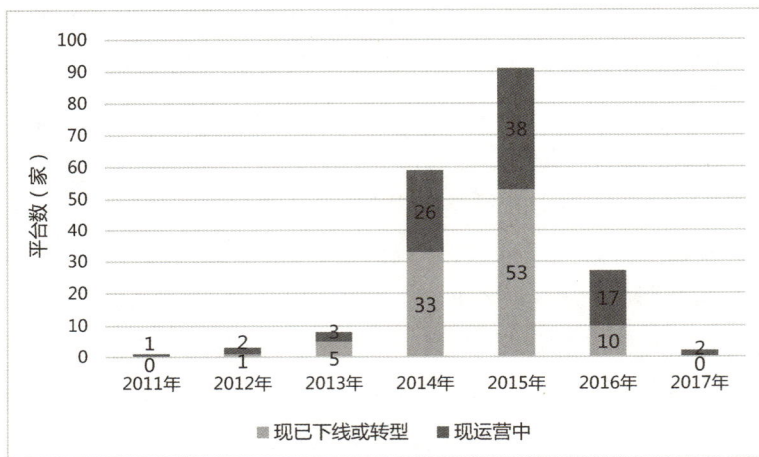

图 7-1　股权型众筹平台上线时间分布

7.2.2　互联网非公开股权融资平台地域分布

在全国 34 个省级行政区中,股权型众筹平台仅覆盖 13 个地区。平台主要集中在经济较为发达的地区,而分布在东北、西北和西南地区的平台较少。股权型平台数最多的是北京,共有 29 家,占比 32.58%;其次是广东,为 24 家,占比 26.97%;排名第三的是上海,共有 15 家,占比 16.85%;随后是浙江和四川,分别有 8 家和 4 家。排名前五的省份总计 80 家,占到了股权型总平台数的 89.89%。股权型众筹平台地域分布差异较大,与各地的经济发展程度、互联网金融发展程度、配套设施、创业环境等因素有很大关系。

7.2.3　互联网非公开股权融资市场规模占比

2017 年共有 76 670 个众筹项目,其中股权型众筹项目有 1 053 个,仅占全部项目的 1.37%,而其他类型的项目(包括权益型、物权型、公益型项目)共计 75 617 个,占比 98.63%。

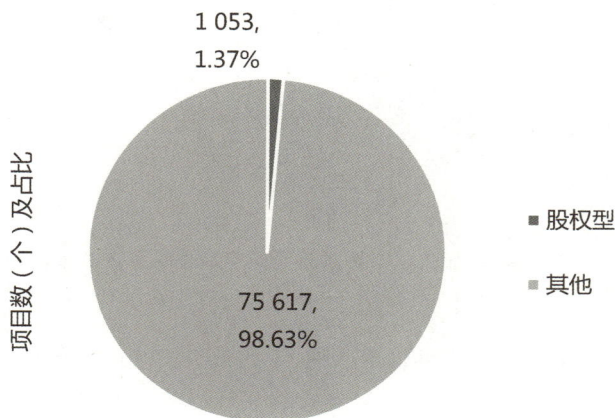

图 7 - 2　股权型众筹项目数占比

2017 年全年共有 69 637 个成功项目,其中股权型众筹成功项目只有 745 个,占比仅 1.07%。而其他类型的成功项目(包括权益型、物权型、公益型项目)共计 68 892 个,占比 98.93%。

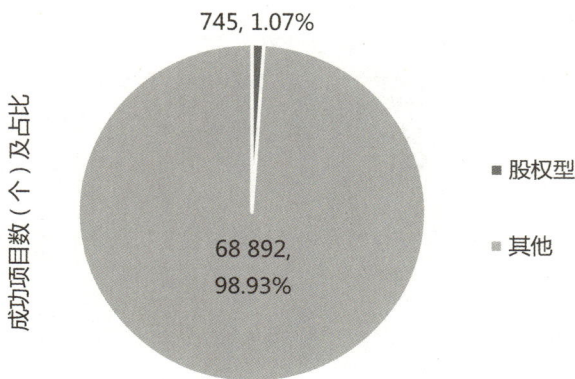

图 7 - 3　股权型众筹成功项目数占比

2017 年股权型众筹成功项目共计获得融资 33.61 亿元,占 2017 年各类型成功项目已筹总金额 260.00 亿元的 12.93%。而其他类型(包括权益型、物权型、公益型)的成功项目共计获得融资 226.39 亿元,占比约为 87.07%。

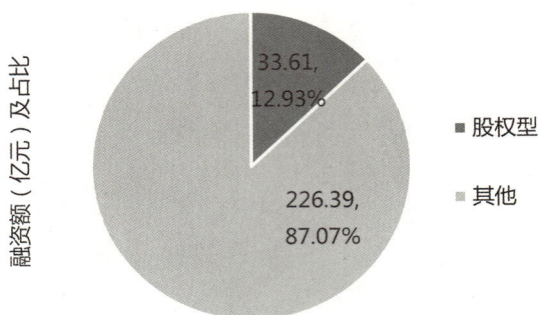

图 7 - 4　股权型众筹成功项目实际总融资额占比

2017 年股权型众筹成功项目投资人次共计 4.19 万（不包含 89 个不显示投资人数的项目），占 2017 年各类型成功项目总投资人次 3 982.16 万的 0.11%。而其他类型（包括权益型、物权型、公益型）的成功项目投资人次共计 3 977.97 万，占比 99.89%。

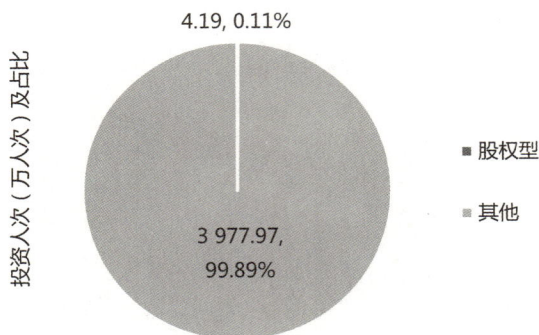

图 7 - 5　股权型众筹成功项目投资人次占比

总体来看，股权型众筹项目的项目数和投资人次相对较少，但融资金额相对不错，这是股权型项目最大的特点，说明股权型众筹成功项目的项目平均融资额较高。

7.2.4　互联网非公开股权融资 2017 年市场规模占比

据不完全统计，2017 年共有 745 个股权型众筹项目获得成功，而 2016 年共有 1 087 个股权型众筹项目获得成功，2015 年及之前共有 1 123 个股权型众筹项目成功。2017 年全年成功项目数仅达到历史成功项目数的四分之一，同比 2016 年下降了 31.46%。

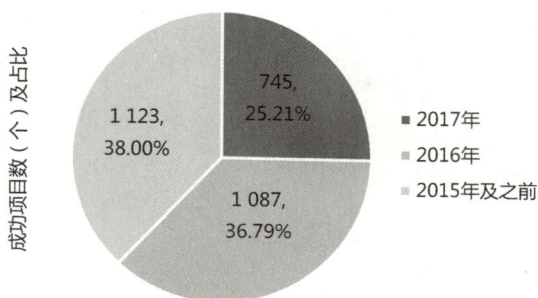

图 7 - 6　2017 年股权型众筹成功项目数占比

2017 年成功的 745 个股权型众筹项目共计融资 33.61 亿元,而 2016 年成功的股权型众筹项目共计融资 58.70 亿元,2015 年及之前的总融资额 55.33 亿元。2017 年成功项目总融资额有明显下降的趋势,同比 2016 年下降了 42.74%。

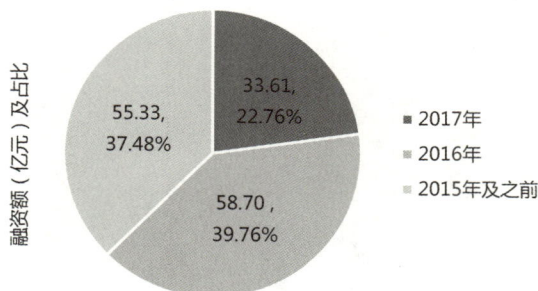

图 7 - 7　2017 年股权型众筹成功项目实际总融资额占比

2017 年股权型众筹成功项目的总投资人次为 4.19 万,而 2016 年与 2015 年及之前的成功项目总投资人次分别是 5.26 万和 5.28 万。2017 年总投资人次同比 2016 年下滑 20.34%。

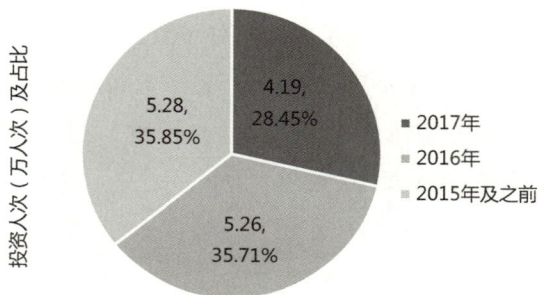

图 7 - 8　2017 年股权型众筹成功项目投资人次占比

7.2.5 互联网非公开股权融资成功项目各指标区间分布

2017 年股权型众筹成功项目共计获得融资 33.61 亿元。对成功项目按照已筹金额的多少进行分组，可以得到图 7 - 9 所示的区间分布图。从图中可以看出，金额较小的项目相对较多，金额较大的项目相对较少，并呈现出随着金额的增大，项目数逐渐减少的趋势。100 万元及以下的项目共有 316 个，占到了全部成功项目的42.42%，而 1 亿元以上的项目只有 5 个，占全部成功项目的 0.67%。以 1 000 万元为界，1 000 万元及以下的项目共计 676 个，占到了全部成功项目的 90.74%，而 1 000万元以上的项目共计 69 个，占到了全部成功项目的 9.26%。可见大额的项目虽然相对较少，但仍占有一席之地。

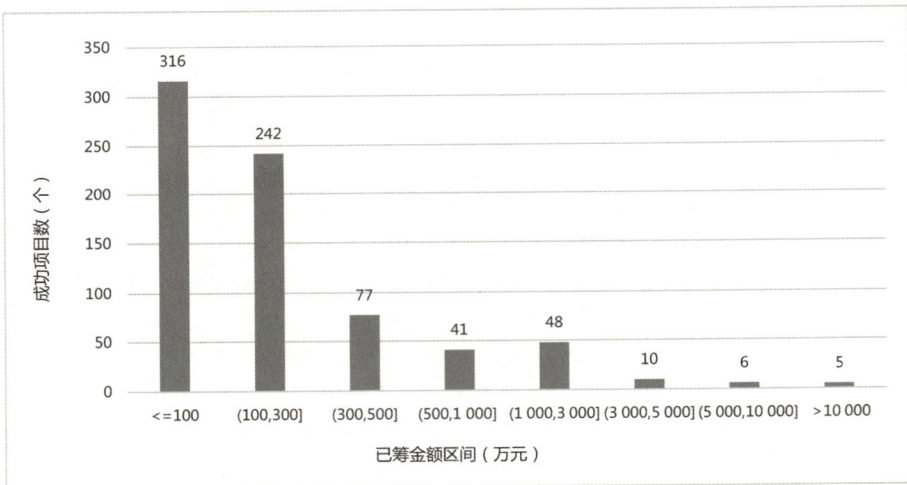

图 7 - 9　股权型众筹成功项目已筹金额区间分布（区间单位：万元）

2017 年股权型众筹成功项目投资人次共计 4.19 万。对成功项目按投资人数的多少进行分组，可以得到图 7 - 10 所示的区间分布图。其中有 89 个项目不显示投资人数，故不在统计范围内。从图中可以看出，投资人数少的项目相对较多，投资人数多的项目相对较少。其中投资人数在 20～40（包括 40）之间的项目数最多，其次是1～20（包括 1 和 20）之间，再次是 40～60（包括 60）之间。以上三个区间内的项目占比合计 62.65%，即大部分的股权型项目投资人数在 60 人及以下。以 160 人为界，可以发现，160 人及以下的项目共计 612 个，占比 93.29%，而 160 人以上的项目共计 44个，占比 6.71%，可见投资人数较多的项目仍然较少。

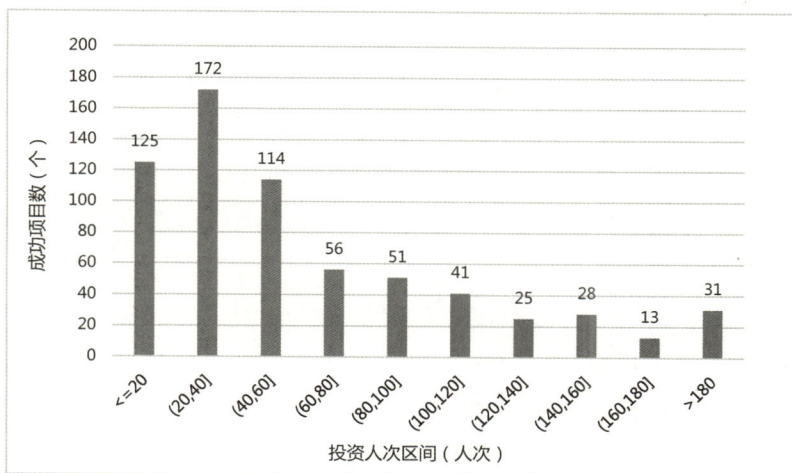

图 7 - 10　股权型众筹成功项目投资人次区间分布

注:不包含 89 个不显示投资人数的项目。

7.2.6　互联网非公开股权融资项目分类统计

结合当下众筹行业的热门细分领域,对股权型项目进行分类,主要分出了八大类别:科技、实体店铺、影视、农业、旅游、音乐、出版和游戏。据不完全统计,2017 年全年共有股权型项目 1 053 个,其中八大类别项目总数为 812 个,占比 77.11%,各类别具体项目数如图 7 - 11 所示。

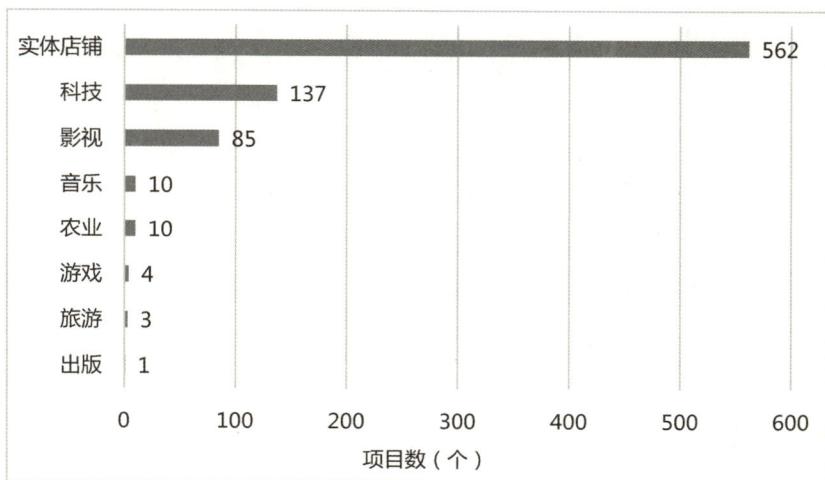

图 7 - 11　股权型众筹项目类别分布

　　总项目数排在第一的是实体店铺,共有 562 个,占到八大类别股权型项目总数的 69.21%;其次是科技众筹,共有 137 个,占比 16.87%;影视众筹排名第三,共有 85 个项目,占比 10.47%。项目数最少的是出版众筹,只有 1 个,仅占比 0.12%。

　　2017 年八大类别共有 699 个股权型成功项目,占 2017 年所有股权型成功项目的 93.83%。另外 46 个项目属于食品、生活用品、房地产等行业,在众筹领域中特色不明显,此处不予讨论。

　　细分行业成功项目数量分布如图 7－12 所示。从图中可以看出,项目数最多的是实体店铺,共 528 个项目,占八大行业股权型成功项目总数的 75.54%,占比较大,可见实体店铺这一细分领域在股权型众筹项目中占据了非常大的比重;此外,科技、影视类成功项目也较多,分别有 112 和 43 个;而音乐、农业、游戏、出版、旅游的项目较少。

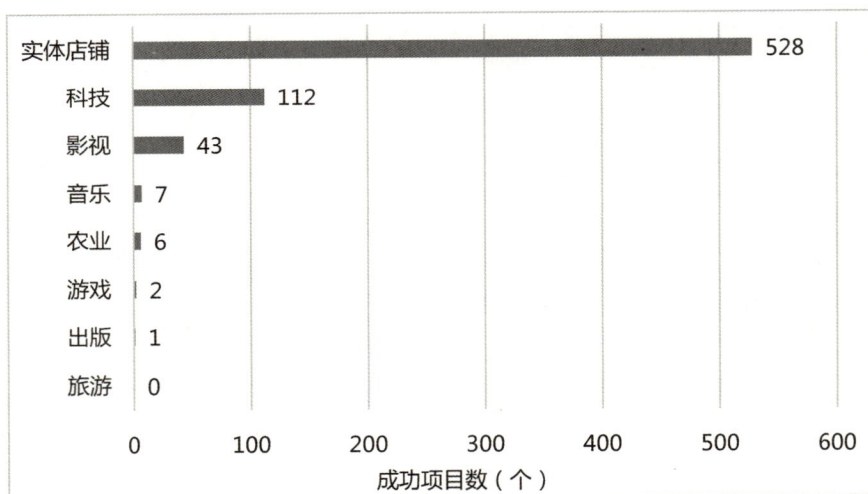

图 7－12　股权型众筹成功项目类别分布

　　细分行业股权型成功项目已筹金额分布如图 7－13 所示。成功项目已筹金额最多的是实体店铺类,共筹集 15.65 亿元,占八大类别总融资额的 51.86%;其次是科技类,共筹集 12.79 亿元,占比为 42.38%,这两类项目的已筹金额共占比 94.24%。可见股权型项目已筹金额主要集中在科技和实体店铺类。此外,游戏、出版、旅游类成功项目已筹金额均不足千万,这些行业多以权益型众筹为主,在股权型众筹市场略显冷清。

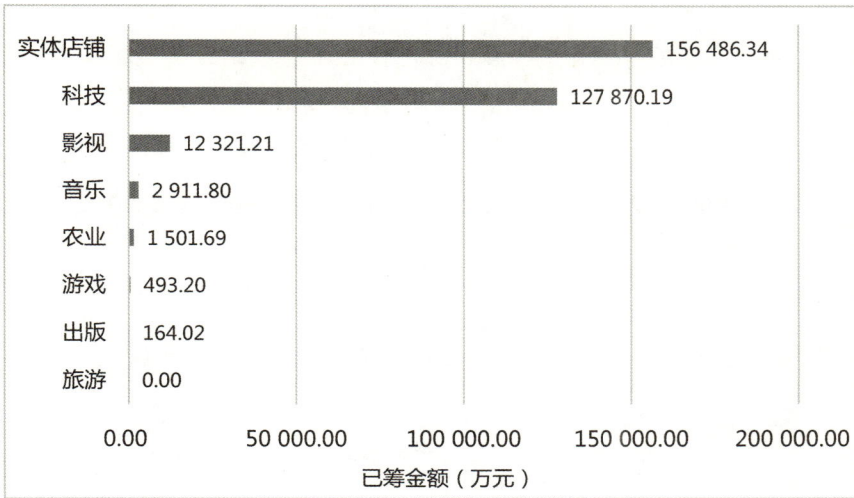

图 7－13　股权型众筹成功项目已筹金额类别分布（单位:万元）

　　细分行业成功项目投资人次分布如图 7－14 所示。成功项目投资人次最多的仍然是实体店铺,共获得 34 059 人次支持,占比为 85.30%;其次是科技和影视,分别为 4 217 人次和 842 人次,分别占比 10.56% 和 2.11%。其他 5 类项目共计获得 810 人次支持,占比 2.03%。

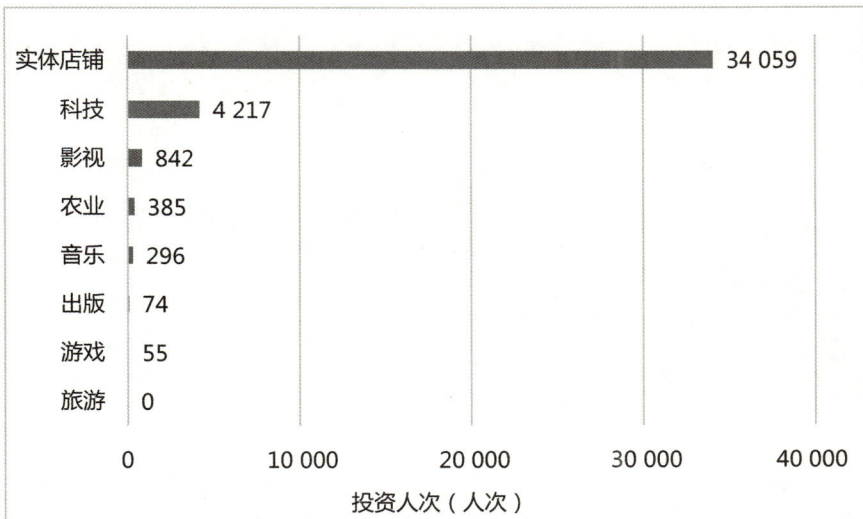

图 7－14　股权型众筹成功项目投资人次类别分布

7.2.7 互联网非公开股权融资典型平台及项目

对 2017 年各平台股权型众筹项目情况进行统计,表 7-1 是 2017 年典型平台运营情况。

表 7-1 2017 年部分股权型众筹项目发起平台运营情况

平台名称	成功项目数	成功项目融资额（万元）	成功项目投资人次
多彩投	24	66 653.13	/
长众所	9	37 700.00	/
众投邦	9	35 908.00	273
爱就投	15	21 239.00	323
人人投	87	18 711.45	5 597
迷你投	6	17 341.20	405
云投汇	5	13 140.00	67
靠谱投	51	12 752.05	1 694
第五创	51	12 209.62	5 856
众筹客	84	8 917.91	9 396

注 1:本表按 2017 年各平台股权型众筹成功项目融资额排序。

注 2:本表统计的是各平台的股权型项目数据,并非平台总体数据。

表 7-2 2017 年股权型众筹成功项目融资额 TOP10

项目名称	预期融资额（万元）	实际融资额（万元）	已达比例	投资人数	发起平台
MEMS微激光投影	10 000.00	13 800.00	138.00%	14	爱就投
天津小白楼亚朵酒店	1 000.00	12 120.00	1 212.00%	/	多彩投
Seed项目：领先的二手车交易服务平台	11 000.00	11 000.00	100.00%	/	长众所
新能源车核心零部件龙头企业	10 000.00	10 130.00	101.30%	11	众投邦
苏州美豪雅致酒店	1 500.00	10 005.00	667.00%	/	多彩投
飞越中国	9 500.00	9 525.00	100.26%	14	云投汇
区块链相关产业重磅项目	9 000.00	9 250.00	102.78%	21	众投邦
粉丝网	6 000.00	6 222.20	103.70%	101	迷你投
多彩无人酒店-隐世Hutel·叠院儿	270.00	6 150.00	2 277.78%	/	多彩投
SHHT文化基金：专业团队指导的文化投资基金	6 000.00	6 000.00	100.00%	/	长众所

2017 年股权型众筹成功项目中筹资额排名前十的项目实际融资额均在 6 000 万元及以上,其中爱就投的"MEMS 微激光投影"成功融资 1.38 亿元,排名第一;多彩投的"天津小白楼亚朵酒店"成功融资 1.21 亿元,排名第二;长众所的"Seed 项目:领

先的二手车交易服务平台"成功融资 1.10 亿元,排名第三。

7.3　典型平台案例解析
——多彩投

7.3.1　平台介绍

北京多彩投网络科技有限公司(以下简称"多彩投")是全球专业地产及空间众筹平台,以创新"投资＋消费"模式,专注于酒店、民宿、公寓等空间众筹,为投资人提供基于生活方式和资产配置的众筹产品,为多家国际知名酒店、精品民宿完成"融资＋营销"服务。

创业三年来,多彩投已完成四轮融资,股东机构包括雷军和许达来创立的顺为资本,国际一线 VC 机构 DCM 中国,国内领先的 VC 机构英诺、分享、云起、火橙等。

截至 2018 年 4 月,多彩投筹集项目遍布中国 20 个省市地区及美洲、东南亚、日本、非洲等地,撬动近 100 亿的项目总投资,超过 772 个线下众筹目的地。平台近 4 万投资人,完成成交金额累计超过 21 亿元,投资项目达到 371 个。

7.3.2　平台模式

多彩投以平台模式实现投资人与融资标的方需求对接。

1) 极大丰富普通投资人的投资渠道,并满足消费升级下的新住宿需求

普通投资人的投资渠道单一,除了传统的理财产品、股票之外,房产成为财富投资的主要方式。而多彩投的众筹产品降低投资门槛,可获得酒店或民宿的股权或一定期限内的股权收益权。

2) 首创"投资＋消费"的双重收益

作为投资人,得到现金分红的同时,还拥有了属于自己的酒店,每年获得免费住宿体验。目前,多彩投正在逐步打通免费住宿的消费权益,这意味着投资一家店,就有机会免费住遍全球的数百家设计酒店和精品民宿。

3) 为项目方解决融资和营销问题

酒店、民宿通过传统的融资渠道,既无法快速地获得资金,也无法囿于较低的私人借贷额度。多彩投通过互联网模式,以拥有专业金融背景的团队为项目方快速解决融资问题,同时也利用平台优势,根据项目品牌的独特性进行营销策划,为投资人呈现焕然一新的消费品牌。并在最短时间内,快速为项目方获取大量精准的消费

用户。

4）实现非标项目标准化服务

多彩投实现了非标项目的标准化服务，通过融资需求标准化、募集流程标准化、投后管理标准化等专业化体系和流程，服务于项目方和投资人。在传统形式上借助互联网方式变革创新。

7.3.3 风险控制

1）风控流程

风控通过风控模型＋人工审核来对项目进行审核调查，风控模型通过 cut off、评分卡、DTI、MUE、决策树等相关数据维度进行评判；人工审核通过对无法系统评判的信息进行线下调查；综合两者给予的批复意见，通过风控委员会进行再次确认评判，给予最终审批。

2）尽调内容

见表7-3。

表7-3　多彩投项目尽调表

一、项目详情	
融资方	名称、位置、面积、融资总额、融资期限、预期收益率、资金用途、回购资金来源
融资方基础信息	企业名称、注册资本、法定代表人、股东信息、经营范围、相关证照（已开业/筹建中）
经营地详情	出租方、承租方、经营承包方
财务资料	项目投资总预算明细、未来三到五年的财务预测
大股东（回购义务人）背景介绍	自然人/营业执照、身份证号（自然人需要；需覆盖年月日）、股份占比、资产证明等
风控措施	质押（股权）、抵押（房产等）、个人连带责任、担保（企业/个人）
二、提交资料信息	
项目公司	营业执照、公司章程、企业征信报告、相关其他证照、未来三到五年的财务预测、项目投资总预算明细、近一年的资产负债表和利润表（已开业）、房屋租赁合同（项目经营场所）、产权证（项目经营场所）、涉诉信息、其他负面信息
回购义务人	营业执照/自然人身份证、公司章程、征信报告（企业/个人）、资产证明、涉诉信息、其他负面信息

（续表）

担保人	营业执照/自然人身份证、公司章程、近一年的资产负债表和利润表、征信报告（企业/个人）、资产证明、涉诉信息、其他负面信息
三、项目信息披露	
现场施工或经营图片、营业执照、法定代表人身份证（需覆盖部分敏感信息）、企业章程、房屋产权证、房屋及土地的租赁合同、企业信用报告、项目商业计划书、相关证照及商标信息、租赁合同相关部分内容及盖章页、回购义务人身份证/营业执照（需覆盖部分敏感信息）、担保人身份证/营业执照（需覆盖部分敏感信息）	
注：具体披露信息按照项目方同意披露内容为准	

7.3.4　数据统计

1）运营数据

截至 2018 年 4 月，平台近 4 万投资人，完成成交金额累计超过 21 亿元，投资项目达到 371 个。

2）回报率

已完成所有项目投资回报率或综合投资回报率（任意一种）如下：

平均年化收益分红 10.12%；

平均年化消费权益 5%～10%；

平均年化综合回报率 15.12%～20.12%。

7.3.5　项目案例——苏州美豪雅致酒店

2009 年，上海美豪酒店管理股份有限公司在上海创建了以"美豪"命名的中国精致商旅主题酒店，以独特的经营、绩效共赢理念和感恩文化为基点，顺应市场及顾客需求，开启进军中国中端酒店市场的征程，历经市场检验和发展演进，旗下"美豪酒店""美豪丽致"精致商旅连锁酒店品牌，门店遍布上海、天津、江苏、浙江、陕西等地。2016 年 7 月 29 日，美豪酒店新三板挂牌，证券代码 839019。

1）项目介绍

项目名称：苏州美豪雅致酒店。

项目地址：苏州工业园区松涛路 1088 号斜塘老街区 42、43、44 幢。

项目周边：斜塘老街是苏州市以文化旅游为特色，具有浓郁江南水乡和人文情怀的商业街区。斜塘项目是苏州工业园区文化繁荣计划十大重点文化项目之一，位于苏州工业园区南部城市核心区域,南面与苏州市吴中区隔河相望,北面紧靠园区中新合作区,东面滨临金鸡湖、独墅湖。以文脉延续、水乡风貌、商贸旅游、生态环境为四轮定值,具备商务、旅游、文化、社区休闲、商业五大服务功能。

美豪雅致苏州斜塘店地处斜塘老街核心商圈,地理位置得天独厚,依托苏州工业园区强大的商务差旅属性及斜塘老街的文旅属性,将成为商务及旅游度假客人最青睐的住宿地。

项目状况:建筑面积 9 693 平方米。共 150 间居室,拥有大堂、客房、茶餐厅、游泳池、SPA 房等空间设施。客房面积 60 平方米,单价 880～1 888 元/间夜。于 2018 年 3 月开业。

项目特色:全新高科技智能影音娱乐设备、超 5 星级酒店服务、奔驰豪华商务车免费接送、携程网高峰推荐商旅酒店。

所获荣誉:

＊ 美豪酒店连续 3 年获颁携程网"最佳服务品牌"。

＊ 2016 年 6 月底中国酒店业颁奖盛典中,美豪被评为有限服务中档酒店品牌前三名。

＊ 2016 年酒店业最佳创新服务实践奖,艺龙网 2016 年最受欢迎酒店品牌。

＊ 2016—2017 年连续两年荣获 MBI 酒店业"十大影响力品牌"。

2）项目融资方案

项目公司:苏州美雅酒店管理有限公司。

项目公司估值:6 000 万元。

筹集规模:1 500 万元(可超募至 3 000 万元)。

起投金额:15 万元。

每人限投:150 万元。

3）项目选择平台的原因及对平台的评价

截至 2017 年 12 月 19 日,美豪在多彩投平台共发起五个项目:无锡美豪丽致酒店、广州美豪丽致酒店、南京美豪丽致酒店管家桥店、美豪丽致酒店上海嘉定店、苏州美豪雅致酒店,全部以直营店在多彩投平台进行股权融资模式招募。通过多彩投专业的金融属性背景,行业的领先地位,及投资人对多彩投平台的信任,苏州美豪雅致酒店上线用时 7.86 天预约超募至 1 亿元,高达 667% 的预约率。现双方已签署战略合作,未来将会有更多的美豪品牌项目在多彩投平台上线。

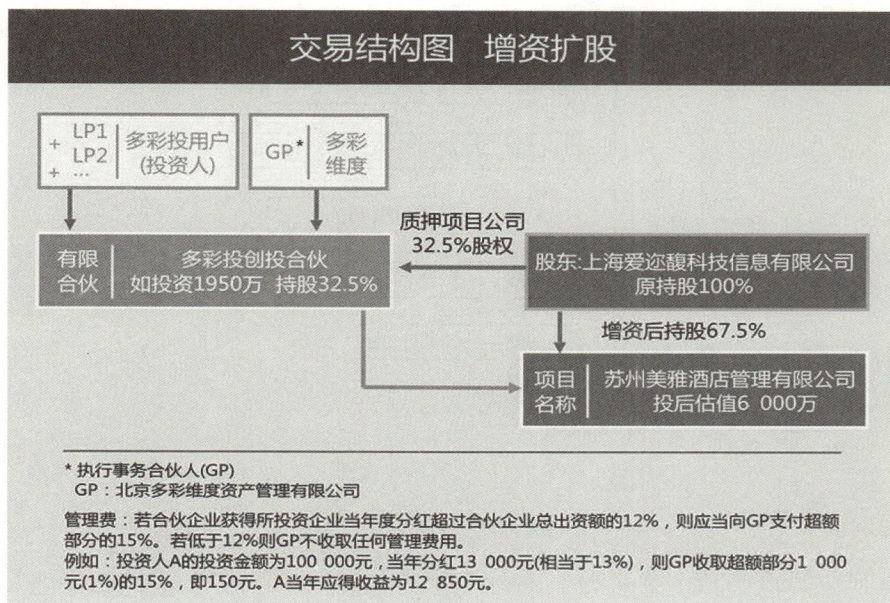

图 7-15　项目交易结构图 增资扩股

美豪表示,通过多彩投平台不仅快速获得超额的融资金额,同时美豪品牌得到高度升级,获得大量投资者关注,对未来项目的运营及集团整体战略发展都起到了巨大的帮助和推进。

4）项目筹集时间

项目于 2017 年 12 月 2 日上线,几小时就完成目标 3 000 万元的预约,候补预约超 1 亿元。

5）项目尽调、审核及上线等流程及服务

项目组将调查后的信息提交给风控部门进行审核,风控以通过风控模型＋人工审核模式对项目进行审核调查。最终以模型相关数据进行多维度评判。人工审核对酒店的经营、未来发展、品牌价值等综合评判,将风控报告提交给风控委员会,由风控委员会对项目做最终评审。

项目通过后将安排项目上线排期,由多彩投策划部进行美豪项目策划。由运营部门通过微信,组织项目方在投资人路演群进行线上路演。由多彩投的客服主持,项目方介绍品牌、团队、项目,并与意向投资人互动答疑,帮助意向投资人在了解融资方案和项目方的基础上做出是否认购的决定。

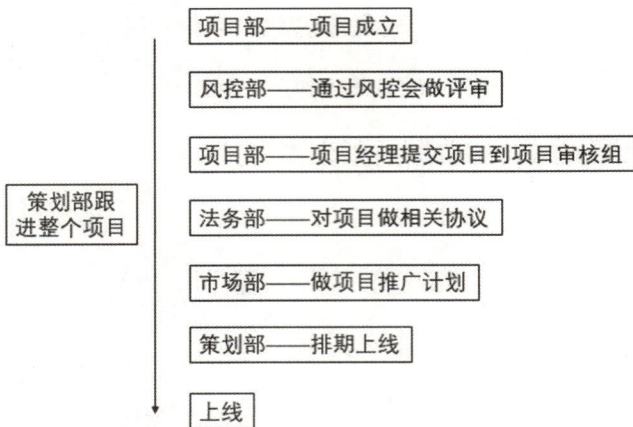

图 7 - 16　项目流程图

6）投后的跟踪服务

项目完成后，投后管理团队为投资人提供投后管理服务，监督项目公司设立董事会，实时监控运营数据。定期为投资人披露项目方信息，包括每周的项目数据、季度的财报以及经过年审的年报，以网站形式公布给投资人，供投资者及时了解。

7）平台对这类项目的评价

多彩投平台对美豪项目的评价从两方面分析，一方面从项目自身，各项标准通过多彩投平台项目组及风控和风控委员会的严格筛选标准；另一方面在项目的行业内，美豪行业口碑、项目品牌度符合消费者消费升级理念。既保证美豪项目方上线多彩投平台后项目的受欢迎程度，也要保证投资人参与到项目本身所得到的价值权益，双向衡量。

美豪在行业内的品牌认知度一直受到业内认可也是非常关键的一点，多彩投希望多与行业美誉度高，运营发展良好的企业合作。

7.4　中美股权型众筹对比

7.4.1　美国股权众筹的法律支持

2012 年 4 月，美国签署了《促进创业企业融资法案》即 JOBS 法案，成为全球众筹行业里最成熟的法律。JOBS 法案的主要内容是对美国此前证券市场的基准法律

(1933年《证券法》和1934年《证券交易法》)的条例进行修改,意图通过适当放松资本管制鼓励和支持小型公司发展。法案包含七个部分:①对新兴成长型公司重新开放美国资本市场;②创业企业的资本筹集;③众筹;④小型企业集资;⑤私人公司的灵活性与成长;⑥资本扩张;⑦法律修订宣传。其中②、③两部分是关于股权众筹的内容。

美国证券交易委员会(SEC)作为证券市场的主要监管者,负责JOBS法案的落实及具体证券法规、监管细则的修改。2015年10月,JOBS法案第三部分的通过对全球的众筹行业产生了巨大的影响。JOBS法案豁免了小额融资方公开发行证券的注册、审核、承销等环节,大幅度降低了融资成本。例如在注册方面法案规定:基于互联网的众筹可以免于在SEC注册,但筹资者仍需要遵守信息公开的规定向SEC提交说明文档。又例如在信息披露方面法案规定:融资计划超过50万美元的企业需要提交经过审计的财务报告;融资计划在10~50万美元的企业必须进行外部财务评估但不必进行审计;融资计划不超过10万美元的企业可以提交自己的财务报告。JOBS法案通过放宽众筹的限制为美国小企业或创业者通过互联网筹资提供了良好渠道。

7.4.2　美国股权众筹的监管模式

1) 进行筹资额和投资额双重限制

美国新规对股权众筹融资额提出了限制。募资公司在12个月内以众筹方式发行证券的募资总额最多不得超过100万美元。创业企业在一个合规的中介监督下进行融资可以免于在SEC注册但需要向投资者提供有关企业运营的细节资料即如何使用资金、企业管理人员的名单、公布持有该公司股份不少于20%的股东等。

美国新规对投资额也提出了限制。若投资者年收入或个人资产净值不超过10万美元,则在12个月内的最高股权众筹投资额不得超过2 000美元或年收入的5%;若投资者年收入和资产净值超过10万美元,则12个月内的最高股权众筹投资额为10万美元。对股权众筹投资者投资限额的规定保护了投资者利益。

2) 对众筹平台进行严格监管

在JOBS法案中美国对众筹平台的资格认定、业务范围、内部人员通过平台证券交易获利、信息披露等方面都作出了严格的限制从而间接促进众筹行为合规减少欺诈行为的发生。以业务范围限定为例,JOBS法案304条款明确规定了众筹平台的业务边界,禁止众筹网站:提供投资意见或建议;通过劝诱性的购买、销售或者发行方式吸引购买其网站发行或展示的证券;为实施劝诱行为的员工、代理机构或其他个人支付报酬;持有、管理、拥有或者处理投资者基金或证券;参与证券交易委员会规则的其他限制行为。

3）在提供成熟社会信用体系的基础上,进行多部门联合监管

美国现在已经具有非常成熟的社会信用体系。美国三大信用局 Experian、Equifax 和 Trans-Union 都拥有覆盖全国的庞大信用信息数据库和众多信用管理人员。据统计,这三大机构保存有大约 360 亿份消费者信用报告,每年发出约 30 亿份新报告能覆盖 2 亿名消费者。此外美国还有数百家小型消费者信用服务机构。综合信用系统通过提高失信成本的方式对小微投资者提供了保护。

监管方面美国实行多部门分开监管、州与联邦共管的基本框架,众筹平台由SEC、联邦存款保险公司及各州的证券监管者等联合监管。SEC 和州证券监管部门主要通过证券法律中信息披露要求来保护投资者,各州监管机构则主要保护借款人。

7.4.3 对我国互联网非公开股权融资发展的借鉴意义

1）推进平台自身发展

其一,完善"领投＋跟投"运营模式。国内股权型众筹的"领投＋跟投"模式与美国相比有明显不同。首先对合格投资者的认证要求不同,在美国要求平台采取合理措施对合格投资者进行验证,例如官方出具的收入证明、纳税证明、金融资产市值报告、个人信用报告等或由注册会计师、律师、投资顾问、投资经纪人出具资产检视函。如 AngelList 会根据投资者提供的原始凭据出具合格投资者验证报告,供投资者进行投资时使用。在中国各股权型众筹平台对投资者也有合格投资者认证要求,多数是允许投资者提供收入、金融资产或不动产等信息的其中之一,但并非强制提供;其次是对投资者目标群体的定位不同,美国聚焦于经过验证的合格投资者。中国将投资目标定位在中产阶级。

当前"领投＋跟投"模式在国内已经比较普遍,但对合格投资者的要求还不够完善。在此可借鉴美国经验,由国内社会独立第三方、公信力较强的部门组织合格投资者提供项目验证服务。在遵守股权型众筹投资者要求的法律框架下合格投资者验证报告的发放会促使我国众筹平台降低投资门槛,提高公众的参与度,真正为"大众创业"提供资金支持。

其二,提升差异化服务。众筹平台具有典型的双边市场特征,在竞争的市场结构中众筹平台需要提供差异化竞争服务策略、创新服务方式来吸引更多项目发布者

与投资者。借鉴美国经验可以考虑在两方面进行深度挖掘：①项目类型的细分与差异化。鼓励众筹平台在模仿 Kickstarter 对创意项目进行分类的基础上通过体现个性化来吸引更多投资者的关注。AngeIList 平台就是典型例子，该平台的人才招聘版块成为美国最大的创业企业在线招聘平台，大大增加了平台对众筹融资人的吸引力。这种经验值得国内平台借鉴。②融资与收费模式的差异化。美国的 Indiegogo 平台项目融资模式有"灵活筹资""固定筹资""预售"三种不同的收费模式，收费标准也有差异。这些灵活的融资与收费模式通过为投融资者提供多种选择大大增加了平台的吸引力。而中国众筹平台的融资与收费模式较为固定，一般规定如果在限定时间内未达到预定筹款目标，系统会将已筹集到的资金退还给出资人，如果筹款成功平台将根据筹得金额按比例收取佣金或股权回报。国内众筹平台可以参考 Indiegogo 的灵活模式。

2）设立更利于众筹发展的法律条文

目前众筹尤其是股权众筹面临的法律风险较多，例如非法吸收公众存款、擅自发行股票等。2015 年 7 月中国人民银行等十部委发布了《关于促进互联网金融健康发展的指导意见》对股权众筹的合法性给予了肯定。借鉴美国经验，中国股权众筹法律条文有两个要件值得参考：一是考虑将设定的合格投资者下限标准改为对投资者与融资人发生额度进行上限设定。当前监管部门对合格投资者设定了标准，投资者投资单个融资项目的最低金额不低于 10 万元、个人金融资产不低于 100 万元或最近三年个人年均收入不低于 30 万元。按照"公开、小额"的界定这个标准并不合适，参考美国做法设定上限更能保护投资者与融资人。投资上根据投资者年收入或净资产的一定比例进行投资上限设定；融资上设定融资上限可以让更多的小企业进入众筹利于中国大众创业、万众创新的推进。二是借鉴 P2P 设定银行存管制度。众筹平台的功能是投融资者间的中介，上线银行存管有利于提高平台的信息公开度，更能有效降低风险从而保证各方权益。

3）建立完善的监管制度

一是坚持分业监管原则。当前中国的金融体系仍然是分业经营、分业监管，这决定了我国对众筹的监管原则也是强调分业监管。2015 年 7 月发布的《意见》建立了互联网金融监管的纲领性框架，其中明确股权众筹主要由证监会监管。此外结合中国国情不同众筹模式的监管还需强调分业监管原则：债权模式众筹可由银监会和人民银行牵头监管；涉及债券或资产证券化等证券活动时由证监会监管；公益模式的众筹因与提供金融产品和服务无关不必纳入金融监管体系。同时还需要工信部、发改委等部委共同参与监管网络安全、征信系统等问题。在各部委分工监管的基础上要逐步建立众筹监管的部际协调,从多角度加强和统一监管,提高监管效率,避免出现监管真空与重复。

二是以信息披露为核心,强化对众筹平台的监管。众筹平台是融资人与投资者间的中介。众筹投资者的投资额度一般较小且缺乏正确判断投资机会的能力,乐于选择"搭便车"而不是自己承担信息成本。这就要求众筹平台切实履行自己的中介功能,为投资者提供充足的信息。众筹平台尤其是股权型众筹平台应以项目信息披露为核心,进行监管并建立体系化、制度化的众筹平台信息披露制度,以缓释投资者与融资人之间信息不对称引发的风险。美国对众筹平台进行严格的监管为中国众筹平台提供了参考。中国监管部门应要求众筹平台根据投资项目和投资者的不同采取不同的风险提示措施。

7.5 互联网非公开股权融资主要风险及风控要点

7.5.1 主要风险

股权型众筹的风险主要集中在信用风险。对使用众筹平台进行融资的企业来说,人员构成稳定性较差,营业收入不确定性较大,项目基本处于初级阶段。信息不对称情况严重,整体信用风险较大。主要的信用风险是融资方编造虚假的项目或提供不实的项目信息,通过众筹平台骗取大众的资金。虚假信息主要包括:① 没有获得融资方宣称掌握的专利、商标和知识产权等;② 虚构公司主营业务;③ 虚构公司的销售合同或与著名企业的交易关系。股权型众筹融资额较大,退出期较长,潜在信用风险较大。

7.5.2 风控要点

国外股权型众筹相关法律较为健全,国外平台在遵守相关法律要求后,只需做好事前审查工作,同时辅以个别条款就可以较好地防范信用风险。因此,本书建议国内股权型众筹平台在制定信用风险防范政策时可结合国外法律的相关条款和国外平台信用风险管理措施。

以美国为例,美国第一家股权型众筹平台 EquityNet 在 2005 年出现。当时美国还没有出台股权型众筹相关的法律,美国证券交易委员会只能依据 1933 年的《证券法》、1934 年的《证券交易法》、2002 年的《联邦萨班斯—奥克雷法案》和 2010 年的《多德—弗兰克华尔街改革与消费者保护法》对相关业务进行监管。但是这些法律对众筹业务并没有针对性，并且这些法规对向公共出售股权的行为、企业信息披露等资本市场的管理要求很高，抑制了股权型众筹的发展。2012 年 3 月 8 日，美国众议院通过了 JOBS 法案，同年 4 月 5 日，原美国总统奥巴马签署 JOBS 法案，使其正式成为法律。JOBS 法案对《证券法》和《证券交易法》做出了较大的改革和补充，使得该法案在保护投资者防范金融欺诈的同时，保证融资企业成本不大幅增加。JOBS 法案的出台促进了股权型众筹业的发展。在法案发布后的一年内，美国股权型众筹总额度高达 2.17 亿美元。

经大量国内股权型众筹案例调研后，总结归纳出如下风控要点：

（1）事前对融资方进行尽职调查是最有效的手段，可以分为两个阶段。第一阶段中，可以使用信用风险评分模型配合大数据进行初步筛选，根据基本信息，排除欺诈可能性较大的项目，这个方式可以在控制成本的前提下保证长尾效应；第二阶段，平台应该要求企业提供更为详尽的商业模式资料和相关信息披露，并依靠专业的团队进行审查。

（2）尽可能地让投资者有机会与融资方交流。有经验的投资者可以通过与融资方的交流减少诈骗事件的可能性，同时若融资方虚构了一个项目，其需要花费较大时间和财务成本准备相关虚假材料。通过该种方式能提高造假成本，减少信用风险。

（3）设定一个冷静期，一方面给投资者更多思考的时间，给予投资者在做出投资决策后发现问题撤销投资的机会；另一方面投资者可以通过冷静期进一步审视项目的可行性和真实性。随着时间的推移，一些欺诈的项目有可能会出现破绽。

（4）加大事后的监督与定期信息披露。在企业融资成功后，对资金流向的监督以及要求企业定期披露项目和财务情况可以有效地减少资金被挪用等风险事件，并且当项目出现问题时，能较早发现，减少投资者损失。

第8章　物权型众筹

8.1　物权众筹的定义

物权众筹是指通过互联网方式众筹资金,收购实物资产,通过资产升值变现退出后获得投资收益,或者通过经营获得经营性收入。物权众筹的应用场景非常广泛,比如汽车众筹、不良资产处置、房产众筹、农产品众筹、艺术品众筹等。为强调其实物性,故称之为物权众筹。

2017 年,汽车众筹发展迅速,虽然正常运营的平台数较 2016 年有所减少,但项目融资额不降反升,在整个众筹行业中占据了一定份额。除汽车众筹外,房产众筹也是物权众筹的主要模式之一。此外,还有以艺术品、玉器等实物为标的的物权众筹,但考虑其较为小众,本章主要讨论房产众筹及汽车众筹。

8.2　房产众筹模式及发展现状

8.2.1　房地产众筹主要模式

房地产众筹之所以曾一度受到青睐,一方面是由于众筹能借助互联网的传播效应,以小成本在短时间内将楼盘的有效信息传达至目标消费者;另一方面,北上广深等一线城市供需严重不平衡,在客观上催生出众筹炒房等现象。

房地产众筹的模式主要有四种,具体如下:① 开发融资真实购房型,以开发商获得开发建设资金,投资者直接获得房屋产权为目的;② 开发融资投资理财型,开发商主要以获得开发建设资金为目的,投资者主要以获得投资理财收益为目的;③ 营销去化真实购房型,开发商以项目去化为目的,投资者以获得房屋产权为目的;④ 营销去化投资理财型,实质上是准 REITs 产品,主要也是帮助开发商房屋去化的同时帮助投资者获得理财收益。

8.2.2　房地产众筹发展现状

自 2014 年 9 月 23 日苏州万科携手搜房网发起了国内首个房地产众筹项目以来,中国房地产众筹虽然只发展了短短三年多的时间,却经历了"缓步上升—快速发展—急速下降—再寻出路"的几个变化阶段。

2016 年 4 月,多地全面叫停各种形式的房地产众筹,要求各企业停止开展房地产众筹业务。此后,全国多家房地产众筹平台下线或转型,房地产众筹行业开始下行。对于这次整改事件,业内人士认为,监管部门是在萌芽阶段对当前的市场乱象进行一次集中整治,防止不合规的炒房平台扰乱市场,从长远来看是件好事。目前业内对于出台明确监管细则或者法律法规的呼声越来越高,随着相关政策、制度的完善,符合中国房地产市场规律、符合相关法律法规的产品将在合规合法的路途上走得更远。

截至 2017 年年底,上线过的 31 家房地产众筹平台(包括含有房地产众筹版块的综合平台)中,已有 25 家平台下线或转型;2 家平台 2017 年全年无房产项目;仅剩 4 家平台正常运营且 2017 年有项目更新,这 4 家平台分别是:一米好地、中 e 财富、好好众筹和众筹房。4 家平台在 2017 年共有房地产成功项目 1 139 个,实际融资额约 7.28 亿元。除以上 4 家平台外,还有其他众筹平台在 2017 年发起过个别房产众筹项目,已筹金额合计约 2 404.60 万元。2017 年,房地产众筹行业发展延续 2016 年趋势,继续走低。

以下为部分平台概况:

(1) 一米好地。2014 年在澳洲成立,2015 年回国发展。该平台投资门槛低,项目涉及青年公寓、联合办公、新商业等。成立至今,先后获得三轮融资,投资方有凯洲资本、行早创投等。2016 年 8 月,其母公司米地控股获得来自中南资本的 1 亿元 A 轮融资,进一步布局新型空间收益权众筹和共享空间社区。

2017 年,一米好地共成功项目 383 个,实际融资额 3.46 亿元,投资人次达到 2.89 万人次。

(2) 中 e 财富。北京世通嘉华众筹投资管理有限公司旗下的物权众筹平台,2015 年 1 月在北京上线。主营业务为车辆众筹,同时设有房产众筹业务版块。

2017 年,中 e 财富共有房地产成功项目 610 个,实际融资额 3.15 亿元,投资人次达到 8.34 万人次。

(3) 好好众筹。原名好好创投,2016 年成立于河北,隶属于霸州市好又好电子商务有限公司,原为汽车众筹平台,2017 年转型房产众筹,号称"雄安特区首家房地产众筹平台"。

2017 年,好好众筹共成功项目 141 个,实际融资额 3 515.46 万元,投资人次为 1 249 人次。

(4)众筹房。2015 年成立于浙江,隶属于杭州极瑞科技有限公司,该平台以"互联网金融+房地产+定制众筹"为模式,提前介入项目运营,为社会大众提供一个共享城市发展红利的投资机会。

2017 年,众筹房共成功项目 5 个,实际融资额 3 111.00 万元,投资人次为 1 218 人次。

8.3 汽车众筹模式及发展现状

8.3.1 汽车众筹对实体经济的意义

汽车众筹包括新车众筹和二手车众筹。由于目前二手车众筹所占的比例极大,新车众筹的比例很小,因此,汽车众筹常被称为二手车众筹,在行业内往往被当做同义词而不加以区别对待。本书对两者也不加以严格区分。

通常意义上,汽车众筹就是车行收购二手车,然后将车辆放到汽车众筹平台上来众筹融资,车辆出售以后,将利润与投资者进行分成的行为。

汽车众筹的收益主要来自买卖差价,即低买高卖。第一步的买入价格,由平台和二手车商决定;第二步的卖出价格,由参与众筹的投资者共同决定,通常是二手车商将买家的出价报给平台,投资者在平台上投票决定是否成交。举个例子:投资者众筹 10 万元买下一辆二手车,最后二手车商以 10.5 万元的价格卖出,假如这整个过程只用了 1 天,那么这 1 天的收益率就是 5%,换算一下,则该项目的年化收益率就是 1 825%。除去平台和二手车商通常 30%~50% 的佣金提成,那么投资者能获得的年化收益就是 1 000% 左右。当然,能在一天内就将二手车售出的项目毕竟是少数,销售时间越长,年化收益率也就越低。

共享经济本质上以互联网为媒介,搭建了一个供给方和需求方对接的平台,由于互联网的连接一切的特点,使得供需双方的对接变得方便快捷、并且边际成本递减。汽车众筹在内的互联网金融平台对接的是资金供给方和资金需求方,毫无疑问是一种共享经济。

1）采购资金多元化

对于车商来说,主要解决的是车商库存融资的需求。除了库存融资需求以外,车商实际上还会有合车的需求,也就是同行拆借的需求。这是一个具有非常强的线下交易场景的金融需求,由于目前二手车市场还是一个车源为主导的市场,大部分优质车源是需要抢出来的。具体来说就是要求资金通道稳定快速,汽车众筹平台正好能解决车商融资的要求。同时,二手车物权众筹一般情况下对于车商的兜底要求比较低,在一定程度上是投资者替车商承担了一定风险,即当车辆销售亏损时候,车商的资金成本明显低于其他资金渠道;作为平衡,当车辆销售产生利润时,投资者分取车商的部分利润作为回报。这是一种共担风险、共享收益的合伙创业模型,是真正意义上的共享经济。未来随着行业的逐渐规范发展,可以不断降低要求车商的兜底利息、甚至是不兜底,实现真正的共享式合伙创业。

2）提高收益能力

从整个二手车利润链条来说,车商的利润由三部分组成:销售差价、金融产品(消费贷款、保险等)、售后服务。作为传统车商来说,以往的商业模式仅仅是想赚取差价,而对于金融产品和售后服务准备不足,但随着互联网二手车电商的发展,已经使得信息愈发透明,差价模式难以维系一家线下二手车商的发展。那么汽车众筹平台除了解决库存融资的需求,还可以帮助车商去对接消费贷款、保险、保养美容等增值服务,提升车商的运营利润空间。

8.3.2　汽车众筹主要模式

目前的二手车众筹有三种常见模式:预售自购型、买卖差价型和以租代购型。

1）预售自购型

车商为降低库存成本,以低于市场价的价格在众筹平台发起项目,投资者通过投资最终获得汽车产权或长期使用权,平台则主要通过向项目发起方收取交易佣金或是利息管理费等盈利。

这种众筹模式偏重于销售,性质类似于当前大多数权益型众筹项目的预售营销。目前来讲这种模式相对小众,在二手车众筹中所占份额较小,整体规模并不是很大。

2）买卖差价型

买卖差价型是二手车众筹的主流模式,是指通过本身渠道收集低于市场价格的优质二手车并将其发布到平台上,通过投资者众筹资金,然后购买该车辆,将其售出赚取差价,最后与投资者进行分红。这种盈利模式背后的资产不再是类似于 P2P 的债权,而是车辆物权收益,收益的来源也不再是利息,而是分红,用户不仅仅是投资者,而是成为合伙人。

其主要过程为:

(1) 车商获得车源信息,选择具有一定利润空间的二手车在网站发起众筹。平台通过评估团队评估审核,根据市场行情向车商给出众筹价格,车商同意该众筹价格,双方签订合同,平台在网站挂出该车众筹标的吸引投资者投资。

(2) 如果在规定期限内成功募集到目标金额即众筹成功,平台和车商进行协商,把车辆过户在平台代理人名下,平台把众筹款项付给车商;如果没有募集到目标金额,其认筹金额将退回到投资者的个人账户,不产生任何收益。

(3) 众筹成功的车辆托车商寄卖,若在最长持有期到期前找到意向买家给出购买价格,投资者投票表决是否出售,超过51%同意即出售(投资者不投票默认为赞成票),并办理相关手续。

(4) 手续完成之后资金到账,平台方收取一定数额的佣金及扣除相关手续费用后对投资者进行回款,投资者获得本金和利润,其利润按照投资者出资比例进行分配。如果超过投资期限,车辆仍未变现收益,平台或车商将采取溢价回购,保障投资者的资产安全。

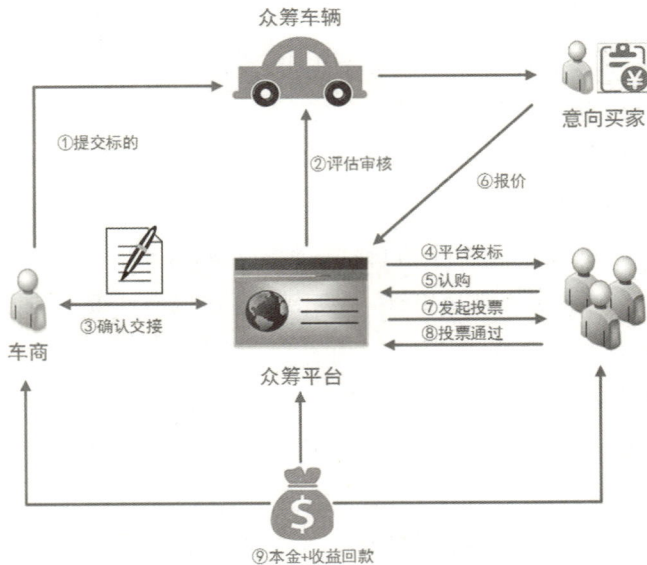

图 8-1　二手车众筹模式图(买卖差价型)

3）以租代购型

以租代购是二手车众筹的创新模式,其主要流程如下:

(1)租赁商向平台提供目标二手车租购信息,发标之前已经确认承租人。平台通过评估团队评估审核,根据市场行情向租赁商给出众筹价格(承租人 36 个月、或 24 个月、或 12 个月总还款金额),分一期或多期众筹,租赁商同意该众筹价格,双方签订合同,平台在网站挂出该车众筹标的吸引投资者投资。

(2)在众筹期间标满,平台和租赁商进行协商,租赁商把车过户在平台代理人名下,平台把众筹款项付给租赁商。

(3)承租人按期每月交付租金,租赁商回款给平台,平台抽取一定比例的服务费后将剩下的钱以等额本金还款方式发放给各投资者。

(4)在客户的租约期间内,因承租人违约而产生的其他违约收益,平台经过核实后,根据实际产生的利润,租赁商和投资者按不同时间和比例一起分享收益。

(5)到期过户车辆至承租人名下,完成整个业务。

8.3.3　汽车众筹盈利模式

1）交易手续费

目前主流众筹平台的主要盈利来源在于收取交易撮合费用(即交易手续费),一般按照筹资金额的特定比例来收取。不过由于行业相对还很年轻,目前还未形成较统一的指标线。而更主流的模式,是平台与车商捆绑,按比例与投资者利润分红。

2）流量导入与营销费

在权益众筹中我们可以看到营销所产生的巨大的传播影响,而在汽车众筹中,营销和生产合作所带来的商业利润预计也会有很大的增长空间,甚至可能会超过目前主要的交易提成。汽车众筹平台以车辆为主要流通商品。巨大的流量导入,对于车辆生产商来说是一个无法忽视的营销运作领域。

3）会员费

目前这种收费模式还不常见,一般存在于个别股权型众筹平台。现在国内主流的汽车众筹平台,会员注册、充值均为免费。但在物权众筹领域垂直度加深的背景下,行业壁垒逐渐形成,未来这种盈利模式值得平台参考。

8.3.4 汽车众筹数据分析

据不完全统计,截至 2017 年年底,共上线过汽车众筹平台 227 家,其中仍在运营的有 52 家,其余平台均已下线或转型。

2017 年汽车众筹行业共上线项目 39 513 个,其中共有 39 437 个项目众筹成功(包括出售中、已回款、溢价回购三种状态),成功项目已筹金额共计约 107.94 亿元。

1)从地域分布看,山东平台独占半壁江山

据统计,227 家汽车众筹平台分布在全国 22 个省级行政区。平台数量最多的是山东,共有 104 家,占比 45.81%;其次是上海,有 20 家,占比 8.81%;然后是浙江,有 18 家,占比 7.93%。各地区下线或转型平台数较多,多数地区下线转型平台占该地区汽车众筹平台总数比例超过 50%,其中山东省下线或转型平台多达 83 家。安徽、黑龙江、吉林等地汽车众筹平台全部下线。

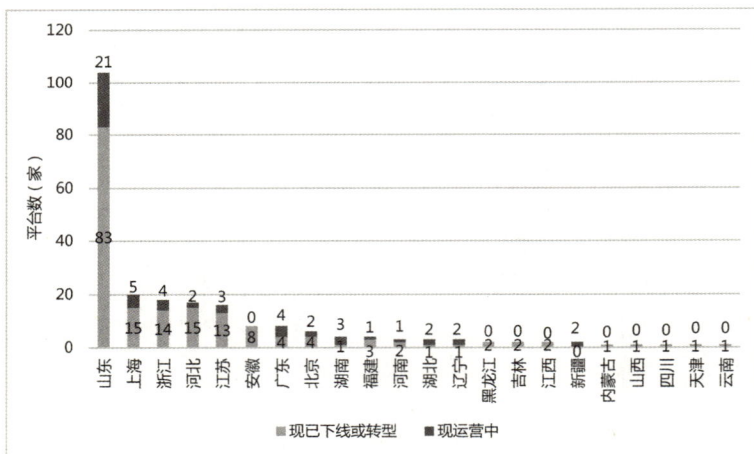

图 8 - 2 中国二手车众筹平台地域分布

2)从认筹状态看,显示失败或回购的项目很少

对 39 513 个项目的认筹状态进行统计,显示已回款的项目最多,共有 34 103 个,占比 86.31%;其次是出售中的项目,共有 5 254 个,占比 13.30%;而显示众筹中、已失败和溢价回购的项目较少,三者合计 156 个,仅占比 0.39%。部分平台网站只显示众筹成功或已回款项目,据线下抽样调查,已失败及溢价回购的项目数量远大于上述数据。

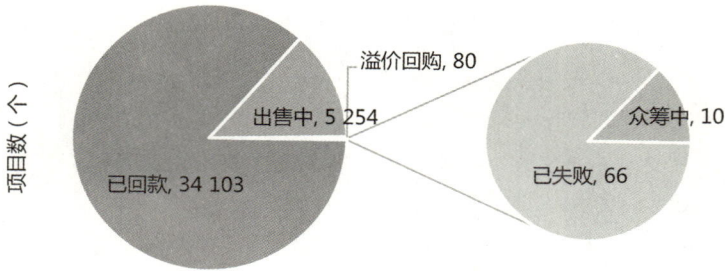

图 8 - 3　各认筹状态下项目数分布

3）从筹资金额看,中低端车项目较多

根据所有项目的实际融资额得出筹资金额各区间内的项目数分布图。39 513个汽车众筹项目中,筹资金额在区间(10,20](单位:万元)内的项目最多,共 11 674个,占比 29.54%,其次是区间(0,10]内的项目,共 9 915 个,占比 25.09%。从数据集中趋势来看,业务以中低端车辆为主。

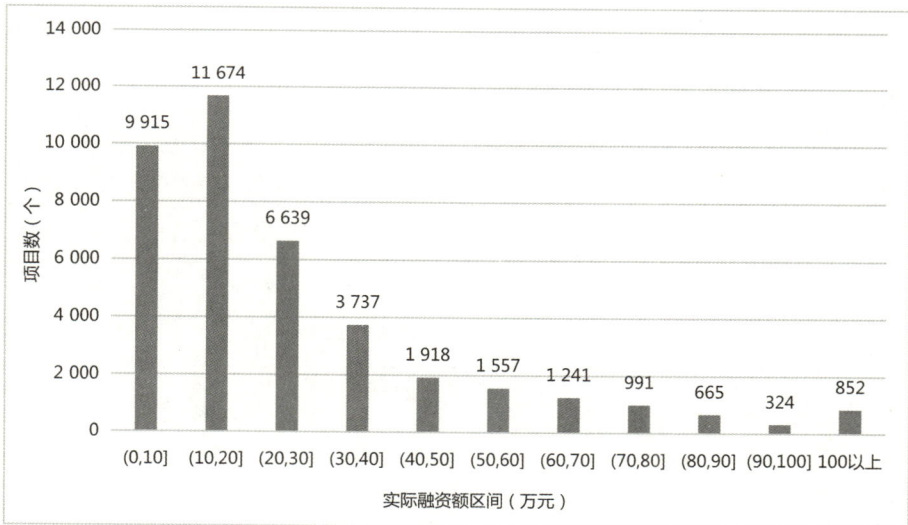

图 8 - 4　实际融资额各区间内项目数分布(区间单位:万元)

4）从投资人次看,10 人次以下项目数最多

在全部成功项目中筛选出公布投资人次的项目,共计 27 856 个,不同投资人次区间内的项目数分布如图 8 - 5 所示。大部分汽车众筹项目投资人次集中在 10 人以

内,共 14 523 个,50 人次以上的项目仅有 1 633 个。

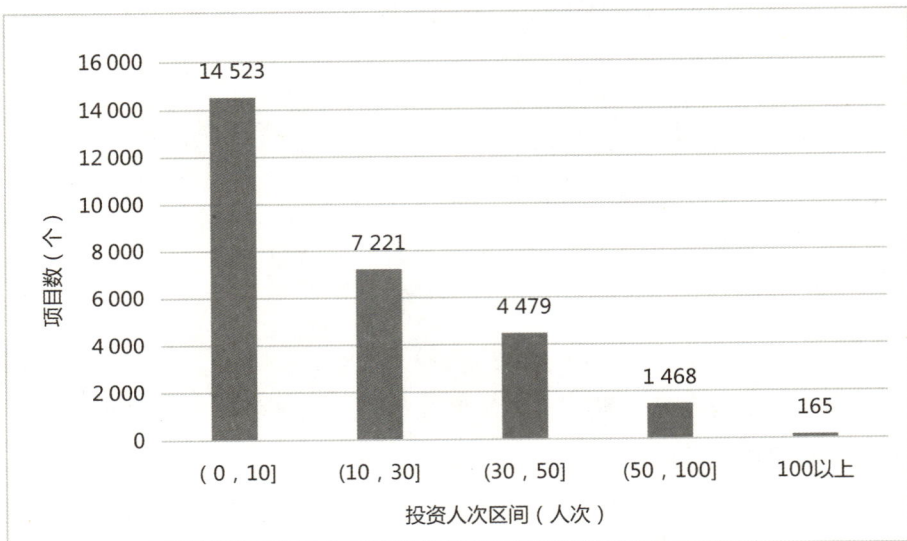

图 8 - 5　投资人次各区间内项目数分布

5) 从筹资金额看,少量平台完成大量融资

汽车众筹成功项目已筹金额前十的平台分别为:中 e 财富、维 C 理财、融车网、智仁科、迅销众筹、将车网、蜂巢汽车众筹、兴发米、博派合伙人和星喆汽车众筹。十家平台成功项目数合计 31 619 个,占全部平台成功项目数的 80.18%。成功项目已筹金额共计 94.31 亿元,占全部平台成功项目已筹金额的 87.37%。

表 8 - 1　前十平台数据一览表

平台名称	成功项目数	成功项目融资额 （万元）	投资人次	人均投资额 （万元/人）
中 e 财富	5 122	284 351.25	215 435	1.32
维 C 理财	10 022	216 384.30	/	/
融车网	2 007	153 129.30	73 660	2.08
智仁科	8 864	146 482.06	59 945	2.44
迅销众筹	1 120	42 424.99	28 367	1.50
将车网	743	3 0527.44	11 164	2.73
蜂巢汽车众筹	504	20 366.80	2 933	6.94

（续表）

平台名称	成功项目数	成功项目融资额 （万元）	投资人次	人均投资额 （万元/人）
兴发米	571	18 671.02	22 551	0.83
博派合伙人	1 621	16 437.06	9 933	1.65
星喆汽车众筹	1 045	14 336.99	10 977	1.31

注：本表统计的是各平台的汽车众筹成功项目数据，并非平台总体数据。

从表 8-1 中可以看出，中 e 财富、维 C 理财、融车网、智仁科 4 家平台成功项目融资额突破 10 亿大关。其中以中 e 财富成功项目融资金额最高，达 28.44 亿元，且投资人次也最多，达 21.54 万人次。维 C 理财成功项目数最多，为 10 022 个，但其未公布确切的投资人次，信息披露水平有待提高。其余几大平台虽然业务量不如中 e 财富和维 C 理财，但总体发展情况良好。

8.4　物权众筹平台选择

在互联网金融规范化的发展环境下，具有产权清晰、手续简单、项目资金灵活等优点的新型众筹模式——物权众筹，掀起了中国互联网金融发展的新一波浪潮，打开了行业发展的新思路，逐渐成为业内人士追逐的对象。之所以选择物权众筹来理财，主要就是由于门槛低、周期短、业务风险低等优势，这是一种很受欢迎的理财模式。

但目前，物权众筹市场鱼龙混杂，到底什么样的物权众筹平台才是靠谱的？该如何选择物权众筹平台？

1）看平台资质和平台实力

正规的互联网金融众筹平台最基本的资质应该包含营业执照、税务登记组织、机构代码等企业法人资质。这些在工商、税务部门相关网站都能查询到公开的信息，正规的众筹网站也会在官网上进行公布。同时，汽车众筹平台必须拥有雄厚的资产源，平台的信息必须足够透明。资产源的多少，表明了平台的实力，而信息透明是平台健康发展的必要保障。

2）看网站结构和用户体验度

平台官网结构清晰，功能强大，用户体验度高，将用户所需的信息按类别划分栏目和列表，进行合理排版，投资者进入平台，对平台的业务就一目了然，这也反映出了平台的实力和能力，每一步都由专门的技术人员配合完成，想用户之所想，做用户之所需。

3）看平台信息的全面度和透明度

成熟的众筹平台，应该将风险和利益，同时告知投资者，投资者有自己的分辨能力，平台需要做的只是将项目风险最小化，将项目利益最大化，由投资者自己来考虑，这样才是真正的信息全面，而不是一味地展现好的方面，绝口不提风险。

优质的众筹平台，一要看项目，过往成功的项目、筹款中的项目以及预热的项目等。二要看整个融资流程，资金的管理，投资后的管理等，在网站上都清晰可见，投资者可以清楚地判断平台的运营情况，这才是优质的众筹平台。信息全面，透明公开，风控扎实，才是投资者值得投资的众筹平台。

8.5　物权众筹发展趋势

1）从筹集资金转变为筹集资源

未来整个行业的模式可能慢慢地会从一种单纯地给资产端配资的模式转变为资源的交换，回归物权众筹的本质。以汽车众筹来说，二手车车商最需要的可能不是资金，反而是车辆获取渠道。这个问题有望通过众筹解决，因为有些众筹平台手里有资源，甚至有投资者是做二手车的，他还有别的车商资源。通过众筹，资金的往来建立起一种纽带关系，把行业内二手车商的资源各方面的资源结合在一起建立成一种网络，实现资源共享，把筹资的比例弱化，增强资源交换的功能。

2）物权众筹产品仍需丰富

目前物权众筹涉及汽车领域更多一些，还有房产众筹、不良资产的众筹、酒类众筹、海鲜众筹等也有所涉及，不过多数还比较小众，市场规模不大。

物权众筹的范围应该更加广泛，有很多人们日常生活中的必需品，经营者大多是中小型企业、单位。而他们所面临的一个问题就是融资困难，从这个角度来看，众筹其实是非常好的融资途径。平台应当不断创新，不断丰富产品，让物权众筹走得更远。

3）项目信息披露需要加强

物权众筹项目信息披露方面还有较大的提升空间。信息披露应遵循以主动公开所有项目相关信息为普遍适用,以法律法规和规范性文件明确不予公开为例外的原则。当然,信息披露在一定程度上可能与项目方的利益相冲突,找寻化解冲突的途径和切实履行众筹项目信息主动披露义务,是众筹平台及监管部门的重点工作。

第 9 章　公益型众筹

9.1　公益众筹发展现状

传统的公益项目筹款渠道主要在线下,例如政府、企业、基金会、社会公众等,而互联网技术的发展,使得线上筹款成为可能。2011 年 9 月,中国第一家公益众筹平台——追梦网的上线,开启了中国公益和慈善的互联网＋时代。其平台上所完成的第一个项目"公益活动无烟骑行"被认为是中国第一个公益众筹项目,随后陆续出现了创意鼓、淘星愿、须弥山、绿动未来等公益众筹平台。腾讯公益推出的公益项目自助平台"腾讯乐捐"依托腾讯这一强大品牌,目前已成为国内非常有影响力的公益众筹平台。

广义的公益众筹是指公众筹款,面对公众募集资金或其他资源。主要有以下几种常见形态:第一种是 PC 端纯公益众筹,即完成公益众筹项目的平台是在 PC 端,且平台业务专注于公益众筹领域,如腾讯乐捐;第二种是综合型平台上的公益众筹频道,如淘宝众筹、京东众筹、苏宁众筹等开设的公益众筹版块;第三种是 APP 端众筹,即使用 APP 完成众筹项目,如轻松筹、我筹吧。由于移动设备的普及,使用 APP 端的形式将会越来越多,更多的企业将会同时在 PC 端和 APP 等移动端发起及完成众筹项目,两端数据互通;第四种是微信、微博等社交工具端的众筹,通过这些社交圈向亲友、粉丝等发起众筹,由于移动端支付的便利性,这种形态也广泛存在。狭义的公益众筹是指公益机构或个人在众筹平台上发起的公益筹款项目,支持者对项目进行资金支持,有目标金额、已筹金额、项目进度等明显标识,项目的发起须符合众筹平台的具体规则。业内一般所指的公益众筹都是狭义的公益众筹。

近年来,公益众筹在国外的发展比国内更加迅速,许多知名的众筹平台除了开展权益型众筹、股权型众筹等项目外,也都有涉足公益众筹,诸如扶贫救灾、疾病救助、环境保护等公益项目,同时也有专注于公益众筹的垂直型平台。GoFundMe 是一家美国众筹网站,上线较早。其目标是建成一个为个人需求、个人活动或是个人目标提供众筹募资服务的平台,它的服务范围十分广泛,例如为患病的亲友募捐,为社区的橄榄球队募捐,或是为一场旅行募捐等等;众筹平台 Indiegogo 初期专注于电影类项目,后来发展为接受各类创新项目的众筹平台,2015 年 10 月,Indiegogo 将旗下主打慈善、捐赠等以个人募资活动为主的众筹版块 Indiegogo Life 独立出来,成立了新的捐赠众筹平台 Generosity,突出捐赠众筹方向;Crowdrise 专注于为第三方机构举办的慈善募捐项目提供在线筹资服务,并从每笔汇款中抽取 3%~5% 的费用。

公益众筹作为网络捐赠一个较好的表现形式,通过互联网传播,包括微信、微博等社交软件推广转发,对日渐成为捐赠主体的 80 后和 90 后具有很强吸引力。他们接触互联网时间相对较长,在互联网上通过新媒体献爱心、做公益逐渐成为生活中的一部分。众筹本身具有的社交属性又可以吸引更广泛的社会群体参与到公益活动中,这种市场化的公益运作更加阳光、透明,打破了传统公益在时间和空间上的限制,使项目全程处于推广状态,通过人际间的分享、互动能够产生更大的主动传播效果,可以最大限度地体现开放式众筹的优势。

公益众筹具有的低门槛、高透明度、项目多样化等诸多优点,必将使传统的公益活动、公益事业运行机制发生巨大变革。公益众筹主要包括发起方、众筹平台、出资方这三个主体,为了使公益众筹能够健康发展,应该从这三个内部主体和整个运作流程入手,集合众筹平台、有关政府部门、大众传媒、社会团体和学术界的力量,通过不断地机制创新、体制创新和理论创新,发现目前公益众筹存在的困难和问题,并寻找有效的破解方法。

9.2　公益众筹数据分析

9.2.1　数据说明

不同形态的公益众筹,给数据统计带来了一定的麻烦,造成了国内多家机构统计报告数据的差异。本书所分析的公益项目,包括了纯公益平台的项目数据和其他权益型平台或综合型平台上的公益型项目。特别指出,某些平台如淘宝众筹、京东众筹、苏宁众筹上的部分项目被归为公益众筹项目,但事实上并不是真正的公益项目,比如某地苹果滞销寻求支援,支持者能够以稍低于市场价的价格买到该地苹果,实际上其本质与产品众筹没有大的区别,故不将这些项目列入公益众筹范畴。

9.2.2 数据统计

据统计,截至 2017 年年底,我国共上线过公益型众筹平台 18 家,仍在正常运营的有 12 家。另外在本次数据统计中,有 13 家权益型平台和综合型平台发起了公益众筹项目。

据不完全统计,2017 年全年共有公益型项目 11 866 个,其中众筹中项目 2 068个,已失败项目 277 个,已成功项目 9 521 个,已成功项目占所有公益项目的80.24%。成功项目预期总融资额约为 19.90 亿元,实际总融资额约为 4.01 亿元,成功项目总支持人次约为 1 597.63 万人次。

1)公益众筹市场规模占众筹行业总规模比例

2017 年全年众筹行业共有项目 76 670 个,其中公益型项目为 11 866 个,占比15.48%;2017 年全行业成功项目共 69 637 个,其中公益型项目为 9 521 个,占比13.67%。从项目数来看,公益型众筹在各众筹类型中并不算突出。

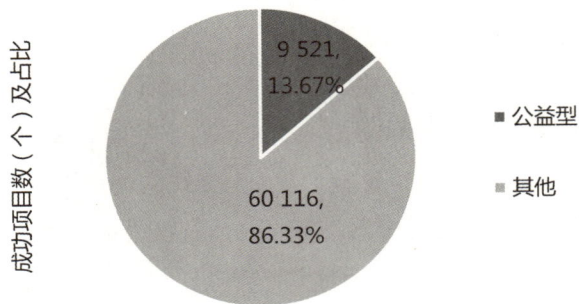

图 9-1 公益众筹成功项目数占比

2017 年全年众筹行业成功项目实际总融资额约为 260.00 亿元,其中公益型成功项目实际总融资额约为 4.01 亿元,仅占比 1.54%。公益型众筹的成功项目数占有一定比例,但成功项目融资额占比很低,说明项目平均融资额较低。

2017 年全年众筹行业成功项目总支持人次约为 3 982.16 万人次,其中公益型成功项目总支持人次约为 1 597.63 万,占比 40.12%。相比于项目数占比和融资额占比,公益型众筹的成功项目支持人次占比较高。虽然融资额占比很小,但由于其非营利性的属性,使得公益众筹的受关注度很高,并且一般公益型项目的支持金额都不设门槛,几乎人人都有参与项目的能力,虽然没有项目回报,但多数人仍然愿意献上一份爱心。公益众筹让更多的人了解、参与公益,在此过程中不断强化公益理念,

4.01,
1.54%

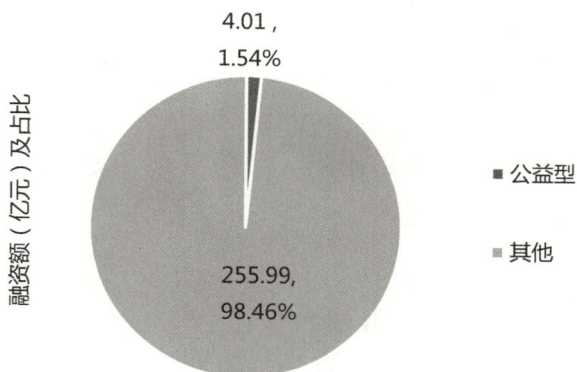

融资额（亿元）及占比

■公益型

■其他

255.99,
98.46%

图 9 - 2　公益众筹成功项目实际总融资额占比

推动社会向上向善,具有非常重要的意义。

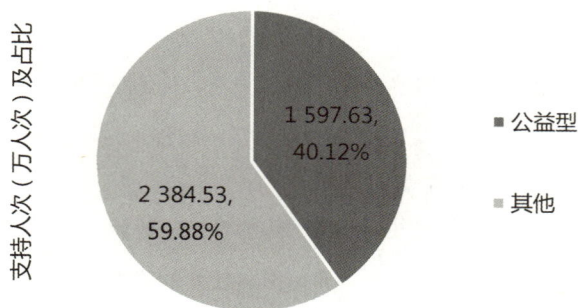

支持人次（万人次）及占比

1 597.63,
40.12%

■公益型

■其他

2 384.53,
59.88%

图 9 - 3　公益众筹成功项目支持人次占比

2）公益众筹 2017 年市场规模占公益众筹总规模比例

截至 2017 年年底,共有公益型成功项目 26 951 个,其中 2017 年全年为 9 521 个,占比 35.33％。2017 年公益型成功项目数同比 2016 年减少了 1 174 个,跌幅为 10.98％。

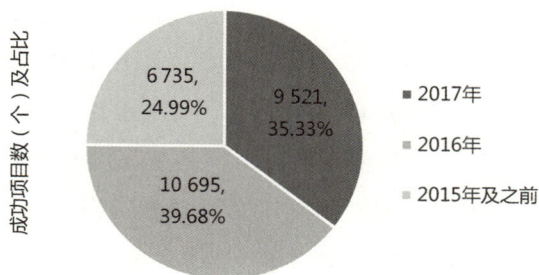

成功项目数（个）及占比

6 735,
24.99%

9 521,
35.33%

■2017年

■2016年

10 695,
39.68%

■2015年及之前

图 9 - 4　2017 年公益众筹成功项目数占比

截至 2017 年年底,公益型成功项目实际总融资额约为 17.77 亿元,其中 2017 年全年约为 4.01 亿元,占比 22.58%,相比 2016 年的 8.89 亿元减少了 4.88 亿元,跌幅为 54.85%。比起其他众筹类型,公益型众筹在 2017 年的发展稍显落后。

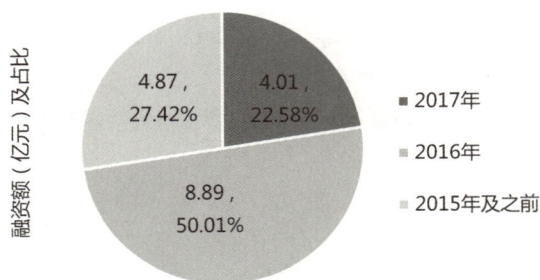

图 9 - 5　2017 年公益众筹成功项目实际总融资额占比

3) 公益众筹成功项目各指标区间分布

据不完全统计,2017 年全年共有公益型成功项目 9 521 个,除去 8 个项目的预期融资金额无法统计,共有 9 513 个有效值,对这些项目的预期融资金额进行区间分布统计,结果如图 9 - 6 所示。预期融资额在 1 万元及以下的项目有 1 268 个,占比 13.33%;在 1~5 万元(包含 5 万元)区间的项目有 1 914 个,占比 20.12%;在 5~10 万元区间的项目有 1 879 个,占比 19.75%;在 10~20 万元区间的项目有 2 250 个,占比 23.65%;在 20~50 万元区间的项目有 1 695 个,占比 17.82%;以上几个区间的项目分布相对比较均匀,而 50 万元以上区间内的项目较少。

除去 21 个无法统计已筹金额的项目,对剩余 9 500 个公益型成功项目的已筹金额进行区间分布统计,结果如图 9 - 7 所示。从图中可以看出,大部分项目的实际融资额都不超过 1 万元,该区间内共有项目 6 467 个,占比高达 68.07%;实际融资额在 1~5 万元(包含 5 万元)区间的项目有 1 711 个,占比 18.01%;其余区间内的项目数较少,金额越高项目数量越低。对比成功项目预期融资额的分布图可以发现,多数公益型项目的已筹金额都未达预期,数据显示,所有公益型成功项目的预期融资总额约为 19.90 亿元,而实际融资总额只有 4.01 亿元。

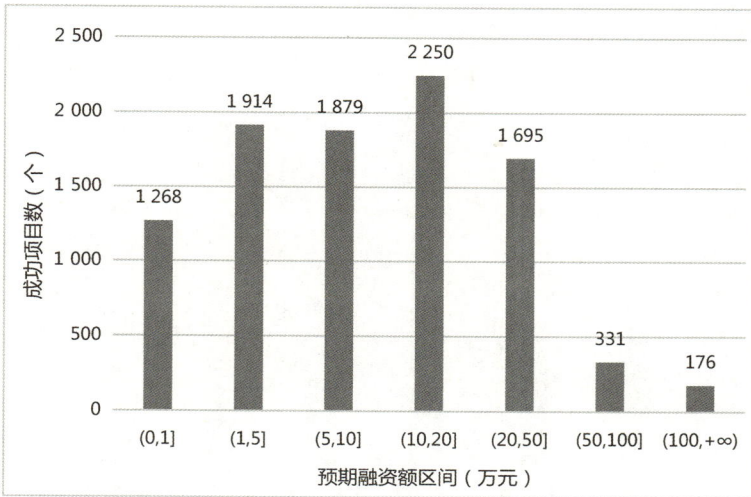

图 9-6　公益众筹成功项目预期融资额区间分布(区间单位:万元)

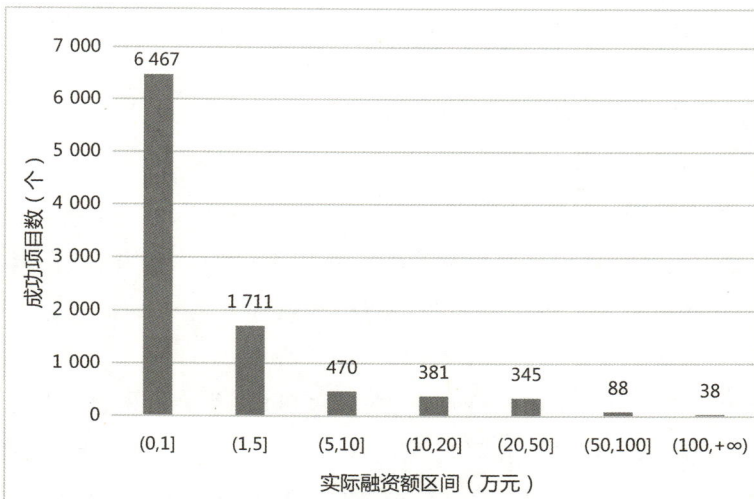

图 9-7　公益众筹成功项目实际融资额区间分布(区间单位:万元)

　　9 521 个公益型成功项目中,除去 28 个项目的支持人次无法统计,共有 9 493 个有效值,对这些项目的支持人次进行区间分布统计,结果如图 9-8 所示。支持人次在 50 人次及以下的项目有 1 538 个,占比 16.20%;在 50~100 人次(包含 100 人次)区间的项目有 1 689 个,占比 17.79%;在 100~500 人次区间内的项目最多,共有

3 839个,占比 40.44%。

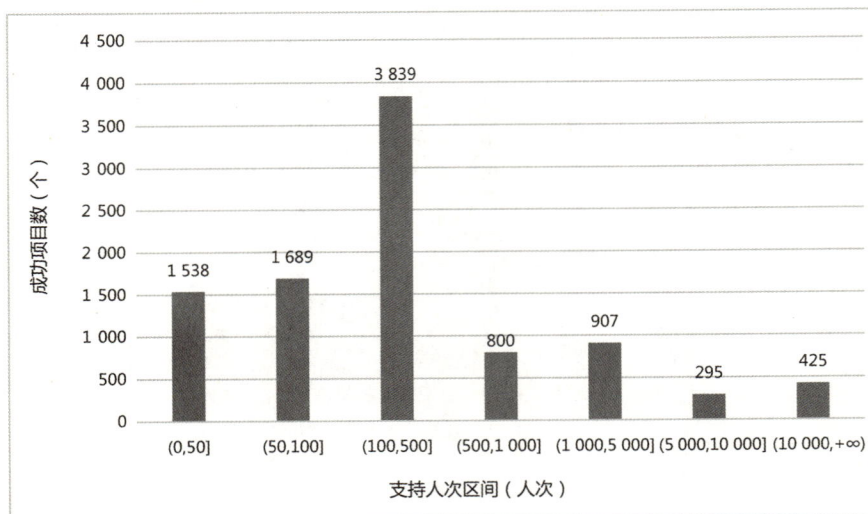

图 9-8 公益众筹成功项目支持人次区间分布

9.3 典型平台案例解析

9.3.1 腾讯乐捐

腾讯乐捐是腾讯公益推出的公益项目自主发布平台,通过发起、捐赠、互动与监督等功能,利用平台资源完成公益项目。腾讯公益除乐捐外还推出了月捐、微爱等平台,由于这些并不属于众筹版块,故本章节不予介绍。

腾讯乐捐提供由个人实名认证用户、非公募机构、公募机构自主发起的公益项目,项目通过审核后,平台提供在线公开募款、及时反馈项目执行进展、接受公众监督等公益服务。个人用户可通过该平台选择自己想要支持的公益项目,自主选择捐款金额进行捐款。

对于不同的发起主体,乐捐的发起条件限制不同:

(1)对于个人用户,在线进行实名认证即可,认证即时提交,即时通过。

(2)对于非公募机构,包含但不限于民间公益组织、高校社团、公益企业、国外NPO、基金会下设机构等,在线进行注册即可。注册信息审核会在 5 个工作日内完成,注册信息审核不影响机构发起项目。

（3）对于公募机构，在线进行注册即可，并提供公募资质等证明材料。注册信息审核会在5个工作日内完成，注册信息审核不影响机构发起项目。

完成注册后，即可发起项目，根据提示填写项目资料。项目提交后10个工作日内返回审核结果。其中公募机构发布的项目，在确认图文无误后直接进入募款阶段；非公募机构或个人发布的项目，在经公募机构审核项目的真实性、项目设计和可执行性等情况后，确认是否支持。

项目完成募款后（达到募款目标或募款时间结束），将进入拨款环节。拨款主要有以下两种情况：

（1）发起方为公募机构。将遵循项目管理中的拨款流程，每一笔资金直接进入公募机构的财付通账户。

（2）发起方为个人或非公募机构。接收善款的公募机构与发起方确认并执行拨款流程。如中国扶贫基金会人人公益基金，筹满后双方签订拨款合同，完成合同签订后的5个工作日内拨付首款；如中华少年儿童慈善救助基金会的9958儿童紧急救助通道，筹满后儿童如需紧急救助，9958与医院核实后，最快可在1～3个工作日内拨款给医院。

腾讯乐捐目前主要有疾病救助、扶贫/救灾、教育/助学、环境/动物保护、其他共5大类公益众筹项目。乐捐项目发起流程如图9-9所示。

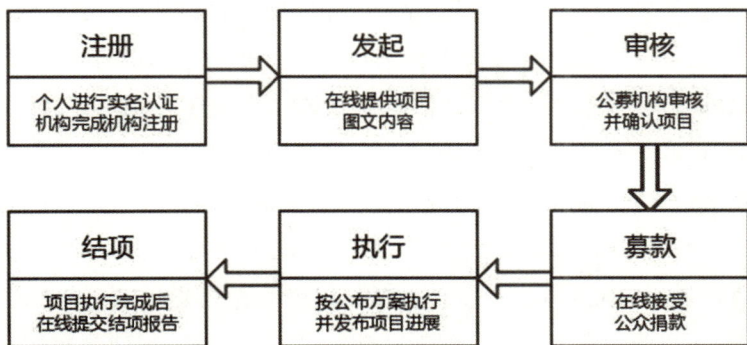

图9-9　乐捐项目发起流程图

据不完全统计，2017年腾讯乐捐平台共有10 820个项目，其中成功项目有8 847个，众筹中项目1 961个，已失败项目12个。成功项目已筹金额约为3.79亿元。

9.3.2 轻松筹

轻松筹所属公司北京轻松筹网络科技有限公司成立于 2014 年 9 月,同年上线众筹工具"轻松筹"产品。轻松筹主打"社交众筹"概念,即轻松筹上的众筹项目主要是通过发起人自己的社交圈子进行传播,如微信朋友圈、社群等。其平台上的公益众筹项目包括了大病救助、灾难救助、动物保护、扶贫助学等。

目前,轻松筹正升级为全民健康大保障平台,在大病众筹业务的基础之上,构建四重保障体系,将公益慈善打造成健康保障的最后一道防线。以平台推出的"轻松互助"为例,用户健康时预存 10 元,即可加入到互助健康保障计划中,一人患病,众人均摊救助金,为更大范围的人群提供健康保障。据轻松筹披露的数据显示,在短短的一年时间里,轻松互助健康体系会员数量达到了 2 000 万,截至 2017 年 12 月,累计申请互助金人数为 1 226 人,向患病的 313 人发放互助金 7 406 万元,成为健康保障的又一重要补充方式。

2014 年至 2015 年 11 月底,微信支付平台手续费的收取标准为 2%,在此期间"轻松筹"平台手续费的收取标准仅为 1.5%,轻松筹平台需要为每笔提款或退款补贴 0.5% 的手续费。因此,在 2014 年至 2015 年 11 月底期间,轻松筹一直使用自有资金为所有参与大病救助项目的用户进行手续费的补贴。此外,平台的开发维护费用、电话电脑等设备采购费用、工作人员的工资、办公场地的租金等成本都由轻松筹公司自行承担。平台 2015 年的审计结果为亏损,而亏损原因就是手续费的补贴和各类成本的投入。进入 2016 年,微信支付平台手续费的收取标准下调至 1%。而"轻松筹"平台收取 2% 的手续费,扣除支付给微信支付平台的 1% 的手续费,剩余 1% 用作"轻松筹"平台的运营费用。在获得最新一轮融资后,2017 年 5 月 12 日,轻松筹为反哺用户,宣布由平台和爱心企业补贴大病用户提现手续费,对用户实行 0 服务费。

2018 年 1 月 23 日,轻松筹联合 ELLE、新浪公益两家媒体,共同举办了主题为"123E 起来"的公益盛典活动。此次公益活动以唤醒大众公益基因为核心理念,号召所有社会力量参与到大病救助、互助帮扶等公益行动中来,让更多遭遇病症困扰的困难患者感受到温暖与呵护。

轻松筹在此次活动中对外发布了公益白皮书,展示了轻松筹在区块链应用上的成果。早在 2017 年 7 月,轻松筹就对外公布了自研的区块链应用,联合多家公益基金会共同启动了"阳光公益联盟链"。这些加入联盟链的公益单元,可利用区块链技术信息不可篡改、分布式记账、去中心化的特点,向公众实时展现善款路径,加强资金管理,让每一笔善款变得透明,击穿了公益领域公信力不足的屏障。

9.4　公益众筹的主要问题

我国公益众筹行业还处于发展的初级阶段,在法律上还存在诸多盲点,管理不规范、信息不透明等问题也屡遭诟病,概括起来我国公益众筹主要存在以下问题:

1) 众筹概念界定不清,导致公益众筹泛滥

从公益众筹的定义来看,指的是通过互联网方式发布公益筹款项目并募集资金的众筹方式,但"互联网方式"一词过于宽泛,QQ 群、微信群、微博、移动 APP 和 PC 端网站都是互联网方式,目前行业一般认可 PC 端众筹网站上的公益众筹;QQ 群、微信群、朋友圈由于随意性太强,也没有独立的公司去运营,发生的众筹项目一般不纳入统计。也就是说,行业所说的公益众筹是通过众筹平台发布公益筹款项目并募集资金的方式。此外,公益众筹的项目认定也较为模糊,如一些平台定义的公益众筹项目实际上是有实物回报的权益众筹项目,不应该将其视为公益众筹。

2) 民政部门认定的互联网募捐信息平台并非一定是公益众筹平台

2016 年 8 月 22 日,民政部指定腾讯公益网络募捐平台、淘宝公益、蚂蚁金服公益平台、新浪微公益、中国慈善信息平台、京东公益互联网募捐信息平台、基金会中心网、百度慈善捐助平台、公益宝、新华公益服务平台、轻松筹、联劝网、广州市慈善会慈善信息平台共 13 家平台为首批慈善组织互联网募捐信息平台。从名单上看,有些行业认定的专注于公益众筹的平台并没有在 13 家之列,因此,民政部门批准的互联网募捐信息平台并非一定是公益众筹平台。众筹平台一般具有典型的众筹特征,如包括预期筹集资金、实际筹集资金、支持人次、项目发起者等结构化的数据。

3) 中外公益众筹平台数量和资金使用目的差异大

第一,表现在公益项目资金使用目的上。国外公益众筹项目所筹资金一般用于修缮教堂、修建学校、建设少儿社区娱乐场所、俱乐部的运动设施等。特别是在教育方面,公益众筹正起着较以往更大的作用,包括支持课程、学生学费以及赞助大学建设等,公益众筹的透明性、公开性以及便捷性,使大学获得更多的校友捐赠。而国内公益项目更多体现在扶贫、救困、救医、助老、助学、关爱留守儿童等方面;第二,表现

在公益众筹的市场集中度上。2017 年年底,中国运营中权益众筹平台有 90 家,股权型众筹平台有 89 家,而纯公益众筹平台只有 12 家。而美国则拥有较多的公益众筹平台,在全美前 50 家众筹平台中,公益众筹约占 1/3 的比例。

4)公益众筹的盈利来源较为单一,且合理性受质疑

公益众筹的盈利主要靠佣金,另外还有靠收取广告费盈利。作为信息平台,通过流量收取广告费是合理的,而公益众筹平台收取佣金的合理性却受到质疑。目前有些公益众筹平台收取佣金而有些公益众筹平台采取免费模式,公益众筹平台收取佣金的模式遭到部分公众的质疑。公益众筹平台不是慈善机构,需要支付日常运营的各项开支,因此平台的盈利是必需的。但如果平台收取了佣金却未行使审核监管的责任,一旦发生骗捐事件,公众认为平台需承担一定的连带赔偿责任。

5)公益众筹规模有限,可持续性差

中国慈善组织的资金并不宽裕,政府救助资金主要用于购买"新农合"和医保,而用于直接救助的资金很少。与传统慈善组织相比,公益众筹平台上发起众筹的程序相对简单,公益众筹平台的高效、便捷也为很多急需资金的求助人解决了燃眉之急,公益众筹可起到对慈善组织的补充作用。但 2017 年中国公益众筹整体融资额仅 4.01 亿元,对于社会公益庞大的资金缺口来说杯水车薪。此外,公益众筹的可持续性较差,目前公益众筹仍停留在个案的帮助上,没有持续跟踪,缺少对群体或整体进行公益服务的考量和模式探索。

6)公益众筹面临法律及道德风险

公益众筹平台作为中介平台,虽然一般声称自己会对求助项目予以严格审查,但在实际操作时,鉴于平台的人力和时间有限,往往很难一一审查。在公益众筹中,如果平台不对各种大病和捐款的真实性作实质性审查,一旦出现募集资金数额虚高、项目中存在虚假信息甚至诈捐的情况,平台则可能要承担相应的风险;监管部门严令众筹平台不能自设资金池,因此一般平台都会声明善款的去向,但也有平台未作任何交代,善款有被挪作他用的风险;公益众筹中的某些模式还可能涉及非法集资,如某平台发起的大病互助项目,投资者健康时进行充值,生病后可获得保障金,事实上这种模式与保险相同,发起方需具备保险的相关资质才能开展此类业务。与此同时,向公众集资的行为涉嫌非法集资,发起方开展此类业务是否需要取得保险方面资质的问题在法律上的界定并不明确。

9.5　公益众筹的发展趋势

从数据、政策及社会诉求多角度分析,我国公益众筹未来将可能呈现以下趋势:

1) 众筹成为公益组织"互联网＋"的主要途径

中国公益经过三个阶段:第一阶段,捐助者主要以企业为主,公益机构帮助企业完成公益活动;第二阶段,除企业参与公益外出现个人通过相关机构参与公益的情况;第三阶段,也称之为公益"互联网＋"阶段。出现电子商务网站、互联网公益网站、移动互联网平台、网络互助平台等带动更多的个人参与公益,正是"互联网＋"的嵌入让公益有了"大众参与"特征。公益众筹属于第三个阶段中的一种公益形态。众筹平台上具有明确的参与主体、众筹流程和项目披露机制,平台易于开发和复制,大众易于理解和使用,平台作为第三方,不是为一次公益而存在,从而也保证了公益的可持久性,众筹平台这些优势正日益受到关注。此外,由于通过传统公益的形式进行企业品牌宣传的效果越来越不明显,很多企业开始转向公益众筹这种更为新颖的模式。因此,公益众筹将可能成为公益"互联网＋"的主要形式。

2) 新技术的应用有效化解中国公益的痛点

近年来,新技术开始应用到公益领域,如"百度寻人"公益平台,应用了人脸识别技术与丢失儿童数据库的照片进行比对,帮助失踪儿童的亲人找到孩子;百度的大数据技术分析用户公益行为及指数,绘制潜在人群画像,帮助公益组织更精准地找到募捐对象。不过,这些技术的应用目前还处于初级阶段。未来,区块链、大数据、人脸识别、VR、人工智能等新技术的应用,将会有效解决公益的诸多痛点和难点。如在公益众筹平台上引入区块链技术这种"不可篡改的数字账簿",用户捐款、众筹过程、善款去向、后期善款使用情况等每一步都可以详细记录下来不可更改;又如随着大数据征信的完善,求助者的信息变得易于查询和跟踪,可以避免出现诈捐等现象。总之,新技术的应用将会大大提高公益过程的透明度,建立公众对公益事业的持续信心,吸引更多公众参与,也可以帮助公益组织提高运作效率。

3) 相关的法律和规制将会完善甚至重建

公益众筹过程中存在大量法律和监管制度上的空白。众筹在中国只有短短几年的时间,在众筹资金的监管、投资者的资格、信息披露的标准、众筹过程、筹后管理等过程中,各主体的责任和权利等若干问题都没有明确的标准和规制,因此,公益众筹变得更为复杂,涉及更多的问题。随着新技术在公益众筹过程中的应用,还会带来技术上的法律问题,如隐私保护等。目前,政府监管部门、学术研究机构和行业第三方都在对相关问题进行探讨并尝试制定各种规制。

我国具有庞大的人口基数,养老、扶贫、救灾、医疗等保障体系尚不完善,公益有巨大的需求。随着技术的推进和相关法律制度的逐步完善,中国的公益事业将会步入一个飞速发展的新时期。

第 10 章 众筹细分市场发展现状

10.1 实体店铺众筹

10.1.1 我国实体店铺市场概况

实体店铺是在一定的硬件设施(如营业场所)的基础上建立起来的,地点相对固定的以营利为目的的商业机构。它的商品既可以是实物,也可以是虚拟商品,如服务。实体店铺主要包括人们购买商品或服务的场所或渠道,例如各类餐饮店、酒店、公寓、商场、商业区、超市、酒吧、咖啡馆、图书馆等场所固定的店面。

仅从上市的大型零售公司 2017 年一季度的财务数据来看,实体店"趋弱"显而易见:收益和利润与上年同期相比,要么增速放缓,要么呈现下降走势。随着电商的发展,实体店铺受到了很大冲击。2016 年初,沃尔玛宣布全球关店 269 家,华润万家上百家店铺关门,紧接着,太平洋百货撤出大量城市。而商超仅仅是一个开端,服装鞋帽业更为严重:百丽关店 276 家,达芙妮关店 757 家。虽然实体店铺积极转型互联网思维,想通过网络增加流量,但是效果因店而异。不过与 2016 年不同,2017 年人们逐渐感觉到实体经济的变化,更多地感受到了实体店铺的变化。2017 年服务业和新型零售业占据主要,新型零售主要是多元化服务的便利店,与传统便利店相比,加入更多体验和服务的元素,试图给标准化的产品加上一层多元化服务的外衣,吸引人们进店消费。

近两年来,电商巨头纷纷强势介入线下门店。亚马逊开设了越来越多的线下门店。中国的电商巨头也在零售业电商化的热潮中返身布局线下零售店:马云提出的新零售中盒马鲜生发展迅速,目前已有 20 余家店;阿里投资了区域性零售企业三江购物、联华超市、新华都,又以 28.8 亿美元直接和间接持有高鑫零售 36.16% 的股份,拿下了欧尚和大润发,明显加快了让新零售落地的速度。除此之外,可以看到越来越多的天猫线下超市、京东线下门店、小米之家等。线上巨头入手实体店铺并非旧式的百货大厦,而是小巧便捷的便利店。这些年来,虽然市场上风起云涌,但小而方便的便利店几乎不受冲击。显然电商看好这个潜力巨大的市场。

迫于互联网带来的压力,实体店铺商家们为转型升级,经营模式日趋开放求新,不得不利用新兴技术来包装自己,从过去的卖商品到如今的卖服务、卖体验,从固守柜台到全渠道的营销。这些都将帮助实体店铺与消费者之间形成更加密切的联系。

目前政策上也采取了一系列积极措施支持实体店铺的发展,比如加强对连锁企业的支持引导,例如一些企业的实体店有很好的基础,但是它的信息化建设做得还不够,这时就需要地方商务主管部门支持这些实体店进行信息化建设,从而提高竞争力;鼓励加快线上线下的融合发展,将这些传统实体店铺和电子商务进行合作,帮助这些传统企业更好地转型发展。从全行业的势头来看,实体店铺市场仍具有可观的发展潜力。

10.1.2 实体店铺众筹产生的背景

实体店铺众筹是指筹资人通过互联网众筹平台为实体店项目向投资者筹集所需资金的一种众筹模式,筹资人的目的是为了开设线下店铺,如新店开张或是连锁店的扩张,而投资者可以获得未来店面收益分红或相关服务。"实体店+众筹"作为一种新兴商业模式,为企业的融资开辟了一条新的路径,被认为是最具发展潜力、最接地气的众筹模式,尤其可以有效解决消费行业融资难的问题。实体店铺几乎涵盖了所有主要的消费类店铺,包括餐饮、酒店、生活服务、娱乐、教育培训等等。

从宏观层面分析实体店铺众筹产生的主要原因,一是互联网众筹的发展及其概念的普及,让更多创业者和投资者了解并接受这种新型的融资方式;二是消费需求的增长,特别是餐饮、住宿、娱乐等大众服务业的需求巨大;三是随着国家政策"大众创业、万众创新"的刺激,越来越多的人选择创业,包括实体店在内的创业热情高涨。

实体店铺众筹从市场需求出发,将庞大的实体店投资空间与同样庞大的大众投资者相连接,二者相匹配的投融资需求可以有效对接;其次,部分实体店在经营上存在"先天不足",导致其与传统融资市场格格不入,而众筹则可以有效降低原本的"门槛",解决融资难的问题;另外,对于经营者来说,实体店铺众筹的融资成本基本可控,一些优质的连锁品牌,众筹开分店甚至可以做到近乎"零成本"融资,这对于传统融资来说基本是不可能的;最后,众筹不仅是筹资行为,更能起到"筹人脉"的作用,企业通过众筹结识志同道合、具备独特资源的投资者,可以为店铺的经营与发展带来意想不到的惊喜。实体店铺众筹能够大大降低企业融资成本,融资效果佳、效率高,成为企业快速发展的一枚"利器"。

　　国家出台的一系列政策也在积极鼓励支持实体店铺众筹的发展。2014 年 9 月李克强在夏季达沃斯论坛上首次提出"大众创业、万众创新",此后中国掀起了创业热潮。全国许多城市建设了大量创业孵化器,创业孵化器的创业公司多是互联网、新技术小微企业,这类创业公司数量近年来呈爆发式增长。2015 年 6 月,国务院发布《关于大力推进大众创业万众创新若干政策措施的意见》,提出要丰富创业融资新模式,实现便捷融资,"支持互联网金融发展,引导和鼓励众筹融资平台规范发展"。2016 年 2 月,国务院办公厅发布《关于加快众创空间发展服务实体经济转型升级的指导意见》,其基本原则之一是坚持服务和支撑实体经济发展,以培育更多富有活力的中小微企业,为经济发展注入新技术、新装备、新模式,培育新业态,催生新产业。2016 年 11 月,国务院办公厅印发《关于推动实体零售创新转型的意见》,对实体零售企业加快结构调整、创新发展方式、实现跨界融合、不断提升商品和服务的供给能力及效率作出部署。政策方面的利好推动了实体店铺众筹的发展。

　　对于中小传统企业来说,实体店铺众筹不仅仅是一种便捷的融资途径,更是起到了"筹人"、"筹智"的作用,可以解决企业发展、营销、宣传、资源等多类困境。而对于投资者来说,通过实体店铺众筹的方式不仅能够投资身边的优质店铺项目,还能够拓宽人脉结交一群有共同梦想的朋友,实现开店的梦想。实体店铺众筹能更好地服务实体经济,使众多中小实体企业得到快速发展。近两年来实体店铺众筹发展迅速,未来可能有越来越多的众筹平台加入其中,加大市场竞争,要想在竞争中立于不败之地,就要根据自身的特色保持核心优势。

10.1.3　实体店铺众筹的特点及优势

　　实体店铺众筹,能有效解决传统中小企业发展、营销、资源等诸多困境;同时为普通投资者提供了实现财富增长的新渠道。以投资周期短、盈利即可分红等优势在业界迅速脱颖而出。

　　实体店铺众筹主要是针对身边的吃喝玩乐等实体店铺项目进行投资,包括新店开立、店铺扩张、门店的大范围装修翻新等,其优势在于这类项目容易落地、看得见、摸得着。根据实体店铺众筹模式自身具有的草根金融的属性,可以为草根投资人量身打造投资模式,具有投资小、风险较低等优势。所以实体店铺众筹与一般权益型众筹或股权型众筹不同,更容易被广大投资人接受。下面具体阐述实体店铺众筹的特点及优势。

　　第一,风险可控性强。众筹本身具有小额、大众的特征,对于一般的众筹来说,一边是风险承受能力较弱的大众投资者,一边是投资早期优质项目对投资眼光和投资能力的极高要求。基于现阶段大众投资者依然较弱的风险承受能力,实体店铺众筹更加符合这类投资者的投资需求。因为实体店铺项目自身的特点及优势,投资者可以对店面的经营情况进行实地考察,而且对于一些老店来说已经具备了一定的客源和运营经验,再加上店铺较好的地理位置,综合这几点来说,一定程度上更容易获得投资者的信任。

第二,投资收益稳定。部分实体店铺众筹项目起投金额较低、风险小的同时,投资收益也比较稳定。不过不同项目的情况会有所不同,还是以店铺的实际利润为基础,店铺运营得越好,投资收益越高、越稳定。另外,投资实体店铺众筹收益见效快,有的项目从众筹成功后的第二个月起,投资人就开始按利润获得收益分红。同时投资人也可以随时到店面进行实地考察和了解,以规避利润分红账目不透明导致的众筹风险问题。对于投资人来说,相比其他项目,实体店铺众筹项目是效率高、回报稳的投资选择。

第三,项目成功率高。众筹项目处于消费金融整体运营体系之下,消费金融全产业链的打通和规模效应的协同,让项目的众筹成功率和项目未来可持续发展均具备较高水准。实体店铺众筹项目,多以"吃喝玩乐"等门店服务性消费行业为聚焦点,包括餐饮美食、酒店客栈、休闲娱乐等领域,是在网络技术发展和社会大整合背景之下,对服务性消费行业的整合。同时,由于实体店铺众筹项目运作采用"系统化闭环的创新商业模式",打通了服务性消费行业和金融行业的壁垒,把广大市民原本不产生经济效益的闲散服务性消费资金,变成在金融市场上能大放异彩、广泛支持实体产业发展的巨大资金流,形成"广泛拉动实体消费、社会闲置资源开发利用、跨行业融合可持续发展"的多赢商业模式,这种置身于整体生态系统下的局部个体,与其他众筹项目相比,具有更好的发展前景和生长资源,为众筹项目的可持续健康发展奠定了全方位的基础。

10.1.4 实体店铺众筹的回报模式和退出机制

实体店铺众筹的回报模式可以分为以下几种类型。

首先是产品型众筹。投资者参与众筹,可以获得项目相关的产品或消费,一般不会单独出现,多与股权型或者收益型众筹一起,作为参与众筹的回报。如旅店、餐饮等店铺通过给投资者邮寄感谢信、店铺商品或服务、场地使用权和会员卡等作为回报内容。这种回报模式下的众筹门槛一般比较低,有些项目投资金额起点不高,甚至以 1 元为起投金额。

其次是收益型众筹。类似于购买债券,没有项目股权,有基础收益承诺,到期还本付息。有的项目还会有浮动收益,即根据项目经营情况,在基础收益之上,再按一定比例进行分红。这种回报模式是以店铺的净利润为基础的,店铺经营得越好,利润越可观,投资者以固定收益、浮动收益或"固定＋浮动"的形式获取高额的收益。但是投资者只享有收益权分红,而不占股份。这种方式的优势在于项目方不会受到投资者的过多干预,让专业的人来经营店铺。

最后是股权型众筹。通过参与众筹,获得项目一定比例的股份,最终收益根据项目利润,按所占股比进行分红。对于这类众筹,有的项目会承诺回购,即到期后对股份以一定价格进行回购,能极大地保障众筹投资者的权益。这种回报模式下,投资者对店铺经营的各个环节都享有参与权,借助自己的人脉、资源,对店铺进行宣传推广,提升店铺的品牌影响力。

目前,实体店铺众筹通常采用收益型和股权型作为回报模式。收益型众筹和股权型众筹的差异关键在于投资者是否占有店铺股份。

实体店铺众筹项目的退出机制,一般情况下投资者可以通过股权转让、并购、IPO 上市、项目方回购、项目清算等方式退出。但是因为每一个项目都有其经营条件的复杂性,众筹平台作为投资者的委托管理方,一般会根据实际情况召开股东大会来决定项目实际退出方案,每个项目也会有所不同,具体项目要根据合同约定的退出机制来操作。

10.1.5　实体店铺众筹数据分析

1) 平台数据分析

据不完全统计,2017 年全年共有 54 家众筹平台上线过实体店铺众筹项目,总项目数为 1 227 个,其中成功项目数为 1 120 个,成功项目已筹金额达 49.80 亿元,投资人次达 16.24 万人次。这 54 家平台中,多数平台的实体店铺众筹项目较少,项目数在 10 个及以上的平台只有 12 家,占比 22.22%。尽管如此,从以下数据分析可以看出,实体店铺众筹市场还是具有很大发展潜力的。

(1) 实体店铺众筹平台地域分布。

2017 年上线过实体店铺众筹项目的 54 家平台中,有 18 家是实体店铺垂直型众筹平台。对这 18 家专注于实体店铺的众筹平台地域分布进行统计,结果如图 10 - 1 所示。平台分布在 7 个省份,主要集中在经济较为发达的北京、广东、浙江等地,平台数分别为 7、5 和 2 家。此外，上海、江苏、湖北、福建各有 1 家。由此看来，实体店铺众筹平台在地域分布上还比较局限。

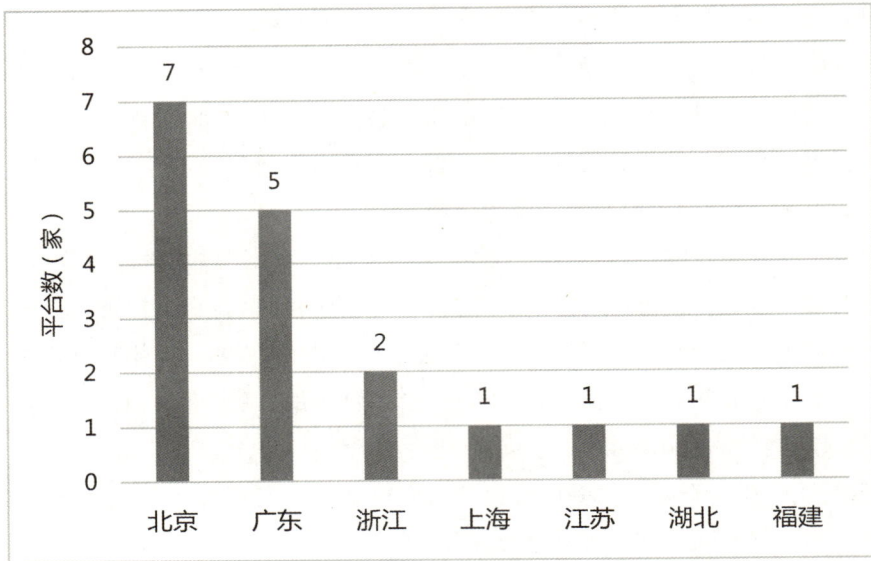

图 10-1 实体店铺众筹平台地域分布

（2）实体店铺众筹典型平台概况。

对各个平台实体店铺众筹成功项目融资总额进行统计，排名前十的平台如表 10-1所示。可以发现多彩投、开始吧、人人投、靠谱投和第五创五家平台在 2017 年的项目融资额均已达到亿级，其中多彩投与开始吧遥遥领先。值得注意的是，迷你投的成功项目只有 1 个，实体场所为药房，但项目融资额较高。此外，从投资人次也可以看出，投资者对于实体店铺众筹项目的参与热情比较高。

表 10-1 众筹平台实体店铺众筹项目融资规模 TOP10

平台名称	成功项目数	成功项目实际融资额（万元）	成功项目投资人次
多彩投	162	231 288.88	/
开始吧	424	175 283.07	125 531
人人投	86	16 912.81	5 434
靠谱投	51	12 752.05	1 694
第五创	49	10 946.94	5 625

（续表）

平台名称	成功项目数	成功项目实际融资额(万元)	成功项目投资人次
众筹客	80	8 648.27	9 015
人人创	66	8 466.12	6 422
分分投	10	6 868.00	/
迷你投	1	5 109.00	39
投哪儿	16	3 728.48	604

注 1：本表按各平台 2017 年实体店铺成功项目融资额排序。

注 2：本表统计的是各平台的实体店铺项目数据，并非平台总体数据。

2）项目数据分析

（1）2017 年实体店铺众筹项目概况。

据不完全统计，2017 年共有实体店铺众筹项目 1 227 个，其中已成功项目有 1 120个，成功项目数占比为 91.28%。此外，还有 25 个已失败项目，82 个众筹中项目。

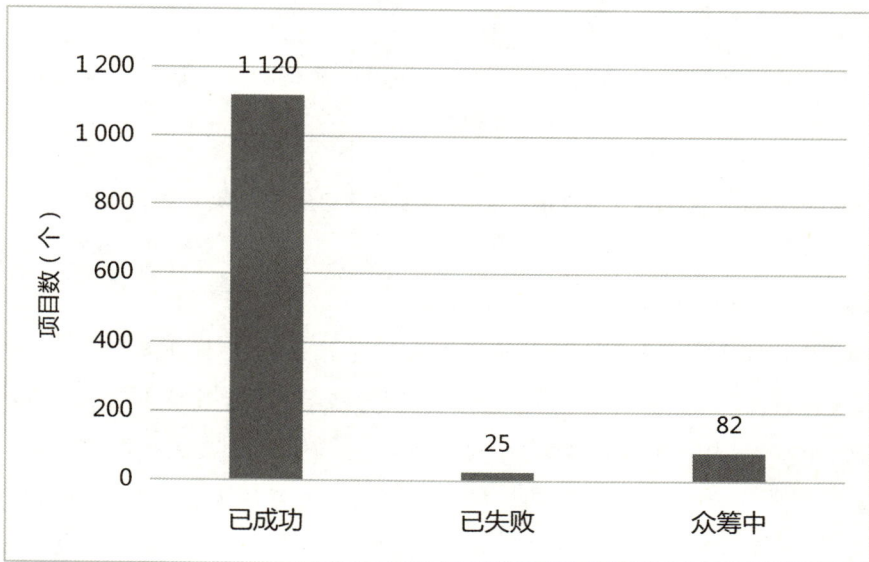

图 10－2　2017 年实体店铺众筹项目概况

（2）实体店铺众筹成功项目实际融资额概况。

1120 个实体店铺众筹成功项目实际融资额共计 49.80 亿元,占到了 2017 年众筹行业总融资额的 19.15%。图 10－3 统计了成功项目已筹金额的区间分布情况。其中实际融资额在区间(100,500](单位:万元)内的项目最多,有 519 个,占比 46.34%;其次为区间(50,100]的项目,有 181 个,占比 16.16%;再次是区间(10,50]的项目,有 155 个,占比 13.84%;500 万元以上的项目共有 236 个,共占比 21.07%;10 万元及以下的项目较少,只有 29 个,仅占比 2.59%。由此可见,实体店铺众筹项目的金额大多集中于 10～500 万元之间。

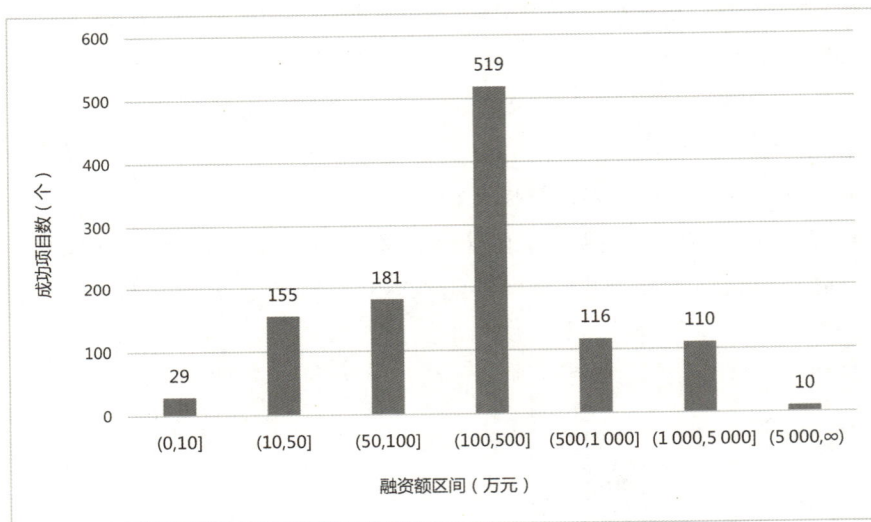

图 10－3　实体店铺众筹成功项目融资额区间分布(区间单位:万元)

（3）实体店铺众筹成功项目投资人次概况。

2017 年实体店铺众筹成功项目投资人次共计 16.24 万(不包含 187 个无法采集投资人次的项目),对项目的投资人次进行区间分布统计,结果如图 10－4 所示。其中区间(100,500]内的项目最多,共有 420 个,占比 45.02%;其次是区间(10,50],项目数为 240 个,占比 25.72%;接着是区间(50,100],项目数为 176 个,占比 18.86%。另外,有 69 个项目的投资人次在 500 人以上,占比 7.40%;有 28 个项目投资人次在 10 人及以下,占比 3.00%。由此可见,实体店铺众筹项目的投资人次大多集中于 10～500 人次,未来实体店铺众筹应该不断创新项目形式,吸引更多的投资人参与进来。

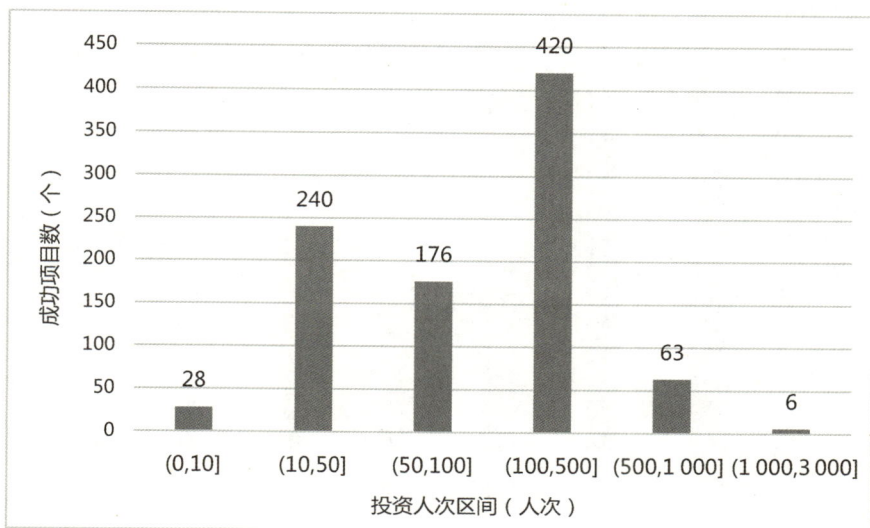

图 10 - 4　实体店铺众筹成功项目投资人次区间分布

注:本图未统计 187 个无法采集投资人次的项目。

3) 实体店铺众筹二级行业数据分析

实体店铺众筹项目按照所属细分领域进行二级细分,分为:餐饮美食、教育培训、酒店客栈、美容保健、母婴亲子、休闲娱乐和其他共七类。下面分别从成功项目数、成功项目已筹金额和成功项目投资人次三个方面对二级细分领域进行具体分析。

(1) 实体店铺众筹二级行业项目数统计。

对实体店铺众筹二级细分领域的成功项目数进行统计,结果如图 10 - 5 所示。酒店客栈和餐饮美食是最受投资者欢迎的两个细分领域。其中,酒店客栈的成功项目数最多,有 474 个;餐饮美食次之,有 402 个;紧接着是休闲娱乐,有 109 个;这几个分类作为实体店铺众筹的主流,分别占实体店铺众筹总成功项目的 42.32%、35.89% 和 9.73%。而美容保健、教育培训、母婴亲子的项目数相对较少,分别有 51、30 和 11 个,三类共占实体店铺总成功项目的 8.21%。其他类项目包括汽车养护、服装服饰、洗衣护理等多个方面,共有 43 个项目,占比 3.84%。由此可以看出,实体店铺细分领域更专注于酒店和餐饮,因为它们在消费领域中占比较大,市场广阔。

(2) 实体店铺众筹二级行业成功项目融资额统计。

从成功项目预期融资额和实际融资额两个方面对实体店铺众筹二级细分领域

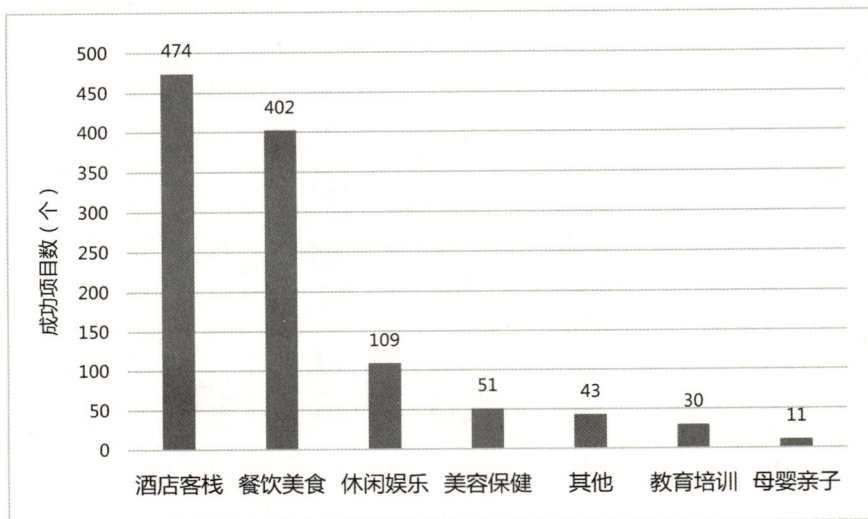

图 10 - 5　实体店铺众筹二级行业成功项目数分布

成功项目融资情况进行分析,结果如图 10 - 6 所示。从图中可以看出,各个二级行业的已筹金额均已超过其预期融资额。酒店客栈类尤为突出,项目完成率达400.59%。与成功项目数分布相对应,酒店客栈、餐饮美食和休闲娱乐的实际融资额也排在前

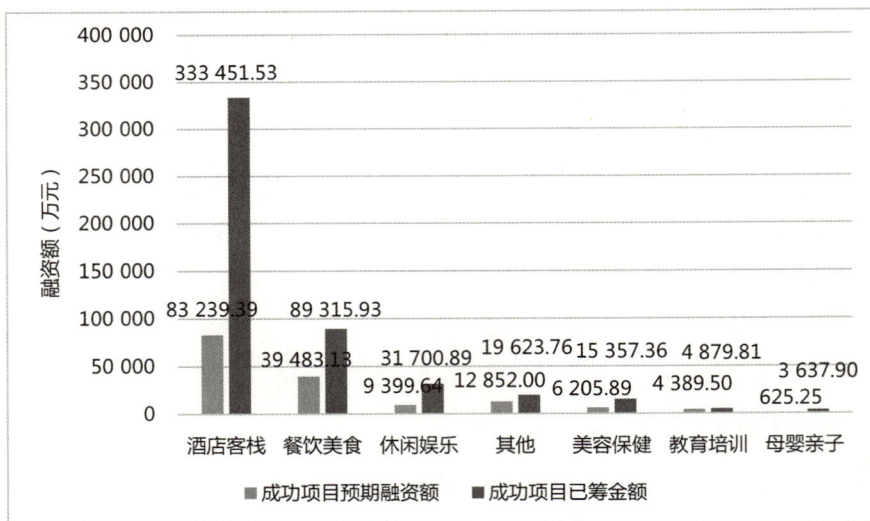

图 10 - 6　实体店铺众筹二级行业成功项目融资额分布

三,分别为 33.35、8.93 和 3.17 亿元,各占实体店铺成功项目总融资额的 66.96%、17.94% 和 6.37%。美容保健、教育培训、母婴亲子成功项目的已筹金额相对较低,分别有 1.54、0.49 和 0.36 亿元,共占实体店铺成功项目总融资额的 4.79%。其他类项目共筹集 1.96 亿元,占比 3.94%。

(3) 实体店铺众筹二级行业成功项目投资人次统计。

如图 10-7 所示,统计实体店铺众筹二级行业成功项目的投资人次。酒店客栈、餐饮美食、休闲娱乐依然位居前三,均达到上万人次,分别有 7.21、5.80、1.92 万人次,各占实体店铺成功项目总投资人次的 44.41%、35.70% 和 11.82%。而对于美容保健、母婴亲子、教育培训和其他类项目来说,投资者的关注度不够,投资人次相对较少,分别只有 7 739、1 675、1 501 和 2 185 人次,共占实体店铺成功项目总投资人次的 8.07%。

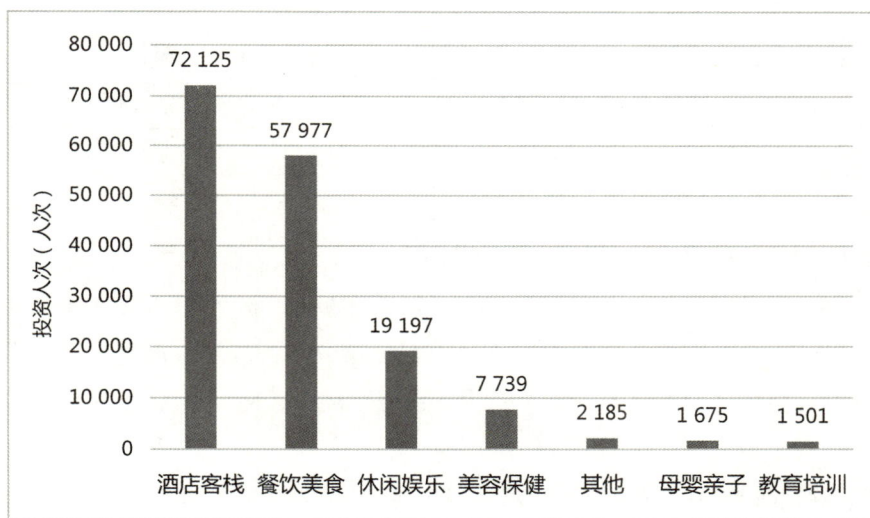

图 10-7　实体店铺众筹二级行业成功项目投资人次分布

(4) 实体店铺众筹典型项目介绍。

实体店铺众筹成功项目中,已筹金额排名前十的项目的基本信息如表 10-2 所示。其中 80% 为酒店客栈项目,只有 1 个休闲娱乐项目和 1 个其他类项目。酒店客栈众筹由于自身的特点及优势,在一定程度上打破了传统酒店客栈的经营模式,提升用户体验,满足用户在住宿方面更高的需求。

表 10 - 2 典型项目基本信息一览表

项目名称	预期融资额（万元）	已筹金额（万元）	已达比例	细分行业	发起平台
天津小白楼亚朵酒店	1 000.00	12 120.00	1 212%	酒店客栈	多彩投
苏州美豪雅致酒店	1 500.00	10 005.00	667%	酒店客栈	多彩投
鸿海温斯顿行政公馆	2 000.00	7 180.00	359%	酒店客栈	多彩投
松赞拉萨,通往圣地的地之肚脐	20.00	6 973.70	34 868%	酒店客栈	开始吧
西安大雁塔亚朵酒店	500.00	6 725.00	1 345%	酒店客栈	多彩投
多彩无人酒店-隐世Hutel·叠院儿	270.00	6 150.00	2 278%	酒店客栈	多彩投
平遥亚朵酒店	500.00	5 396.00	1 079%	酒店客栈	多彩投
奇境江湖,一起联盟	20.00	5 160.00	25 800%	休闲娱乐	开始吧
广州美豪丽致酒店	2 000.00	5 160.00	258%	酒店客栈	多彩投
普安药房	4 100.00	5 109.00	125%	其他	迷你投

10.1.6 典型平台案例解析——第五创

第五创是深圳创五板网络科技有限公司旗下的众筹平台,第五创董事局由前香港成报主席张家华、前甲骨文亚太区总裁梁志聪及中式快餐第一品牌真功夫联合组建而成;管理层由经营实体行业的企业家、互联网金融专业人才、银行体系风控团队共同组成。

第五创拥有雄厚的资源资金背景和国内专业的股权众筹团队,团队拥有多年上市公司实操经验,第五创不仅能为创业项目解决资金问题,更重要的是,它将改变传统实体连锁店铺的商业模式,让每个人都能成为身边实体连锁店铺的股东。目前旗下主要业务为实体门店众筹。

第五创专注实体门店众筹,业务垂直于与日常生活密切相关的实体商业店铺。自平台上线以来,第五创对上线项目的监管和治理非常严谨,目前第五创的储备项目已超过 2 000 个,一年内通过初控的 806 个品牌,最终通过风控上线的品牌只有不到 80 个,项目通过风控上线的比例低于 10%。

也正因为严谨,第五创甚至超过了很多 A＋级平台在信息披露和风险合规两个维度指标上的单项评级。尤其是风险合规这一项,A 级已经是报告设置的最高等级。依靠严谨的风险控制、出色的投融资服务,第五创荣获《2016 年度股权众筹平台最佳口碑奖》和《2016 年度十大杰出众筹平台》等奖项;在《2018 互联网众筹行业现状与发展趋势报告》中,第五创入选年度代表性平台;在 2018 年 3.15 当天获得《金融消费者保护优秀奖》。目前,第五创项目投资总额 5.15 亿元,单项最高融资额超过2 920 万元。合作品牌包括:真功夫、胡桃里音乐餐吧、维也纳酒店集团、亚朵酒店、铂涛酒店集团、东呈国际酒店集团和美豪酒店集团等。

1) 案例分析一:胡桃里音乐酒馆(广州番禺店)

胡桃里音乐酒馆(广州番禺店)于 2016 年 11 月 17 日在第五创平台融资成功。该项目是新店众筹,众筹类型为股权型众筹,按月分红。该项目预计总投资 680 万元,其中项目方出资 204 万元,占 30% 股权;众筹 476 万元,占 70% 的股权。

该项目特点为优先众筹投资人回本方案及回本后项目方收取管理股方案。目前,胡桃里音乐酒馆(广州番禺店)处于盈利状态,已累计分红 11 个月,月均回报4.53%,累计回报率达 49.81%,年化收益率为 54.34%。目前在正常经营中。

对众筹投资人而言,项目首先满足了投资者的投资需求,让他们可以切切实实投资到实体经济当中;其次,众筹方式满足投资者在投资过程中的参与感,投资者是可以从自己做起,积极影响着整个项目的发展,甚至这个行业的发展。

对社会经济而言,实体商铺的众筹,参与人身为投资者同时也是消费者,不仅推动了实体经济的发展,还刺激了餐饮、酒店、娱乐等行业的消费,形成一个良性的商业循环。

2) 案例分析二:美豪酒店(西安市政府店)

美豪酒店(西安市政府店)项目于 2017 年 8 月 23 日在平台融资成功。该项目是在营店铺,众筹类型为股权型众筹,按月分红。项目按年利润的 3.5 倍进行估值,估值为 1 750 万元,众筹 857.5 万元,占 49% 的股权。

该项目的特点为众筹投资人回本后项目方收取管理股及六个月后重估值。六个月的重估值方案是针对已开业店铺的众筹而设置,若项目在六个月的观察期内月平均净利润波动幅度超过原估值的月平均净利润 20% 时,可启动重新估值。六个月重估值能在最大程度上保证众筹投资人及项目方两者的利益,若发生重估值,将进行办理工商股东持股份额的增/减变动手续。

目前,美豪酒店(西安市政府店)处于盈利状态,已累计分红 7 个月,月均回报

1.96%,累计回报率达 13.74%,年化收益率为 23.56%。项目经营稳健,每年的 11 月到次年 2 月属于淡季,旺季表现优秀。

投资经营稳定的在营酒店项目,由于前期有业绩数据作为支撑,可降低众筹投资人的投资风险。

3)案例分析三:维也纳酒店(重庆万州万达广场店)

维也纳酒店(重庆万州万达广场店)于 2017 年 8 月 23 日在第五创平台融资成功。该项目是新建门店,众筹类型为股权型众筹,开业前半年按季度分红,半年后开始按月分红。项目投资总额为 900 万元,其中项目方出资 540 万元,占 60% 股权;众筹 360 万元,占 40% 的股权。

该项目特点为开业前半年按季度分红方案。由于新建酒店项目一般存在爬坡期,项目开业后的半年内按季度分红,可降低项目企业的运营压力。

项目从 2017 年 12 月 16 日开始营业,表现较佳,客房出租率较高。截至 2018 年 3 月底,该项目处于盈利状态,经营状况良好。

10.1.7 典型平台案例解析——同城众投

1)品牌介绍

同城众投是北京乐享同城网络科技有限公司运营的一家专注同城实体店铺的投融资服务平台,通过众投形式解决项目的痛点(资金、推广、客源),为项目筹得资金的同时,也为项目筹人、筹智,为创业项目提供 360 度综合服务,助力项目健康快速发展。把大众日常刚性消费变成投资,让融资更有温度,让投资的价值更加延伸。

2015 年津门投众筹平台在天津初创,2016 年底拿到上市公司天财商龙(证券代码:834556)及个人天使数千万战略投资,升级成同城众投品牌,公司运营中心位于天津,技术中心位于北京。2017 年,北京、青岛和成都分站相继成立。2015、2016 年荣获天津市餐饮业优秀供应(服务)商称号,成为天津市烹饪协会副会长单位,2016 年被评为"全国十大新锐众筹平台",2017 年加入中国新实体金融服务联盟,稳步发展成为众筹行业领头羊。

公司励志构建一个全新的消费投资生态圈,帮助打造出真正属于中国的知名品牌。

创始人简介:同城众投创始人湛胜,毕业于北京大学 MBA,有着 7 年互联网及电子商务实战经验。曾获得中国第一届社群领袖峰会"社群领袖"荣誉称号,成为国内第一批社群领袖人物。连续创业多年,终将成为全国众筹行业领军人物。在未来,平台致力于为各行业的优质项目提供全方位的服务,同时也会为投资人推荐更多的投资方式,努力打造最具温度的金融服务平台。

品牌定位:同城众投——专注同城实体店铺的众筹平台。

品牌愿景:构建消费生态,打造知名品牌。

品牌使命:让融资变温暖,让投资有价值。

2)专注同城,构建消费生态

专注同城的众筹模式,投资"家门口"的优质项目,让投资"看得见,摸得着",股东在享受股权分红的同时,可以切实地享有投资项目的消费权益,是众筹平台,也是吸粉平台。众筹为项目吸引来一批忠诚度高,消费能力强的客户,为项目带来资金的同时,带来更多的是潜在资源、智慧,以及良好的口碑效应。

项目众筹成功后,投资人是股东也是客户,社群模式已经初步形成,股东因共同利益汇聚在一起,通过线上社群交互,线下社群活动,从弱关系转化成强关系,不仅增加人脉资源,同时形成裂变传播。股东只参与分红不参与店铺的经营管理,但可以根据实际体验提出建议和意见,帮助项目方更好地管理和改进店铺经营。项目方享有管理权、控制权与决策权。

千场社群活动为用户提供最大价值。可观的社群规模是同城众投的巨大优势,平台通过丰富有趣的线上线下活动为用户提供最大价值,例如组织社群用户到农家乐进行采摘活动,既丰富了大家的休闲生活,又让大家接触到优质的农家乐项目,大家热烈地讨论该项目的投资价值和未来可预期的发展前景。既为用户开拓了投资视野,又给项目方带去了发展建议。各种"体验"活动也成了项目"考察",各种"股东聚会""品牌沙龙"成为经验分享会,让消费娱乐和赚钱投资有机结合,让社交的价值最大化。

社群让众筹价值凸显。这是众筹平台也是社交平台,一个好的社交平台营销费用低,效率高,更精准。社群营销是中小企业品牌最佳的营销方式,同城众投社群聚集的人群有着相同属性,而且用户之间相互信任,很容易形成有效的口碑传播。社群活跃度高,传播快,及时性强。

众筹颠覆世界,平台凭借多年的营销经验及互联网运营经验,通过众筹+资本的模式帮项目筹钱、筹智、筹客,从而快速打造企业优势建立护城河,力争 IPO。平台为项目方打造了完备的助力系统,不但从资金方面提供服务,还从供应链、财务法务、招商物业、团队培训等方面助力项目发展,同时平台有专业的餐饮加速器,建立中央工厂级服务标准,高效助力企业成长。强大推广渠道、新媒体资源、社群运营大咖,都是平台强有力的保证,四两拨千斤创造品牌奇迹。

平台同时提供众筹咨询管理以及众筹加盟服务,为项目寻找最佳合伙人,帮助项目方在全国范围快速达成品牌扩张。

3)严格风控把关,确保投资安全

平台上线众筹项目有着严苛的风控流程。申请众筹的项目方需要了解众筹,明确自己的众筹目的、金额及出资占比,提供详尽的项目资料待平台审核。风控部门有专业人员到项目现场尽调,尽调中会核实项目经营历史,了解项目运营模式,并对其财务数据进行计算分析及交叉检验。

项目完成尽调后还要交投委会审议,投委会根据风控部门提供的评估报告,提出立项条件并决议是否立项。通过 13 道程序苛刻审核后,该项目才能在平台上线,从源头就为投资人提供了保障。

4)数据统计

从 2015 年 12 月第一个项目上线,平台总融资额稳步递增。至今总共为各行业项目方注入资金总额接近 1.5 亿元,助力多个品牌走向全国,服务实体项目上百家,单个项目预约金额达 8 000 万元,累计为众筹门店吸引客流量 10 万＋。

5)经典案例:让弄堂小笼包遍地飘香

两年来在平台众多合作项目中,不断呈现出效益好、增长快、深受投资者青睐的明星项目。例如津门投的开山之作弄堂小笼包未来广场店,上线之后深受广大投友们喜爱。未来广场店经营面积为 184m²,平均月营业额 43 万元,众筹后的营业额峰值出现在 2016 年 8 月份,数值为 50 万元;第二峰值分别出现在 2017 年 1 月份与 5 月份,均为 47 万元,众筹后整体趋势稳步上升。截至目前,一期分红金额合计9 036.83 元(每份),年化收益率达 43.38％;二期分红金额合计 1 106.14 元(每份),年化收益率 50.57％。

该店众筹股东为 70 名,股东宣传带动亲友消费以及平台组织的开店庆典等一系列营销活动,累计为店铺引流至少 1.5 万人次,为品牌方节省了一笔巨大的营销费用。股东中有不少与餐饮行业息息相关的从业人员,如消防、卫生部门,股东的资源与人脉可以成为餐厅发展的助力。而且因为曝光度提升和稳健的增长趋势,使品牌方更受商业综合体的青睐,具有租金议价能力与更好的商业选址优势,餐饮上下游与服务商资源也向餐厅聚拢。

继弄堂小笼包未来广场店众筹成功后,平台为该品牌新业广场店开启众筹,新店开业后营业额表现优秀。众筹成功至今,该品牌已发展 8 家新店,总计 23 家门店。弄堂小笼包品牌目前已在全国范围内开店,北京、深圳与河北唐山均有弄堂小笼包品牌直营店,品牌价值又上一个台阶。

10.1.8　实体店铺众筹的机会和风险

1)实体店铺众筹的机会

现今国家政策对"大众创业、万众创新"的鼓励和支持,刺激着包括实体店铺众筹在内的创业热情的高涨。随着众筹的发展和概念的普及,"互联网金融＋实体店"的众筹模式会越来越受欢迎,未来会有更多创业者和投资者参与到这种新型的融资方式中来。

实体店铺众筹相比传统方式存在以下机会。

从创业者的角度来看,首先可以降低创业成本,分散资金风险,用较少的投入获得更多的经营管理权;其次可以快速、便捷地获取资金,有利于店铺扩张,做强做大;最后借助互联网提前曝光相关项目,锁定部分"忠实用户",提高创业或扩张的成功率。

从投资者的角度来看,实体店铺众筹首先可以拓宽投资渠道,降低投资门槛,让更多的草根投资人用较少的资金参与收益较高的投资;其次,回报方式灵活可选,包括股权分红、保底＋浮动收益、按季分红、到期回购等;最后,实体店铺众筹为投资者参与项目管理和决策提供了机会。

从社会效益的角度来看,实体店铺众筹的模式易复制,规模易扩张,实体店消费频率高,就业要求低,可以围绕吃喝玩乐创造大量的就业机会。

2)实体店铺众筹的风险

在实体店铺众筹火热发展的同时,也要注意潜在的风险。

欺诈风险。项目方和众筹平台可能存在欺诈风险,如项目方单独或联合平台人员,伪造或夸大项目有利信息,隐瞒项目不利信息(如管理人员的资质、对项目的盈利预测);与领投人合谋,误导跟投人;挪用资金,另作他用等等,这些都极易给投资者造成资金损失。对此,投资者要辨别观察平台的运营能力、公司背景、团队能力、有无税负情况、有无 ICP 备案号和口碑建设等信息,尽量在信誉好、信得过的平台进行投资。对于平台,为了避免非法集资问题,规定不能私设资金池,要与第三方支付机构合作进行资金管理。

项目运营风险。项目发起人能力参差不齐,实体店大多资金有限,对外聘用专业人员的比例较低,项目运营能否达到预期存在很大的不确定性。实际上,实体店主要面向餐饮和酒店等行业,居高不下的房租成本、人力成本以及安全问题不容忽视。

政策风险。众筹行业在国内尚处于发展初期,鱼龙混杂,风险频发,相关监管法律还有待完善,众筹在一定程度上处于一种无法可依的状态。在股权型众筹没有正式得到法律的肯定下,部分实体店众筹平台为了吸引投资者投资和开业造势会进行一定的公开宣传并承诺给予比如股权、折扣优惠等回报。那么,在项目资金支出明细不详的情况下,实体店铺众筹就很可能变成借用合法经营的形式非法吸收公众存款行为。而这类恶性事件并不少见,不得不让人心存疑虑。政府部门应尽快出台众筹监管规则,完善监管激励约束机制,规范众筹发展路径,明确我国众筹创新发展的总体方向,促进实体店铺众筹的健康发展。同时,可以适当创新多种股权型众筹模式设计,如借鉴国外经验,鼓励股权型众筹融资平台在监管框架内,营造多层级、广泛参与的股权型众筹发展局面,引导民间资本流向"大众创业、万众创新"的企业,支持创新型企业的发展。

其他风险。实体店铺众筹还存在其他方面的风险。一是资金闲置。由于营业执照、各类许可证、打款机制等问题,导致投资和项目正式开业之间存在一定的时间差,可长达数月甚至一年之久。二是股东矛盾。众筹项目股东较多,且普遍存在代持情况,容易造成决策时间过长、互相推诿责任等问题,带来额外的管理成本。

10.1.9 小结

实体店铺众筹的出现,使线下实体与线上融资相结合,解决了线下实体融资难的问题。众筹平台为草根天使投资人寻找并筛选出实体店铺融资项目后,采取线上展示与线下路演相结合的方式进行众筹,一方面为项目方提供快速的融资渠道,另一方面为投资者提供项目尽调结果,从而为项目方和投资者双赢创造条件。

实体店铺所处的传统"大消费"行业,是最贴近广大民众生活的刚需组成部分,在未来必将不断涌现出更多优秀品牌。众筹作为互联网金融的新风口,有着广泛的投资者群体,"实体店铺＋众筹"是一种促进实体经济转型、解决小微企业融资难题的有效方式,未来发展空间巨大,在行业参与者们的共同努力之下,前景值得期待。当然,也要注意实体店铺众筹潜在的风险,如项目运营风险、政策风险、欺诈风险等。

10.2　农业众筹

10.2.1　我国农业市场概况

一直以来,我国都是农业大国,农业是我国国民经济基础。数据显示,近年来,我国农业现代化效果已逐步显现,生产方式调整取得一定成效。但是在我国农业转型发展的过程中,也逐渐暴露出一些不足和弊端:

1）农业基础设施落后

农业基础设施建设是加快现代农业发展的根本保证和重要任务,部分地区薄弱和落后的农业基础设施,已严重制约了我国农业和农村经济的持续稳定发展。目前仍存在农业投资和建设需求大、农业基础设施建设投入结构不合理与社会资金投入较少等问题。

2）农业生产结构失衡

之前国内粮食供需基本处于紧平衡状态,但是在结构上供需并不匹配。2017 年围绕农业实行供给侧结构性改革,数据显示,农业生产结构得到初步改善,但是推进农业供给侧结构性改革是一个长期过程,处理好政府和市场关系、协调各方利益,还面临着许多重大考验。

3）农业污染严重

现代农业的迅速增长是建立在机械化、化学投入（化肥、杀虫剂、除草剂等）、灌溉等技术上的。现代农业高度依赖不可再生的矿物燃料,用于化学投入品的生产、农具的操作、包装及运输。机械化耕作、化学肥料的使用、大规模单一栽培都导致了土壤的退化、污染、农作物减产等。长期来看,从生态的角度上现代农业是报酬递减的。

4）农业生产效益较低

一方面,我国耕地中平原和盆地等适宜大型机械化生产的土地面积仅占 1/3,土地地块小而分散、基础设施落后等因素也阻碍了生产效率提升。另一方面,生产成本高,农作物增产主要依靠增加农药和化肥的投入,长此以来不仅有悖绿色农业的发展需求,而且大幅增加生产成本。此外,随着农村劳动力转移,人力成本和土地流转成本也在提升,农业生产总成本逐年增加。

10.2.2　农业众筹产生的背景

随着我国经济发展步入新常态,全球经济一体化向纵深发展,新理念、新模式、新科技不断向"三农"渗透,我国农业面临诸多新挑战,必须树立系统的理念,创新体制机制,认真贯彻落实供给侧结构性改革,为深入推进农业现代化、生态化探索新思路。推动我国农业众筹发展的因素如下:

1)国家政策导向因素

2017年2月5日,由中共中央、国务院新世纪以来指导"三农"工作的第14份中央一号文件《中共中央、国务院关于深入推进农业供给侧结构性改革加快培育农业农村发展新动能的若干意见》公开发布。文件指出,推进农业供给侧结构性改革,要在确保国家粮食安全的基础上,紧紧围绕市场需求变化,以增加农民收入、保障有效供给为主要目标,以提高农业供给质量为主攻方向,以体制改革和机制创新为根本途径,优化农业产业体系、生产体系、经营体系,提高土地产出率、资源利用率、劳动生产率,促进农业农村发展由过度依赖资源消耗、主要满足量的需求,向追求绿色生态可持续、更加注重满足质的需求转变。

2)食品安全问题是农业众筹产生的驱动力

广大民众一直深受饮食安全的困扰,迫切需要一条途径来化解。随着健康饮食观念深入人心,消费者对环境质量和绿色天然的要求与日俱增。基于消费者对食品安全的担忧,农业众筹恰能提供这样的方式,打通消费者与农户、农场的关系,令生产种植透明化,农产品的品质更有保障。特别是食品安全溯源系统极具吸引力,一旦发生质量问题,还可追溯。

3)传统农产品销售流通模式效率低下

传统模式通过流通链条进行层层销售,从生产者最终到达消费者手中,需经历产地批发商、销地批发商、零售商(超市、农贸市场)、仓储等多重环节。繁琐的环节使得农产品的流通成本逐级增加,流通效率大大降低,价格节节攀升,加重了消费者的负担。并且整条供应链经历了多次经手、多次集散后,农产品的新鲜度也大打折扣。农业众筹能够实现从农地到消费者的直供,并在一定程度上控制价格。

4)中小型农业企业融资困难

农业市场有着巨大的发展空间。然而,长久以来,农业企业的融资问题一直得不到很好的解决,农业发展也面临着融资困境。由于农业大投资大风险的特点,让众多农业企业在传统的融资渠道上屡屡碰壁。也让一部分企业在巨大的资金缺口之下另谋出路。而众筹因其门槛较低、及时高效、操作便捷等优点被大众所接受,因此,众筹与农业本身就存在着优劣互补的关系,众筹行业可以通过农业领域开拓新的市场,而众筹低门槛、无押金的全新融资模式又解决了传统农业融资无门的困境,二者结合相得益彰。农业众筹筹集社会闲散资金,能够缓解农业生产者融资难的困境,同时又能达到"三农"产品去中间化,直销客户的目的,这说明在我国农业与众筹的结合是一种必然。

10.2.3　农业众筹的特点及优势

农业众筹是指在传统的农业生产和流通领域开展的众筹活动,其经营模式通常为农业生产者在众筹平台上发起项目,运用预购和团购的方式,筹集公众资金,项目融资成功后再进行生产,完成配送。

农业众筹属于互联网金融的组成部分,它也必须具备金融的一般特征,金融的发展离不开支点,农业众筹也不例外,农业众筹的支点就是 IT 技术的进步和开放的金融环境。互联网技术的发展和应用的普及降低了传统融资信息采集和信息分析处理的成本,中小企业、农业融资项目的风险更加透明,为小资本参与高风险项目的合理匹配奠定了基础,互联网的这些特征与农业企业、农业项目风险特征高度契合。开放的金融环境主要在三个方面提高公众参与度:① 高度分散的跨行业、跨区域筹资,同时允许投资者投资高回报的项目;② 所有融资在一个透明的监管下运营;③ 参与融资的平台侧重于项目的成功从而获得更多的中介收入。互联网的普及和开放的金融环境才能促进农业众筹的发展,农业众筹的发展才能为农业产业化转型做出更大的贡献。

一个完整的农业众筹融资流程分为四个重要的组成部分:项目发起者、投资者、众筹平台、农业众筹项目。

1) 项目发起者

项目发起者在农业众筹中往往扮演项目的责任人。若想在农业众筹平台上成为众筹发起者,首先必须具有可行的项目或者创意,同时满足平台审核的要求;其次,发起的项目应完全自主。项目发起者通过与平台签订代理合同,明确双方的权利和义务。实际的农产品众筹中,发起人既有经济实力较强的农场、农民合作社、农业公司、生鲜电商,也有许多小规模生产的农户。由于之前缺少有效的筹资、推广渠道,一些地区的农民生产的优质农产品只能低价出售或者滞销。而借助互联网农业众筹平台,可以跨越地区的限制,把产品销售给全国各地有需要的人们。

2) 项目投资者

众筹项目投资者通常是一个庞大的互联网用户群体,只要存在他们感兴趣的项目,他们可以立即通过在线支付成为该项目的投资者,投资者在项目成功后得到的不一定是资本报酬,也可能是一种产品,如一斤五常大米、一份土特产等。农业众筹出资者的出现让社会得到了依靠传统融资模式无法推出的新产品,也满足了他们作为小众用户的个性化消费需求,这契合了长尾效应的特征。

3)农业众筹平台

农业众筹平台为发起者和投资者搭建了一个沟通的平台,充当了农业众筹的中介,其既是发起者的指导者、监督者,也是投资者的利益捍卫者,在聚集人气和资金上极具优势。农业众筹平台首先要具备成功管理项目的能力,当项目发起者发出申请时,要能够审核出其中是否存在欺诈,项目是否可行;其次要有一个强大的网络技术团队,当项目通过审核,发起者在平台上进行融资,平台应能够实时监控;最后,当项目不能执行,众筹平台应监督项目发起人返还投资者资金,维护投资者的合法权益。农业众筹平台分为综合型和垂直型两种。目前,综合型众筹平台以其强大的影响力,赢得客户的信任;垂直型农业众筹平台近两年迅速发展,部分平台在该领域也有了一定的知名度,如点筹网等。

4)农业众筹项目

农业众筹项目可以产生于农业链条的各个环节:从农业育种、农产品流通、生态农场、农业机械、生物肥料到农业科技等各个领域。理论上,农业众筹项目是多样化的。下面重点阐述三种农业众筹项目类型。

(1)农产品众筹。

实践中,现阶段我国农业众筹的对象主要集中于丰富多彩的农产品。农产品众筹在国内已经非常常见。例如,由众筹网发起的农产品众筹项目"舌尖上的五常稻花香米,'三株稻'品质良心米(众筹第三期)",项目已筹金额约为 50.89 万元,融资完成率达 509%。《舌尖上的中国 2》这样描述黑龙江五常稻花香大米:"米粒饱满坚硬,色泽清白透亮,这是中国最好的稻米。"三株稻稻花香采用了优质的晚熟品种水稻,人工播种育苗、人工除草、手工收割的耕种方式,最大程度上还原了大米自然生长状态。而发起方成立了五常优麦粮源水稻种植合作社,并注册了自己的品牌:三株稻。

(2)农业技术众筹。

例如杂交水稻的增产技术,粮食在整个世界都占据重要位置,粮食增产技术自然也格外受到青睐;引种新型农作物的种植技术,这项技术的价值点在于该农作物被世界公认有价值并具有极大的稀缺性,通过该项引种技术可以解决稀缺性问题;

有机化肥农药技术,随着有机食品的热度逐渐升温,围绕着有机形成一条系统的产业链,每一个不可替代的环节都是值得投资的;农业信息化,农业物联网技术、VR/AR技术、区块链技术等。例如点筹网通过"VR/AR 技术＋直播"等科技手段参与农业经营活动,体验农村生活乐趣,实现农趣社交。

（3）农场众筹。

开始吧、京东众筹等上线的生态农场众筹项目,可以逛游生态农庄,体验农家乐趣,但是农场众筹不可避免地要遇到这样的问题:众筹的是土地、农畜产品还是参观采摘? 这就要围绕农场的个性化特色和商业价值来分析。

将上述构成要素按不同方法有机组合起来完成众筹,即农业众筹的运行模式。农业众筹平台会根据不同的项目选择不同的运行机制,但目前比较成熟的农业众筹融资模式的融资过程大致有以下几个流程:首先,农业项目发起人会向农业众筹平台表示自己的筹资意向,农业众筹平台根据标准对项目创意进行尽职调查,快速判断这一项目的可行性;其次,农业项目经过众筹平台的审核后,发起人就必须在规定的融资期限内进行在线宣传并完成筹资目标;然后投资者会按照自己的投资意向通过与平台合作的第三方支付为项目投资;最后,筹资成功的项目发起人按照约定在投资者和众筹平台的监督下完成生产经营目标并在项目完成后向投资者做出回报。

目前我国农业众筹主要以农产品众筹为主,发起人通过众筹筹集的资金进行产品生产,并以农产品作为物质回报给投资者,其实本质上是一种"预售＋团购"的买卖行为,很好地实现了双方的互惠共赢,不仅使农民获得资金、增加销售渠道、提高收入,同时也满足了投资者对农产品的需求。

10.2.4　农业众筹回报模式

农业众筹的回报模式分为四种:产品型、股权型、消费型和收益型。

产品型农业众筹是目前我国农业众筹项目中的主流,它是指投资者将资金投给筹资人用以生产农产品,待该产品开始对外销售或是已经具备对外销售的条件时,筹款人按照约定将农产品无偿或低于成本的方式提供给投资者的一种众筹方式。这种方式可以实现投资者与消费者的互利共赢,更容易获得投资者的青睐。

股权型农业众筹是指以土地使用权或项目股权作为回报来获取投资者资金的众筹模式。具体运营模式一般是先由集资公司在众筹平台上发行股份,然后由出资人通过平台直接认购集资公司的股份。我国目前还没有专注于农业的股权型众筹平台,此类项目大多集中在综合型平台。

消费型农业众筹的实质是将传统农业的产销顺序倒置,农业项目发起人通过平台介绍自己的农场或农产品给出资人,出资人出资认购产品或农场,待产品成熟后项目发起人将产品邮寄给出资人。在具体操作过程中,可以通过现代监控技术反映农产品的生产过程,同时还可以提供出资人亲自种植、游玩等配套活动。该模式又可以与股权型和产品型相混合,除了获得消费服务外又可享受股东分红和实物回报。

收益型农业众筹指投资者为公司提供资金,即可享受 10%~20% 的回报率,一般投资期限为一个月、三个月或半年不等。同时也可能享受产品与服务等附加收益。收益型农业众筹很好地结合了自身特点,"产品＋收益"的众筹模式使得投资者通过投资项目,不仅可以享受现金回报,还能获得所需的农产品作为实物回报。

10.2.5 农业众筹数据分析

1) 农业众筹整体概况

据不完全统计,2017 年全年,共有 49 家平台上线了农业众筹项目,不过其中垂直型农业众筹平台较少,多为综合性平台。

2017 年共有农业众筹项目 3 457 个,其中成功项目共有 2 987 个,成功项目总融资额约为 9.64 亿元,总参与人次约为 314.38 万人次。另外有 187 个项目失败,还有 283 个项目仍在众筹中。

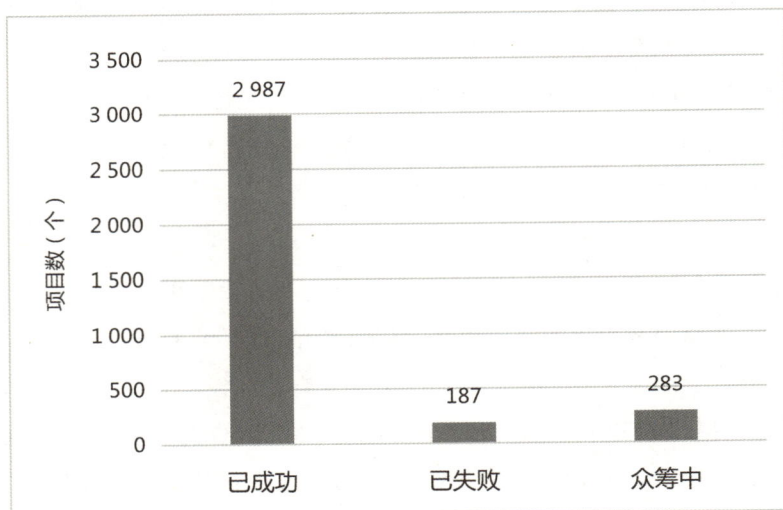

图 10 - 8　2017 年农业众筹项目不同状态分布

2) 农业项目众筹类型分布

农业众筹项目可分为股权型、权益型和物权型众筹项目,表 10 - 3 统计了 3 457

个农业众筹项目不同众筹类型下的项目概况。

表 10 - 3　农业项目众筹类型分布

项目类型	总项目数	成功项目数	成功项目预期总 融资额(万元)	成功项目实际总 融资额(万元)
股权型	10	6	1 797.68	1 501.69
权益型	3 351	2 885	23 878.41	94 309.67
物权型	96	96	621.64	621.64

从表 10 - 3 中可以看出:

(1)农业众筹项目多以权益型为主,共有 3 351 个,物权型项目有 96 个,股权型项目最少,仅有 10 个。

(2)虽然股权型农业项目最少,但 6 个成功项目的实际总融资额达到 1 501.69 万元,股权型农业项目的项目平均融资额远远高于权益型和物权型农业项目。

(3)物权型农业众筹项目成功率和融资成功率都高于股权型农业项目和权益型农业项目,均为 100%。

3)融资区间分布

根据 2 987 个农业众筹成功项目,分别统计不同区间内的预期融资额与实际融资额所对应的项目数,如表 10 - 4 及表 10 - 5 所示。

表 10 - 4　农业众筹成功项目预期融资额区间分布

预期融资额 (万元)	≤0.1	0.1～0.5	0.5～1	1～5	5～10	10～20	20～100	>100
项目数	420	311	327	674	456	700	91	8

注:等号在右侧,示例 5～10 代表大于 5 小于等于 10。

表 10 - 5　农业众筹成功项目实际融资额区间分布

实际融资额 (万元)	≤0.1	0.1～0.5	0.5～1	1～5	5～10	10～20	20～100	>100
项目数	57	290	162	629	633	869	247	100

注:等号在右侧,示例 5～10 代表大于 5 小于等于 10。

由两表可得：

(1) 对预期融资额的项目分布进行统计，10 到 20 万元之间的项目数最多，有 700 个。预期融资额在 5 万元及以下的项目共有 1 732 个，占比 57.98%。百万级以上的项目较少。这反映了目前农业众筹仍处于发展的初级阶段，众筹规模相对较小。

(2) 在实际融资额统计中，项目数最多的区间也是 10 到 20 万元之间，有 869 个。5 万元以上的项目共有 1 849 个，占比 61.90%。相比预期融资额分布，实际融资额在百万级以上的项目较多。

(3) 两表对比发现：在统计的成功项目中，农业项目的预期融资额多数在 5 万元及以下，而实际融资额却集中在 5 万元以上，说明不少农业项目众筹完成时融资额超出预期。

4) 农业项目类别分布

将农业众筹项目细分为种植业(农业)及其产品、渔业及其产品、林业及其产品、畜牧业及其产品、副业、生态农场六大类。种植业(农业)及其产品包括农作物、茶叶等种植业(农业)相关的产品；渔业及其产品包括江河湖海洋的水产品、渔业养殖等渔业相关的产品；林业及其产品包括植树造林、培育和保护森林以取得木材和其他林产品；畜牧业及其产品包括牲畜饲牧、家禽饲养、经济兽类驯养等产品；副业包括除农牧渔林外的其他产品，比如野生动植物；生态农场包括农场的筹建与体验式消费。

(1) 不同类目项目分布情况。

图 10－9 显示，种植业(农业)及其产品类项目数遥遥领先，共有 2 582 个，占所有农业项目的 74.69%；其中成功项目数为 2 236 个，占所有农业成功项目的 74.86%，两者所占比例几乎一致。其他类别项目数较少，其中林业及其产品类项目数最少，仅有 1 个项目，该项目众筹成功。

从项目分布上可以看出农业众筹发展的不平衡性，种植业(农业)及其产品为主流，发展迅猛，而其他类目发展水平较低，尤其对于林业的关注度不够，植树造林、培育和保护森林项目紧缺。

(2) 不同类目项目融资情况。

图 10－10 显示了各类目中成功项目的预期总融资额和实际总融资额，其中种植业(农业)及其产品类项目预期与实际总融资额均最高，预期总融资额为 19 375.35 万元，实际总融资额为 74 272.65 万元。实际总融资额几乎是预期总融资额的四倍。

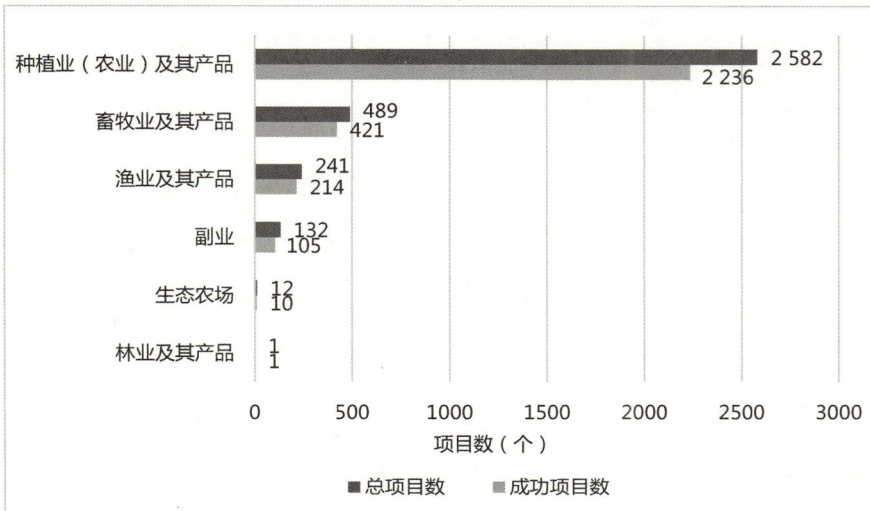

图 10-9 农业众筹各类目项目数分布

虽然林业及其产品类的项目数最少,但是副业类项目的实际融资额最低,约为
932.26 万元。

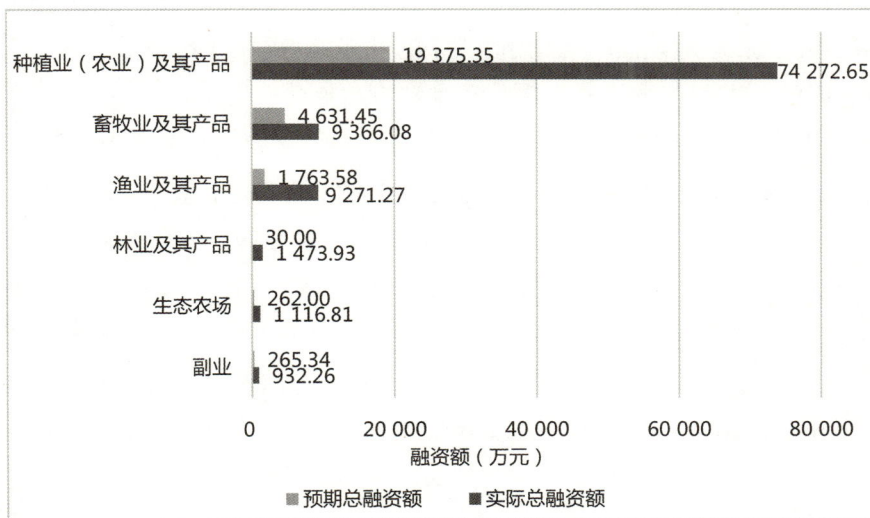

图 10-10 农业众筹各类目融资额分布

10.2.6　典型平台案例解析——点筹网

1）平台概况

深圳前海点筹互联网金融服务有限公司(简称点筹网)成立于 2014 年 10 月,位于中国三大金融中心之一——深圳前海,注册资本一亿元。企业定位于农业供应链互联网平台,致力于成为"中国农民的天使投资人",通过模式创新、科技创新,打造农业生态链闭环系统,为传统农业赋能,实现向智慧化、品牌化的现代农业转变。公司核心团队拥有丰富的金融、科技、农业产业链管理等行业运作经验,具备成熟的产品设计能力、风险控制能力和项目管理能力。点筹网已成为农业部"互联网＋现代农业"百佳单位,广东省"互联网＋"行动计划的试点单位,国家高新技术企业,深圳市重点农业龙头企业。

点筹网供应链业务包括农村金融、农业电商、信息化服务、社区新零售四大生态版块。在"互联网＋现代农业"领域拥有领先的农业大数据定制模型、农业信息化采集系统和农产品定制管理系统。链接了全国近万家农企农户和百万城市消费家庭。自成立以来,在全国各级政府特别是广东省农业厅的大力支持下,通过"互联网＋定制农业"模式,为 20 余万城市家庭提供农产品定制化服务;通过"互联网＋信用三农"消费众筹模式,为 2 800 余家农企提供农业生产资金。有效践行了中央关于"农业供给侧结构性改革"的重要指示,探索出互联网产业服务三农的新模式。

点筹网整合肇庆市、梅州市、云浮市、湛江市当地农业资源,为涉农企业/农户提供互联网运用培训、专家指导、品牌包装等服务。并对平台用户的投资、消费习惯等进行大数据分析和匹配,搜集贡柑、大米、芒果等农产品爱好者关于产品品质、价格、需求量等偏好,对该类农产品潜在用户进行推送,形成订单。将订单精准对接匹配给当地种植企业,企业收到消费者的预付款并根据其订单需求,进行定制化生产。这样,形成"企业＋消费者"互利局面。企业/农户可以提前获得生产资金,降低生产风险,解决丰收后出现的买难卖难、市场信息不对称等问题。消费者通过"定制"可以获得来自原产地的高品质农产品,解决了农产品溯源难问题,对推进我国食品安全战略有着积极作用。

2）产品介绍

(1) 农村金融。

农业众筹:通过共享农场、土地流转的方式盘活农村土地经营权,以"实物＋权益"的回报方式提供农业生产前期资金。

互联网小额贷款:大数据建立风控模型,借力银行资金,助力农业经济提质增效。

资产保理:农资、应收应付账款保理,闭环的资金流转方式,加快资金流动。

活体租赁:"活体资产"标准化,高效协同对客户评估授信,加速资金使用效率。

（2）新零售。

点筹新零售围绕社区家庭,通过线上线下全方位融合,建立全覆盖型社区新零售网络。配合折扣日、限时抢购、拼团、节日营销等多种营销方式,线上下单线下领取,打造极致购物体验。目前已拥有 27 家线下门店,累计销售额 1.5 亿元,活跃消费受众 25 万人。

（3）农业服务。

培养农企复合型农业经营人才,核心业务的信息化、智能化,促进农业品牌化建设可持续稳定发展。

电商服务:多平台一站式搭建运维。

营销推广:线上电商、线下实体店等多渠道。

品牌建设:VR、宣传片、宣传物料制作、推广。

人才培训:培养专业的电商人才、提供农技服务。

（4）农业技术。

点筹定制大数据:通过农产品分析、消费者分析、大数据模型,对消费者行为进行精准画像。

智能盒子:精准定位、数据反馈、保质保鲜、回收体系,解决物流中暴力分拣、保质保鲜等痛点。

3）数据统计

截至 2018 年 3 月,通过与各地区农业部门合作,点筹网已上线 5 000 余个农业项目,为 3 500 余家农企和农户提供了逾 8 亿元生产资金,实现农产品销售逾 1.5 亿元,直接或间接创造就业岗位 5 000 个。

点筹网的"互联网＋定制农业"模式得到社会各界的广泛认可,作为广东省农业创新发展模板,已经向湖北、安徽、河南、河北、四川、贵州、广西等 10 余个省市自治区成功输出。通过就业和消费扶贫直接或间接为近 11 万名贫困户实现人均增收千余元。

4）项目案例

案例分析一:德庆贡柑

广东省德庆县贡柑项目是点筹网实施的"互联网金融＋信用三农＋定制农业＋

精准扶贫"的典型项目。

德庆种植贡柑历史已经达 1300 多年,为德庆地理性标志水果,但受互联网普及程度、品牌意识等方面制约,贡柑目前仅通过传统渠道销售,严重制约品牌附加值提升和农户收入的提高。

点筹网对平台现有用户消费数据进行精准分析,精准识别对生鲜水果类有消费偏好的潜在用户。再通过和当地种植企业合作,为企业拍摄全景 VR 视频,全景呈现贡柑原生态的自然环境。挖掘"皇帝柑"的典故,加深产品人文内涵,再向需求用户定向推送"德庆贡柑"项目。项目上线 3 天内即为企业实现 30 万元的贡柑订单。

同时企业自愿将 10% 订单款捐赠给当地肉牛养殖企业,肉牛养殖企业再为贫困户分配一头小牛犊,每头牛固定可获得 8 000 余元的收入,并能在家门口实现就业,成功走出困境。该项目不仅解决了贡柑种植企业产品销售问题,提升了贡柑品牌知名度,实现产业现代化发展,还通过消费扶贫带动了贫困农户的脱贫,实现精准扶贫。

案例分析二:科诚大米

科诚家庭农场位于广东省梅州市蕉岭县,农场主负责人林干松因扩大种植规模和购置加工设备需要融资 20 万,但其因无法提供抵押物、担保等缘故,无法从传统金融渠道获得融资。点筹网充分利用自身优势,以订单农业为切入口,通过平台模式帮助其"科诚"品牌在全国范围内进行众筹,不仅帮助解决了生产资金问题,还以订单模式解决了销售问题。

认筹方案:

(1)众筹规模:100 亩生态水稻种植,需生产资金 20 万元。

(2)认筹金额:投资人以 500 元每份认购。(拥有 1/4 亩水稻收益权,含当季土地租金、稻种人工、加工费用、快递费用等)

(3)回报方式(二选一):① 实物返还:退回投资人本金 500 元并获得市场价值约 80 元的十斤生态大米;② 收益返还:项目到期后投资人可按照一定的回报率获得现金收益。

(4)回报统计:本项目一共有 47 名投资人认筹,平均每人认筹 8.5 份,解决了农场当季 100 亩水稻生产资金问题,并提前锁定了 2 400 余斤大米的销售。

(5)项目调查:项目上线时间 6 天。

(6)项目上线:众筹成功用时 0.5 小时。

10.2.7　农业众筹存在的风险及问题

1）产品质量风险

首先,农副产品在生长过程中,缺乏有效的监管措施,众筹平台虽然提供其生长过程中的视频或图片,但不排除农户为了追求更大利益,违规使用农药及化肥来增加产量,导致产品质量下降;其次,农副产品对季节依赖性较强,保质期短,在众筹项目实施回报时,如何保存运输与保鲜,成为制约产品质量的重要因素;最后,农副产品易受自然灾害等外在不可控因素干扰,从而导致农产品质量下降或减产,进而影响众筹的完成与实现。

2）信用风险

虽然在现行的农业众筹项目中,众筹平台都要对项目进行层层审核和评估,有的还建立了专门的用户信用保障体系。但是,因为农业众筹项目在我国仍然处于初级阶段,投资者对众筹项目发起人的了解比较少,在判断众筹项目的过程中,对项目的真实性很难做出判别。一旦发生信用风险,追回投资的程序也过于繁琐。而目前我国尚未出台完备的法律法制来约束项目方行为,这些都会增大项目的风险系数。

3）相关法律法规和政策监管不完善

众筹作为新生事物,发展尚不规范,农业众筹又涉及金融交易、食品安全等问题,且现行农业众筹法律监管体系不够规范,一旦出现资金监管不到位、生产过程不透明、产品标准不明晰等问题,就难免产生纠纷。倘若农业众筹项目众筹失败,或是回报的农产品未达预期、消费体验不佳且难以维权,就会挫伤投资者继续尝试的积极性,社会对农业众筹的信任度也就难以提升。同时,农业众筹是以预付资金为运作前提的,众筹平台虽会采取措施以保障消费者利益,但实际效果有限。

4）基础设施薄弱

从种植管理直至保质保鲜地输送到客户端,农业众筹涉及仓储、物流等诸多环节,成本居高不下。运输环节仍以单个农场主配送为主,订单量不多,客户数量可能极为有限,不足以满足第三方对运输数量的要求,物流配送成本极高,进而增加消费者的负担,难以解决生产与消费异地的问题。同时,农产品大多不耐保存,运输中需要冷链物流的配合来保持新鲜,但目前农产品冷链物流体系尚未成形,存在技术差、管理水平低、转库损耗大等问题。一旦冷链物流出问题,农产品品质易受到影响,不利于农业众筹的发展。此外,荒地改良,兴修蓄水渠、道路等基础设施,亦需投入较大成本。

10.2.8 我国农业众筹发展的建议

1）构建四位一体风险防控体系

在农业众筹实施过程中,筹资者、投资者和众筹平台都面临着不同类型的风险问题,因此有必要构建政府、筹资者、众筹平台、投资者四位一体的风险防控体系。从政府层面来看,应尽快出台和完善相关的法律法规,明确行业的准入标准和相应监管机构,对相应的农户、农场和农企进行质量监管,通过一系列的政策优惠保障农户及农企的合法权益;从筹资者角度来看,农户及农场主应积极参与农业保险来应对各类风险,降低损失,保证农产品质量,赢得投资者信任;对于众筹平台而言,整合金融科技资源,以技术为驱动,运用金融科技对农业众筹平台进行优化,从而提升农业众筹平台的运营效率。同时对农户、项目进行严格审核,使用资金托管第三方,确保资金安全,防范金融风险;最后对于投资者来说,应时刻关注项目信息,有一定的判断能力,及时有效地进行维权,保证自身利益不受损害。

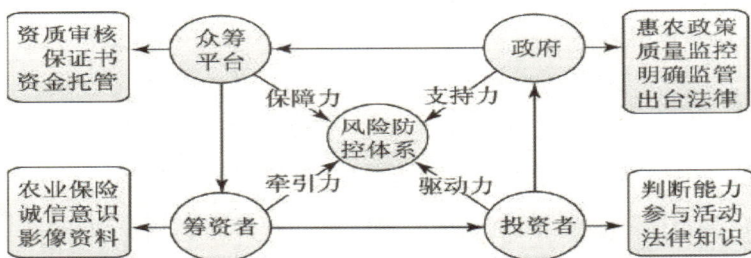

图 10 - 11 农业众筹风险防控体系

2）布局物流系统

农产品的运输对物流运输技术要求较高,且农业众筹项目大部分需要异地运输,提升农业众筹物流服务水平对农业众筹的发展至关重要。因此,需要构建由众筹平台为主导的专业物流配送体系,有效降低冷链物流运输成本。众筹平台负责与物流公司协商并选取符合标准的物流企业展开合作,同时平台需积极引导农场联营,有效整合流通环节的各项资源,实现需求相同、距离相近的筹资者同时配送,实现批量化运作,有效利用现有资源,降低运营成本。最后,在仓储环节中,政府应鼓励和引导农场联营,距离相近的农场可尝试共同构建仓库,在保障仓库使用率的同时,也降低了仓库建设费用。

3）保证食品安全

信息不对称不仅体现在出资人无法监督资金的使用，还体现在对于项目成果，出资人无法确认其是否是安全绿色食品。为了解决这些问题，可以将区块链等新兴技术应用于农产品的生产、供应链上。区块链技术是利用块链式数据结构来验证与存储数据、利用分布式节点共识算法来生成和更新数据、利用密码学的方式保证数据传输和访问的安全、利用自动化脚本代码组成的智能合约来编程和操作数据的一种全新的分布式基础架构与计算范式。区块链具有去中心化、去信任化、不可篡改性、公开性和匿名性等特点，若将区块链技术用于农产品的生产、供应链上，消费者就可以跟踪农产品生产、销售的完整过程，且其数据不会被篡改，保证健康食品从田间到餐桌，真正实现绿色安全产品。

4）完善信用体系

众筹平台应完善相关信息，可以提供农场及农企资质材料，绿色产品证书等相关资质证书，为消费者展示农场风貌，有助于提升投资者的信任度。平台应要求发起方不定时更新农作物生长照片和视频，为消费者及时提供农产品资料。同时，众筹平台还可为投资者提供论坛等沟通渠道，为发起方和投资者之间构建更好的沟通方式。此外，众筹平台还需完善信用评价体系，构建由投资者主导的反馈和评价体系，建立黑名单制度和相应的奖惩措施，有效约束农产品生产者的行为，全面提升投资者体验。另外，筹资者还可对外开放农场养殖基地等，供投资者和潜在消费群体参观，增强投资者参与感的同时，提升投资者的信任度，增强农场品牌建设。

10.3　科技众筹

10.3.1　我国科技市场概况

瑞士洛桑经济管理学院《国际竞争力年度报告》、世界经济论坛《全球竞争力年度报告》和联合国发展计划署《人类发展报告》等报告对世界各国科技实力进行评价后认为：我国的科学技术水平在世界各国中居中游水平，处于发展中国家的前列，但与发达国家和一些新兴工业化国家的差距仍然很大。

科技部一份调研报告显示，在信息、生命科学与生物技术和新材料领域的 218 个项目中，我国只有 1 项领先，27 项与世界领先国家处于同等水平；计算机、软件和信息安全等 180 项技术落后发达国家 5 年左右；集成电路、CPU 和新材料等技术落后发达国家 6～10 年。据第三次全国工业普查提供的数据显示,在我国大中型企业的 1 180 种主要专业设备中,达到先进水平的仅占 26.1%。由此可见,中国科技发展情况的确不容乐观。

10.3.2 科技众筹产生的背景

近年来,互联网快速渗透到传统金融行业,"互联网金融"创新发展模式进展飞速,尤其是中国的"众筹市场",发展势如破竹。在这其中,和互联网领域密切相关的科技类众筹产品更是与时俱进、创新不断。从智能穿戴设备,到虚拟现实技术,再到智能硬件,科技界的众筹活动已经成为创业者和投资者们获取启动资金、实现产品生产、推动产品走向市场的新手段。对于科技产品来讲,可以通过网络平台展示、宣传原生设计与创意作品,并向大众解释此作品实现或量产的计划;有兴趣参与及购买的群众可借由预购或者赞助的方式,让此计划得以实施。由于大型企业在推出新产品时往往会因为稳妥考虑而偏于保守,一些前卫、有创意的小型科技公司更愿意采用众筹的方法来推出自己的产品,从感兴趣的支持者中筹集到足够的资金后再开始安排生产。产品众筹的方式可以帮助高科技产品找到目标客户,同时利用平台的反馈来升级产品,众筹平台网站具有客户来源广泛、客户文化程度较高、客户较为专业等特点。高科技产品利用众筹平台进行众筹是个双赢的模式,既有利于企业自身的产品宣传,又有利于众筹平台知名度的提高,如果良性发展下去,市场空间巨大。

我国出现的第一批科技众筹平台是在 2011 年。之后,在科技众筹与中国市场互相交流、改变、融合的过程中,形成了如今中国"电商化"特色的科技众筹市场。一方面,中国式科技众筹平台的电商化将科技众筹的概念引入大众;另一方面,也给中国的创客们提供了一个流量丰富的预售平台。电商平台入局科技众筹,把科技众筹变成了"团购＋预售"的模式,却也避免了科技众筹项目的草莽式发展,一定程度上将科技众筹变得更加规范。

10.3.3 科技众筹的特点及优势

科技众筹兼具投资和消费两种性质。首先,众筹资金为科技创意实现生产提供资金支持,当最低众筹额度达成后,项目具有足够资金批量生产该科技产品,但作为投资的众筹资金具有较大风险且这种风险易于被投资者感知。目前较为普遍的做法是众筹平台为众筹期内的资金提供担保,保障筹资失败项目的资金返还,但筹资成功后的项目风险则由投资者自行承担;其次,众筹资金是科技企业销售该科技产品所获得的第一笔收入,在项目宣传中项目方习惯将投资者定位为首批消费者。科技众筹平台所提供的科技项目大多以万元以下产品为主,而所开发产品将以科技创新作为卖点进入市场,因此以权益回报作为回报类型是互联网科技众筹项目的普遍选择。

1)平台准入门槛较低

对于有资金需求的项目方,特别是中小企业,只要企业可以有好项目、好产品、好创意,就可以在众筹网站上发起科技众筹展示自己的产品吸引各方投资;对于有闲置资金的投资者,特别是普通公众,可以通过众筹网站发现投资机会,自己选择合适的金额进行投资。

2)外部辐射效应较大

由于科技众筹依托众筹平台发起,因此可以接触到更多的投资者和融资者。首先,在为双方提供交易和撮合外,众筹网站还可以作为双方的交流平台,催生理性的集体性智慧;其次,众筹融资平台的产品模式为先筹资后生产,因此在筹资的功能外,项目的筹资数据分析可以作为产品投入生产前的市场调查,用来估测产品的市场潜力和竞争力,并作出有针对性的定价、营销计划,以谋取更大的未来利益。

3)有利于实时监督、评估科研活动

科技众筹中,投资者在自身实际利益的驱动下,会有足够的动力对科技创新项目的进展和结果进行追踪、监督。另外,他们对于科技项目兑现承诺的要求相比科学基金资助模式也要严苛得多。因此,在科技众筹模式下,科研创新活动可以得到更加有效的实时监督与评估。

4)有利于打破垄断,激发研发激情

在科技众筹中,企业或者社会大众都可以广泛地参与到科技投资领域,对自己关注的科技项目进行投资助力,尤其是企业界或机构投资者的进入,对于高校科技成果的转化具有非常重要的意义。受众筹本身的性质影响,科技众筹中投资者更为看重的是项目本身而不是项目负责人的背景。研发者只要有好的创意,项目就有机会获得赞助,这在一定程度上激发了研发者的研发热情。

5)有利于拉近投融双方距离,肩负教育科普职能

科技众筹在申请过程中,与传统科学基金资助模式不同,研发人员可以为投资者讲解项目原理和技术,这样也就意味着项目方可以与潜在的项目投资者进行有效的交流互动,从而拉近了投资者和研发人员之间的距离。大众作为科技众筹的项目"评委",专业的研发人员在与之沟通的过程中,就需要通过使用一些通俗易懂的语

言为公众介绍他们的研发项目,给他们讲解项目的原理和技术,履行科技众筹的科学教育功能。

6)有利于推动我国产业转型升级

科技型企业尤其是科技型中小企业在发展过程中逐渐成为我国产业转型升级的主力军,在我国经济增长持续趋缓的背景下,科技小微企业在国家经济发展中发挥着重要作用,其能够促进我国经济转型升级、经济结构优化调整,提升经济发展质量。由于融资渠道受限和自身的一些特殊性,融资难问题一直困扰着科技型中小企业。科技众筹门槛低、速度快的特点解决了科技型中小企业信息不对称、融资成本高等问题,有利于促进科技型企业成立、成长和成熟,进而为我国产业转型升级不断注入活力。

10.3.4 科技众筹支持决策影响因素

1)发起人能力

影响支持者投资的一大因素是对发起人的信任。为此,科技众筹项目在众筹平台上一般都会展示项目发起人或项目团队的人员结构、技术实力、发展历程、商业人脉关联以及项目详细规划等。主要指标包括科研人员比重、科研人员技术水平、科研人员曾经研发的产品、公司或个人曾获嘉奖、国际认证证书、团队与其他组织(主要是政府部门、知名企业)合作经历、项目的其他商业计划(如上市、A 轮或 B 轮融资等)以及项目详细的进度安排。这一系列信息的目的在于获得支持者信任、建立支持者对项目的良好印象、树立支持者对项目技术能力和生产能力的认可。

2)"消费者"动机

参与支持众筹项目和一般意义上的网购存在明显的不同,支持者甚至需要具备一定的技能,克服很多困难才有可能获得产品。对于支持者而言,拥有和使用新产品是他们的重要动机,但是具备一定产品技术知识,并愿意进行复杂的信息搜集、整合和决策评估的支持者并不是一般意义的"消费者"。这一类支持者群体一般具备以下特征:有独特性的产品需求(否则支持者完全可以在其他网购平台找到替代品)、对自己喜欢的产品有执着的追求、本身具备一定的产品信息知识、能够有效地甄别产品的性能和优劣、喜欢尝试新鲜事物。因此,科技众筹的支持者大都是不满足于现有成熟技术体系的产品,他们希望尝试新的产品,对产品功能、服务和体验有着独特的需求。

3）从众心理

在投资行为中,很多人往往并不是依赖于自己的信息判断,而是受到他人的影响。从众行为主要存在于信息不确定的情景下。在金融市场中,如果只有一个不确定信息时,并不会出现从众行为,但是随着不确定信息继续增加时,从众行为开始产生并最终会扭曲市场价格。科技众筹项目的评估过程,与金融投资情景存在一定的相似性,决策和信息的不确定情景下,更容易产生从众行为。

从消费者角色角度而言,支持者也更倾向于选择已经存在大量消费记录的产品,如果一个科技众筹项目已经吸引了很多的支持者,那它对下一个支持者将会产生更强的吸引力。众筹的特点和运作模式使得众筹场景下的模仿行为更容易产生,个体为了实现所支持项目的成功,必须跟随他人继续支持该项目直到项目筹资金额达到预期。

10.3.5　科技众筹回报模式

目前我国的科技众筹主要有两种模式。

一种是"团购＋预售"型的电商化众筹模式,以科技产品为主进行预售,支持者可以通过比市场零售更便宜的价格获得想要的高科技产品,包括智能可穿戴设备、智能硬件、软件系统等等,京东众筹和淘宝众筹上的权益型科技项目主要以这种模式为主。

另一种是中小微企业为高科技产品或软件的开发进行股权融资,以成为合伙人的方式来吸引投资者投入资金,用分红或者"分红＋产品"的形式回报投资者,各个股权型众筹平台上的科技项目主要采用这种模式。

10.3.6　科技众筹数据分析

1）科技众筹整体概况

据不完全统计,2017 年全年共有 66 家平台上线过科技类众筹项目,目前为止还没有专注于科技的众筹平台。

2017 年共有科技众筹项目 3 717 个,占 2017 年项目总数的 4.85%。2017 年科技众筹共成功 2 921 个项目,成功项目总融资额约为 38.58 亿元,总参与人次约为 890.08 万人次。

3 717 个科技众筹项目中,有 2 921 个成功项目,449 个失败项目,另外有 347 个项目仍在众筹中。

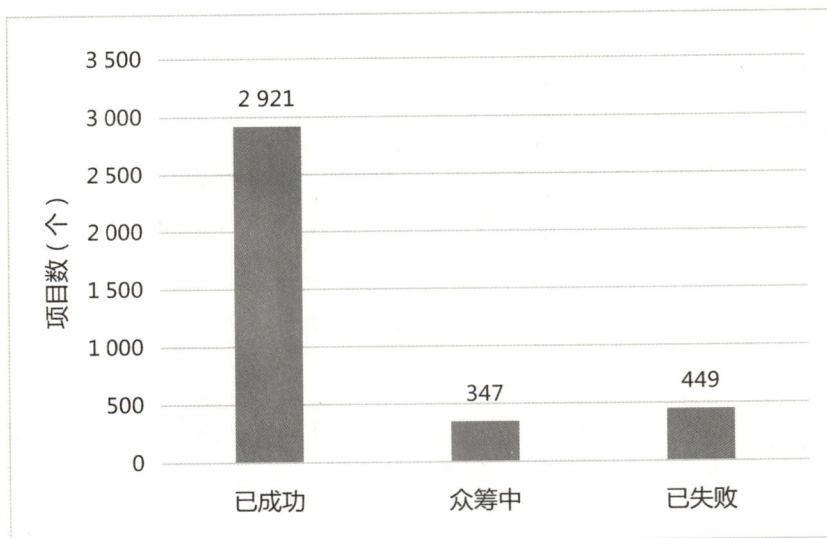

图 10 - 12 2017 年科技众筹项目不同状态分布

2）科技项目众筹类型分类

表 10 - 6 统计了 3 717 个科技众筹项目不同众筹类型下的项目概况。可以看出科技众筹的项目主要以权益型项目为主，有 3 578 个，占所有科技项目的 96.26%，其中成功了 2 807 个，占所有科技成功项目的 96.10%；股权型项目有 137 个，其中成功项目有 112 个；物权型项目最少，只有 2 个，但两个均成功。

科技类成功项目预期总融资额 16.97 亿元，实际总融资额约为 38.58 亿元，融资情况良好。其中权益型科技成功项目预期总融资额 4.54 亿元，实际总融资额约为 25.79 亿元，可见权益型科技项目广受追捧。另外股权型科技成功项目预期总融资额 12.42 亿元，实际总融资额约为 12.79 亿元，实际融资与预期融资差距不大，项目数量较少，但可以看出科技类的股权型项目金额一般较大。

表 10 - 6 科技类项目众筹类型分布

项目类型	总项目数	成功项目数	预期总融资额（万元）	实际总融资额（万元）
股权型	137	112	124 218.20	127 870.19
权益型	3 578	2 807	45 448.38	257 925.69
物权型	2	2	40.16	46.88

注：预期总融资额与实际总融资额均根据成功项目统计。

3）融资区间分布

根据 2 921 个科技众筹成功项目,分别统计不同区间内的预期融资额与实际融资额所对应的项目数,如表 10 - 7 和表 10 - 8 所示。

表 10 - 7　科技众筹成功项目预期融资额区间分布

预期融资额 （万元）	≤1	1～5	5～10	10～20	20～50	50～100	100～500	＞500
项目数	157	151	1756	519	184	59	55	40

注:5～10 代表大于 5 小于等于 10,其他类似。

表 10 - 8　科技众筹成功项目实际融资额区间分布

实际融资额 （万元）	≤1	1～5	5～10	10～20	20～50	50～100	100～500	＞500
项目数	57	93	80	953	721	300	569	148

注:5～10 代表大于 5 小于等于 10,其他类似。

由两表可得:

(1)在预期融资额统计中,5 到 10 万元之间的项目数最多,有 1 756 个。有 89.46% 的项目预期融资额在 5 万元以上。500 万元以上的项目相对较少,只有 40 个。

(2)在实际融资额统计中,10 到 20 万元的项目数最多,有 953 个。10 万元以上的项目占比为 92.13%。

(3)两表对比发现,在统计样本中,科技类项目的预期融资额集中在 5 万元以上,而实际融资额却集中在 10 万元以上,可以看出科技类成功项目众筹完成时融资额会偏高,这与科技产品多为预售型的电商模式有关。

4）科技项目类别分布

科技类众筹项目可分为软件系统、智能家居、科技健康、车载设备、生活用品、亲子教育、可穿戴设备、物联网设备、环保能源、生物科技、工业设备和其他共 12 大类。其中软件系统包括 APP 开发、软件应用、平台搭建等;智能家居包括控制主机(集中控制器)、智能照明系统、电器控制系统、家庭背景音乐、家庭影院系统、对讲系统、视频监控、防盗报警、电锁门禁等;科技健康包括健康检测仪、治疗仪等;车载设备包括车载电脑、车载导航、行车记录仪等;生活用品包括各种智能化的生活用品,如智能床上用品、智能数码家电等;亲子教育包括早教机等;可穿戴设备包括智能手环、智能手表等;物联网设备包括传感器、全球定位系统、激光扫描器等;环保能源包括新能源等;生物科技即生物相关的技术;工业设备即工业相关的设备。

图 10-13 显示,生活用品类的科技项目最多,科技健康类次之。生活用品类的科技项目数为 1 319 个,有 1 051 个成功项目。然后是科技健康类项目,有 588 个,其中成功项目为 480 个。目前科技类项目主要还是以贴近生活的项目为主。科技项目的所有类别中,工业设备类项目数量最少,只有 8 个,其中成功项目数只有 6 个。值得注意的是,环保能源、生物科技以及其他类别的项目数均很少,也从侧面反映出目前我国科技众筹水平相对不高,呈现高科技含量的项目较少的现状。

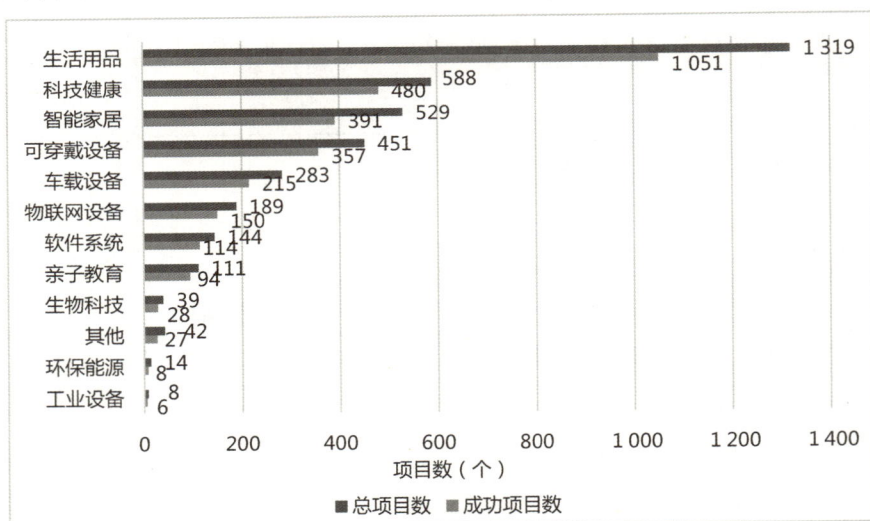

图 10-13　科技众筹各类目项目数分布

对各类科技众筹项目的融资情况进行统计,软件系统类的科技项目预期总融资额最高,而生活用品类的科技项目实际总融资额最高。图 10-14 显示,软件系统类的科技项目预期总融资额为 7.26 亿元,实际总融资额为 7.71 亿元。生活用品类的科技项目预期总融资额只有 2.28 亿元,但是实际总融资额达到了 10.63 亿元,是预期总融资额的近 5 倍。表明目前投资者比较看好贴近生活的科技产品,而对高科技产业还没有过多的关注。

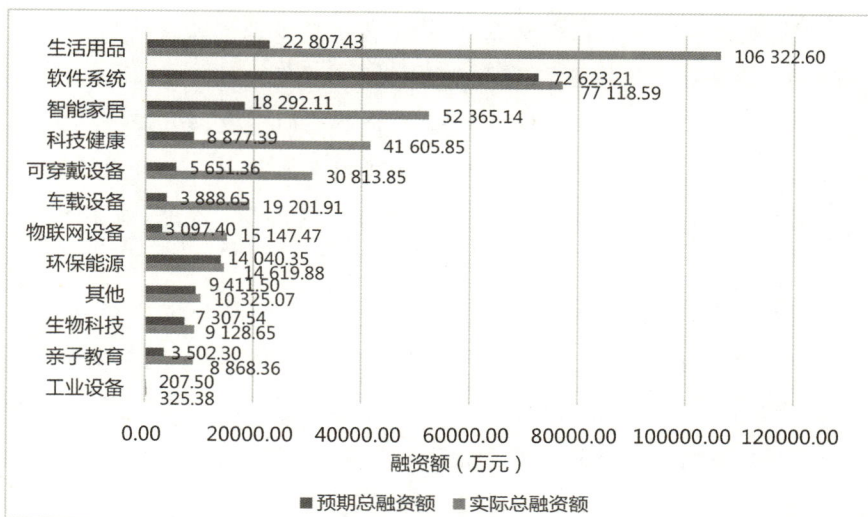

图 10 - 14　科技众筹各类目融资额分布

注：预期总融资额与实际总融资额均根据成功项目统计。

10.3.7　科技众筹存在的风险及问题

科技众筹作为新兴金融业态助力科技发展的同时，还面临着诸多风险和弊病。过去几年间，平台肆意增长、乱象频发、风险高发等情况在一定程度上破坏了众筹在公众心中的社会形象，加之法律缺失、监管缺位，科技众筹的风险更加凸显。

1）基础法律缺失引起的风险

目前，科技众筹多以权益型、股权型众筹形式为主。其中，权益型众筹作为一种预购行为并未触犯法律雷区，但股权型众筹却一直处于监管的视野之中。虽然我国的监管思路逐渐明晰，政府也频频为众筹正名和发声，但股权型众筹与非法集资之间的界限一直较为模糊，还没有成文的法律条款或细则厘清二者的关系，使得我国股权型众筹始终游走在法律的模糊地带，陷入了有心求进而无法可依的窘境，大大限制了众筹在国内的创新空间。

由于科技众筹相关的法律法规还并不完善，与传统的商品预售不同，当通过众筹获得的科技产品出现质量问题时，与之相关的赔偿、退款和召回程序目前还没有明确的法律规定。法律空白导致监管主体、监管手段、监管程序不明晰，使一些不良商家逃避责任有机可乘，使消费者投诉无门，权益无法得到有效保障。

科技众筹的法律风险还体现在有可能造成知识产权受到剽窃和侵害。众筹平台因其具有开放性、即时扩散性等特点,导致项目信息被强制披露在众人面前,缺乏知识产权相关法律的庇护,使得别有用心的"剽窃者"有机可乘,从而使项目的原创性和新颖性受到破坏,让有心采用众筹模式的企业望而生畏,丧失对科技众筹的热情与信心。如红极一时的"手机智能按键"众筹项目在 Kickstarter 上线,受到诸多资本追逐,当欣喜若狂的项目方在 2014 年上半年筹备发布该产品时,效仿者的产品已充斥市场。

2)众筹诚信制度缺失引起的风险

信用风险成为制约科技众筹发展的屏障。作为众筹主体之一,科技项目发起者自诞生之日起就被贴上"风险高发群体"的标签,加之我国众筹平台征信体制不健全,对科技项目的甄别和筛选缺乏有效的约束机制,使得不符合相关资质的企业也能够披上科技众筹的合法外衣,将众筹变成圈钱、洗钱的手段,导致科技众筹领域的信任危机和风险集聚。此外,平台难以对企业资金进行持续、动态的跟踪,筹资者对资金的管理、运用状况不明,使众筹平台成为投资诈骗的新温床。从实际情况来看,回报承诺难以落实是众筹项目中较为常见的现象,低廉的违约成本更容易引发侵害投资者权益的情况发生。

众筹平台作为科技项目和公众投资者的社交门户,也是诚信风险高发地带。项目方、投资者大都将自身资源全权交由平台运作,部分平台为了获取竞争优势,直接略过对项目的考评和筛选,使得上线项目质量参次不齐、良莠不一。同时,网络社区人际关系脆弱,受利益驱动,融资者、众筹平台之间易引发利益输送问题,即众筹平台协力粉饰和过度包装企业项目,或发布虚假融资信息诱骗投资者。此外,众筹平台作为资金托管主体的安全性备受质疑,平台卷款"跑路"问题已成为投资者的顾虑和痛点。如果对欺瞒和诱骗放任自流,投资者难以应对加速聚集的信用风险,会导致其对众筹融资模式"敬而远之"。

3)平台缺乏完整产业链条引起的风险

许多众筹平台认为自身价值体现在融资便利上,片面地将平台当做流量入口,使得行业走向规模化扩张误区,给用户的体验也陷入低质的怪圈。众筹作为汇集创意资源、凝聚集体智慧的优良平台,应当解决创业企业成长过程中的痛点与短板,为其提供全方位、一站式服务。企业众筹成功与否深受项目包装、个性营销、市场推广等环节影响,但参与科技众筹的企业或发起人往往势单力薄,在资金实力、专家资源、营销策略、产业整合等方面都力不从心。很多众筹产品创意虽好,但却缺乏相关制造工艺、新材料开发、供应链支撑等方面的能力。我国大部分众筹平台多采用单一、粗放的发展模式,并未构建完整的产业链条和生态布局,难以提供强大的资源支撑,造成科技项目发起人背负过高的时间和机会成本。

4)因众筹主体认知偏差引起的风险

众筹作为一种互联网形态扩宽了社交边界,覆盖了大量差异化的投资群体,同时也无形中放大了众筹主体认知偏差引起的风险。许多投资者对众筹的内涵一知半解,将科技众筹平台误解为"预购+团购"的销售平台,彻底放松对项目价值、前景的评估和判断,导致投资者丧失对融资企业后期运营、资金调用等方面的监管动力,使得投资者权益难以得到保障和维护;另一方面,真正非常支持并参与众筹的只有少部分人,大部分的人担心触碰法律问题或者对众筹不大了解。受制于该种思维理念,投资者对科技众筹多采取谨慎和警惕态度,投资者对众筹的陌生以及疑虑,在减少众筹参与群体的同时,又降低了潜在客户的投资热情,阻碍着科技众筹的发展。

5)错把众筹做促销引起的风险

随着众筹的大热,不少创业者纷纷开始考虑用众筹的方式获得用户,开始以促销的价格进行前期众筹,即以促销获得第一轮用户。对于创业团队这么做无可厚非,但平台方还是要严格把关众筹项目,要将具有用户人缘以及高潜力的产品接入平台,严禁杜绝仅为促销而来的"创业者"。众筹平台保持项目本身的竞争优势,也就增强了众筹平台的品牌度。

6)智能科技产品过热引起的风险

虽然智能科技具有极高的发展潜力,但现在科技众筹领域的浮躁现象已经有所显现。主要表现在同质化商品过多。如智能手环受欢迎则智能手环泛滥;智能插座火热则各大众筹首页都有插座项目。智能科技本身是为了将创意变成现实,而在现实中看到更多的是同质化产品。平台方如果对同质化产品没有相当清醒的认识,很容易造成平台众筹项目雷同或根本无创意产品的问题,最后影响到整个平台乃至整个科技众筹行业的发展。

10.3.8 科技众筹发展趋势

1)家居生活

健康是一个永恒的话题,随着社会经济的不断发展,人们越来越追求健康的生活方式,随之而来的是提高生活品质的需求。我们看到各大众筹平台的热门科技项目中,家居生活类的产品大多占据重要的份额。京东的智能感应牙签盒、众筹网的

55 度保温杯、智能灯、防霉片、高科技滤芯口罩以及各大平台均会出现的加湿器等科技众筹产品,看似微小却都与我们的健康息息相关,也代表了人们对于更高生活质量的追求。

2)可穿戴设备

目前,可穿戴技术主要停留在个人消费市场,智能手表、智能眼镜的出现让我们看到了科技全新的可能性。比如说,智能手表集健康专家、吸附充电、心率监测、远程同步、高清录音、动感音乐等于一体,提高生活效率。另外,虚拟现实技术(VR)和增强现实技术(AR)的应用也吸引了大量科技爱好者。现阶段 VR 主要用于 VR 眼镜、VR 游戏和 VR 头盔等,AR 则利用移动设备扫描 AR 卡等。随着 VR/AR 技术的不断成熟,成本不断下降,其应用空间也将拓展到其他各个领域。

3)新科技

无人机、3D 打印机、机器人等高科技产品已经广泛出现于各大平台。目前,无人机仍需人工操控或者 GPS 导航,还不能达到真正的智能化飞行。随着功能的不断优化,无人机未来将广泛应用。而 3D 打印成本低,可以实现复杂的结构,有着传统制造工艺不可超越的优势。同时,机器人也将日益普及,包括社交机器人、扫地机器人和学习机器人在内的机器人将进入人们的生活,这类机器人能与人类互动,解读人类情感,甚至根据一些线索来提升自己的行为能力。

10.3.9 科技众筹发展建议

1)宏观环境角度

(1)完善法律生态环境,做到有法可依。

首先,应当针对我国众筹发展现状,借鉴美国 JOBS 法案等国外发达经济体的成功经验,制定符合我国众筹发展实际的法律法规,增强众筹的市场地位;其次,制定科技众筹专门性政策法规。纵观已有政策文件,鲜有专门针对科技众筹而制定的,提及科技众筹的文件多为众筹或者科技服务业的相关文件,这可能导致政策及措施不能有效应对科技众筹中的具体问题。因此,必须制定科技众筹专门性政策法规,以便有效促进科技众筹发展。

(2)加快建设行业协会与行业自律性规范。

首先,加快成立科技众筹行业协会。行业协会作为行业中全体成员利益的代表,能够为行业的集体利益发声,也能够集中力量推动行业的发展,提高行业的社会影响力;其次,加强行业自律性规范建设。行业的自律性是行业发展的名片,行业自律性规范越强越有利于提高行业的影响力。因此,必须加强科技服务业乃至科技众筹行业的自律性建设,制定严格的平台运行准入机制,从源头上为科技众筹发展问诊把脉,确保科技众筹良性发展;最后,成立科技众筹行业监督委员会。努力加强科技众筹运行监督,对科技众筹运行的各个环节进行有效监督,努力规避科技众筹运行风险。同时,建立行业成员诚信档案,对违反规定的平台进行不良记录登记,警示科技众筹平台,推动科技众筹平台加强自身行为规范。

2)众筹平台角度

(1)加大平台宣传力度,扩大平台影响力和吸引力。

将通过百度关键词搜索的词条数目作为平台影响力和吸引力的参考,可以发现,相较于一般的互联网众筹平台,淘宝众筹和京东众筹此类依靠自有影响力的平台建立起来的众筹网站相比之下具有更高的民众普及率,与其他众筹融资平台的民众普及率拉开了很大的差距。对于众筹平台来说,由于所有的投融资行为均为在线完成,吸引足够多投融资人群是促进平台项目健康融资的基础。因此平台需加大宣传力度,具体可以通过进驻新浪微博、腾讯微信等受众数量庞大、受众层次丰富的互联网社交平台,提高民众普及率,扩大平台影响力和吸引力,吸引优质的企业和投资者,引领众筹融资平台更加健康地发展。

(2)积极与政府合作,完善平台投融资配套服务。

主动引入政府企业培育平台的明星企业、拳头项目产品,主动把握企业的融资需求,提升科技众筹平台的企业质量和产品项目质量。建立专业知识扎实、实践经验丰富的专家服务团队,为进驻平台的企业和项目提供专业的投融资服务,帮助企业做出理性的融资策略,促进企业的理性融资,提高平台的项目成功率。众筹项目成立后,众筹平台可到其省金融办如实备案,提高企业融资项目的规范性和信任度,加大互联网众筹融资平台的影响力和公信力,形成众筹融资平台和企业之间的良性互动,共同为科技型中小企业完成项目融资、产品走向市场努力。

(3)加强自身平台建设,完善自身平台机制。

科技众筹平台运营应加强自身能力建设,为科技众筹项目及时获得相应的资金作出努力,坚决抵制存在制度机制漏洞的项目上线运营,树立运营方形象,增强运营主体的权威性。科技众筹平台方应加强研发投入,努力突破技术瓶颈,为科技众筹运营提供足够的技术支撑,建立符合市场发展和经济发展的商业模式和投融资机制,积极参考国外成功众筹融资平台的运营机制,学习其发展中经验和教训,应用其成功的有效经验,规避其发展模式中的漏洞,补足其运营机制中的缺陷,结合中国融资市场的实际情况,建设符合中国实际的模式完备、机制完善的科技众筹融资平台。

3)项目方角度

积极开发具有创新、创意的项目。科技众筹项目方应努力提供创意佳、市场前景良好的项目,在保证质量的情况下不断增加项目的供给数,提高科技众筹的市场规模。此外,由于科技众筹项目的供给方多为科技型企业,因此,应加大力度培育科技型企业,为科技众筹项目提供供应方。毕竟产品和项目是一个企业的立足之本,文化创意类众筹项目更是需要注重其产品的科技含量和创新创意。根据现有的经验来看,企业的创新型和科技含量高的项目更容易获得融资,因而科技型中小企业在设计项目或者产品以寻求融资时,需要尤其注重所开发项目的创新性和科技含量,做到以质引资;在此基础上,做到完全、透明、持续的信息公布以确保与投资者之间的良好交流,做到以诚引资。只有这样才能加大项目或者产品的吸引力,顺利获得融资。

4)投资者角度

积极进行理性投资者的教育指导,树立和养成理性的投资习惯。实际众筹过程中普遍存在较多的游客投资者,该类投资者没有非常专业的投资理念和投资习惯,对于项目投资常常表现出不做仔细评估,仅选择最低竞价的游客式行为。而投资者非理性评估投资能力和动力的缺失会导致实际项目融资数据的理性缺失,从而导致项目融资策略的非理性倾向。因此,投资者有必要通过多渠道积极接受理性投资者教育,树立理性的投资习惯,与融资平台和企业共同努力积极推进科技众筹的发展。

10.3.10 小结

科技众筹规避了小微科创企业融资门槛高、融资难的问题,为项目方融资提供了更为人性化的通道。对项目方来说,科技众筹提供了一个产品展示、市场摸索、募集资金的平台,同时帮助项目方降低了研发和生产的经济风险和市场风险,使得项目能够在上市前大概了解市场需求情况;对投资者来说,科技众筹提供了许多新颖的投资项目。投资者用有限的资金可以换取更实惠的理想商品、服务,使投资者的资金能够得到有效利用,并带给投资者参与感;对国家来说,科技众筹有效地缓解了就业压力,实现了将劳动力过剩转变成生产力提升,激发更多人的创业和创造热情。

10.4　影视众筹

10.4.1　我国影视文化市场概况

2017 年 12 月 31 日,单日电影票房突破 5 亿元,年度电影总票房最终达到了 559.11 亿元,相较 2016 年票房增长了 67 亿元,同比增幅达 13.45%。国产电影票房 301.04 亿元,占票房总额的 53.84%;票房过亿的影片有 92 部,其中国产电影 51 部,除《战狼 2》票房超 50 亿以外,《芳华》《羞羞的铁拳》《功夫瑜伽》和《乘风破浪》的票房也都过了 10 亿。城市院线观影人次为 16.2 亿,比上年 13.7 亿增长超过 18%。经过 2016 年的低谷后,人们再一次看到了中国电影市场的希望,对 2018 年再一次创造票房历史充满期待。

在过去几年的电影市场增长中,观影人次与银幕数量的增长驱动着票房不断壮大。2015 年全国观影人次为 12.6 亿,相比 2014 年增长超过了 4.3 亿人次,增幅超过了 51%,总票房同比增幅也接近 50%。2016 年的观影人次为 13.7 亿,同比 2015 年增幅回落到个位数,票房增幅也更低。实际上,一直到 2017 年上半年,观众仍然没有回到电影院里,上半年的观影人次为 7.8 亿,同比 2016 年上半年的 7.2 亿人次仅增加了 8%。而下半年的观影人次则达到了 8.4 亿人次,超过了上半年。

2017 年,全国新增银幕数量为 9 597 块,同比增长 17%;银幕总数达到 50 776 块,稳居世界第一,同比增长 21%,甚至超过了 2017 年电影票房的增幅。2016 年,在电影总票房几乎停滞的情况下,影院数与银幕数保持了超过 20% 的增幅。不过值得注意的是,近几年票房的增长是跟不上影院与银幕增长数量的,供给与需求的不匹配,在未来两年可能会体现得更加明显。

在院线电影不断发展的同时,网络影视市场也正在全面崛起。各大视频门户中出现了大量的网络剧、网综、网络大电影、网络微电影等等。与院线电影相比,这些依托网络的影片制作成本较低,政策管制较松,题材更加丰富多元,也不用长时间等待排片,广受年轻观众的青睐。

2017 年,有不少网络剧做到了口碑、流量俱佳。罪案剧《白夜追凶》、历史剧《大军师司马懿》系列、悬疑推理剧《盲侠大律师》、青春校园剧《一起同过窗 2》等,这些网络剧不论是从类型题材的创新上,或者演员的演技上,还是制作的水准上,都具有一定的典范意义。

据公开数据显示,2017 年,全网共有网络剧 295 部,题材丰富多元,涉及多个类型,包括喜剧、爱情、悬疑推理、青春校园、古代传奇、玄幻、奇幻、软科幻、言情等等。尽管相比 2015、2016 年来说,2017 年的网络剧数量有所减少,但内容更加丰富多样。更重要的是,品质提升非常显著。很多网络剧的制作水平已经接近甚至超越电视剧,这必将加速助推网络剧产业向付费时代更深入的领域前行。

随着社会经济的发展,人民生活水平不断提高,精神消费也必将增长,中国电影市场还有很大的扩容空间。

10.4.2　影视众筹产生的背景

众筹是面向大众进行的资金筹集,因此具有低门槛、多样性、注重创意等特点。众筹的低门槛在于发起者的平民化与草根化,只要发起者能充分展示项目的独特优势与可行性,都可能通过众筹获得项目资金。同时,作为面向大众的融资项目,众筹项目的准入金额都设置得相对较低,有利于吸引更多投资者对项目进行投资,通过投资者数量上的优势完成众筹目标。小额资金投入也降低了投资者的投资风险。众筹项目内容丰富多样,只要项目富存创意、具有发展前景,就有吸引投资者进行投资的可能。

传统的电影融资模式主要以影视投资机构的投资为主,对作品有严格的审核机制,融资难度大并且周期长。没有知名度或题材小众的中小成本电影难以获得投资方的青睐。进入互联网时代后,微电影和网络大电影兴起。与院线电影相比,网络电影知名度与影响力相对有限,较难通过传统的融资渠道获得投资。且传统电影融资模式的融资周期与网络电影的生产周期有明显差距,采用传统的融资模式无法满足网络电影高效的生产需求。同时由于网络电影的审核相对宽松,准入门槛低,越来越多的影视从业者进入网络电影生产领域。融资模式与生产方式不匹配导致网络电影资金问题愈加明显。影视众筹的出现开辟了一种全新的融资模式,让普通观众成为电影的投资者,让网络电影的融资找到一种新渠道。众筹还具有一定的宣传营销作用,影视作品可借此提升自身的影响力与知名度。众筹本身就带有一定的宣传推广属性,而影视又是一个娱乐性和话题度较高的行业,二者结合为影视众筹项目起到了很好的宣传推广作用。一方面,影片带上"众筹"这个话题,容易得到媒体和大众的关注;另一方面,项目在众筹平台上展示,平台自身的流量会为项目带来一定的浏览量,而最终参与众筹的投资者更是能起到一定的宣传推广作用。

10.4.3　影视众筹发展现状

作为众筹细分领域,影视众筹的起步相对较晚,2011 至 2013 年一直呈现缓慢增长的状态。2014 年开始,阿里巴巴、百度等纷纷进驻电影众筹市场,2014 年新增的影视众筹平台共有 16 家,超过前三年上线的数量总和。2015 年,得益于国内票房市场的整体大繁荣与《大圣归来》的火爆,新增平台数量上升为 17 家。由于众筹监管政策的收紧,2016 年影视众筹平台的增长大幅度放缓,2016 年 1 月至 5 月,新增影视众筹平台仅有 2 家。2017 年,整个众筹行业的新增平台数下滑,其中有影视众筹平台 3 家。

2017 年,我国影视众筹以网络大电影、网络微电影项目为主。现阶段的融资规模决定了影视众筹的主要作用是解决中小成本电影的资金问题。对投资金额动辄千万乃至上亿的院线电影而言,众筹更多是在传统融资模式之外起到一定的补充作用。2013 年,《十万个冷笑话》与《大鱼·海棠》先后在点名时间发起众筹,作为前期已具有一定 IP 热度的项目,通过众筹筹集的资金都不足两百万。与预计超过千万的制作费用相比,众筹所得资金只占其中很小的部分,更多资金还是通过传统的融资方式获得。对这类电影,众筹在宣传推广上的作用远大于筹集资金本身。随着影视众筹的发展与平台影响力的扩大,众筹会成为电影宣传推广的有效方式。

《十万个冷笑话》《大鱼·海棠》是影视众筹项目中的佼佼者。2013 年 3 月,《十万个冷笑话》在点名时间发起众筹,成为国内第一部众筹电影,因而备受关注,最后成功筹资 137.35 万元,支持人次达 5 258 人。影片上映后成为票房黑马,取得 1.19 亿元的好成绩。同年 6 月,梁旋、张春也在点名时间发起《大鱼·海棠》电影众筹,最终获得了 158.27 万元的众筹资金。此次众筹还为《大鱼·海棠》吸引了许多潜在投资者,最终影片获得了 3 000 万左右的投资。《大鱼·海棠》上映后以 6 984 万元创下了国产动画电影首日票房的新纪录,最终累计票房 5.6 亿元。但是,两个项目在资金使用、后期收益发放方面受到了一些质疑,《十万个冷笑话》项目被支持者指责众筹回馈迟迟不发放。而《大鱼·海棠》制作周期长达三年,并且中途屡次跳票,导致众筹回馈发放周期延长,同时有支持者质疑主创用众筹资金私自旅游。虽然片方都对这些质疑进行了解释,但问题的出现反映出了影视众筹项目在资金使用监管、后期收益发放等问题上都还存在一定缺陷。

2017 年,中国影视众筹最引人注目的当属纪录电影《二十二》,上映第 6 天票房就破亿,成为目前唯一一部票房过亿的纪录电影。影片一共有过两次众筹:一次是

2016 年 10 月发起的宣发费用众筹,众筹目标 100 万元,最终有近 3 万人参加众筹;而另一次是 2017 年 5 月发起的超前点映众筹,众筹目标 10 万元,最终有近 3 000 人参与。32 099 人,是参与影片众筹的总人数,这 3 万多人的姓名,汇成了一张长长的名单,在纪录片的片尾播出。2014 年这部电影开拍时,在中国公开身份的"慰安妇"人数减少到了 22 位,所以影片便以《二十二》命名。虽然票房相比商业电影来说一般,但是对于纪录电影来说已是难能可贵,成为纪录电影的最好成绩。影片的题材小众,在如今的社会环境中缺乏票房号召力,但就是这样的一部众筹纪录电影取得了如此成绩,无疑会给电影人巨大的鼓舞。

中国影视众筹风险与机遇并存,收益与挑战同在。众筹过程中的诸多因素都可能导致众筹项目的失败。"百发有戏"推出的第一个电影众筹项目《黄金时代》,在筹资阶段相当成功,上线不到两分钟就有超过三千人付款,最终募集金额超过了 1 800 万元。百发有戏采用信托方式,向《黄金时代》的支持者许诺了最低 8%,最高 16% 的年化收益。收益与票房直接挂钩,票房越高,支持者所得收益越高。百度金融方面曾通过大数据预测《黄金时代》的票房将达到 2 亿至 2.3 亿元。但最终票房与百度的预测相距甚远,仅有 5 000 万元左右,导致投资者的收益远低于预期。

2017 年暑期上映的众筹动画电影《大护法》,虽然豆瓣评分高达 7.9,但是票房仅有 8 760.29 万元,显然是一部叫好不叫座的作品。《大护法》曾在国内网站发起众筹,有 1 134 人参与,筹集到 30 多万人民币;还在国际网站 Kickstarter 上进行过众筹尝试,成为第一部在 Kickstarter 上众筹的国产动画电影,最终众筹到 2 万美金。但众筹的成功并不能带来票房成功,最核心的原因是影片题材。《大圣归来》中的孙悟空是传统文化中的英雄,其 IP 早已深入人心,电影整体风格又是适合全年龄的合家欢。而取材于《山海经》的《大鱼·海棠》选择青春恋爱故事为卖点,这对于年轻男女有较高的吸引力。总之,这两者的题材都适合广泛传播。但《大护法》不同,它在本质上是一门小众艺术,晦涩难懂的政治隐喻本身就是一种观影门槛,会将相当一部分的观众拒之门外,小众题材的电影注定无法在大众中掀起热度。另外,这部电影本来就是一种接近纯粹的艺术创作,最初没有想过要在院线上映以迎合观众,只是机缘巧合地受到光线传媒的青睐才得以走入大众的视线。从这个角度而言,《大护法》本无所谓票房成败。由于自身的特殊性,《大护法》并未取得很好的成绩,但是《大鱼·海棠》《大圣归来》等影片的成功,足以让我们相信中国影视众筹的潜力。

10.4.4　影视众筹融资模式的优势

相较于传统电影融资模式,众筹在开拓新的资金来源、降低投融资成本、获取更多市场资源等方面都具有优势。

1) 开拓新的资金来源

传统电影融资渠道和模式主要有合作投资、银行贷款、广告植入、版权预售、上市融资等。这些融资方式对电影项目有严格的审核机制,融资难度大并且周期长。有些优秀作品会因为没有知名度、题材小众等因素,难以获得投资方的青睐,中小成本电影融资尤为困难。

影视众筹为中小成本电影开拓了新的融资模式。共享经济在资源组织方式上与传统方式有所不同,表现在众筹方面,便是投资和融资不再通过传统金融企业或者组织。通过众筹第三方平台,资金需求者与供给者很容易地见面沟通。而且,参与电影项目众筹的投资者,大多是熟练掌握网络、智能手机各类应用的年轻群体,他们也是电影观众的主体。众筹把观众变成了电影的投资者,这与传统投融资非常不同。另外,影视众筹门槛低、投资额小、灵活性强,可以吸引大批普通人参与,接近"集腋成裘""人人可参与"的效果。对于中小制作的影视项目,众筹是一个很好的融资尝试。事实上,目前以众筹方式筹集资金并得以拍摄的主要是中小成本电影,尤其是数量众多的网络电影通过众筹获得了制作资金。除线上众筹资金外,众筹为影片带来的宣传与展示效应会引起潜在投资者的注意,从而拓展线下融资的可能性。《大鱼·海棠》在点名时间发起众筹后引起了众多潜在投资者的关注,光线总裁王长田主动为《大鱼·海棠》的创作团队提供了 2 000 多万元的资金用于影片的后续制作。由此可见,众筹对投资者而言也是挖掘潜在优秀项目的一种方式。

近些年中国电影的投融资不存在总体性的紧张或困难,但存在结构性问题。在创意产业发展和影视项目增长的情况下,投融资必然是个重大环节。众筹以新的资金组织方式,为中小微影视项目或者影视创作新人提供了新的融资渠道,并丰富了影视资本市场,其创新性和意义都很明显。

2) 降低投融资成本

共享经济得以快速增长,很大程度上在于它提高资源配置效率的同时,又降低了交易成本,作为共享经济的组成部分,众筹亦如此。以影视众筹为例,交易成本的降低主要由于:①以互联网技术等信息技术为基石实现了高效的信息服务。影视众筹通过互联网、智能手机、社交软件进行传播推广,其传播的快速性和高效性提高了项目信息的到达率以及沟通交流的便利性,为众筹发起人挖掘了大量的潜在投资者群体。投融资双方可以突破时间和地域的局限,通过第三方平台进行沟通,节约双方的时间成本与人力成本,提高了投融资的效率。高效的信息服务还体现在大数据、云计算的支持下,涉及众筹的项目审查、信用调查、财务管理等等,都可以实现高效低成本的运行。像阿里、京东、腾讯的众筹平台,更具备这样的先天优势。②众筹第三方平台相比传统金融企业/组织,是一种更精简的企业组织形式,它可以提供更低成本的金融服务。规范的众筹要通过第三方平台进行,而第三方平台的基本角色是中介。平台上的投融资活动,是单个发起者与多个投资者互动进行的,并不需要平台参与中介角色之外的活动。而且平台本身没有基于产品和服务本身的固定成本支出,其成本来源于共享经济平台维护等相关支出,属于轻资产运营。而传统银行的投融资活动,即便小额贷款,也比这复杂得多。更高的回报期待,严格的风险控制,还有大公司复杂的业务流程,都使得市场交易成本更高。③线上支付、第三方支付的普及,使投融资更为快捷高效。总之,对于小额大众的投融资活动,降低交易成本非常重要。众筹在现代信息技术和平台设计的支持下,可以让很多投融资活动绕过传统金融企业/组织,实现更低成本的交易。

3)便于获取更多市场资源

通常,众筹发起人既缺乏资金也缺乏市场资源,而发起人可以通过众筹平台和众筹活动获得资金的同时,也可以进行宣传营销,吸引一部分消费者以及上下游的业务合作伙伴。

对影视作品而言,众筹具有很好的宣传推广功能,可以为电影营销提供新的宣传推广平台。现阶段,影视众筹在宣传推广上的作用远大于融资功能。《催眠大师》《窃听风云》先后于众筹网发起了金额为 2 000 元和 6 000 元的众筹项目。对于这类院线电影而言,如此小额的资金对电影没有实质上的影响,只是借此增加项目的观众认知度,扩大影响力。《大鱼·海棠》发起的众筹项目只筹集了 158 万元的资金,却在很大程度上提升了电影的话题性,上映前就吸引了极大的社会关注度,这也是《大鱼·海棠》在票房上获得巨大成功的原因之一。

这种宣传推广机制就在于,众筹项目中所有参与者的交流互动为电影的宣传推广建立了一个社区,并辐射到其他网络社交领域,形成电影信息的传播。而且在这种信息交流与传播中,众筹体现了不同于一般投融资活动的显著特性,其情感性和价值认同感更强。传统的电影投融资模式门槛高、封闭性强,以经济利益作为回报方式,是一种纯粹的投资行为。

影视众筹则颠覆传统的投资思维,将这种投资行为情感化。《十万个冷笑话》是由网络热门 IP 动漫改编而来,参与众筹的 5 000 多位投资者大多是《十万个冷笑话》的忠实粉丝,希望通过这样的方式将《十万个冷笑话》推向大银幕。特别是在奖励众筹中,投资者对于电影项目的投资一定抱着明显的认同感,比如喜欢这样的题材、类型,或者喜欢项目的创意。在较高投资回报率的众筹中,比如股权型或者个人投资额度过万的理财式众筹活动中,投资的情感性也很突出。另外,发起方也努力建立投资者同电影项目之间的互动和情感联系。通过见证一个项目从无到有,甚至成功的过程,投资者可以获得心理满足感与成就感。在股权型众筹模式下,电影票房直接关系着众筹参与者的经济利益,因此众筹参与者除了自己观看电影外,还会主动参与电影的宣传推广。在《大圣归来》上映期间,投资者的自发包场就达 200 多场,部分投资者还为影片提供免费的户外宣传。随着众筹平台影响力的增强,众筹将成为一个电影项目宣传推广的有力渠道。影视众筹让电影在启动前期就锁定部分潜在观众,实现用户与电影观众的转换,实现宣传推广电影的目的。

众筹还可以带来电影项目运营的上下游资源。前面提到的《大鱼·海棠》众筹中吸引光线公司的注意,不仅带来后期制作资金,更为这个电影团队带来与知名电影公司的合作机遇,这对影片的后期宣传发行都非常有益。影视众筹中,很多电影项目都在开发衍生品的众筹,这与电影项目(不管众筹与否),都可以形成上下游资源的联动。另外,一些成熟的众筹平台还会提供增值服务,比如市场调研,在融资环节捕捉观众相关数据,观察观众对一部电影的关注度、兴趣度,辅助出品方对电影票房做出预判。"快男电影"《我就是我》通过粉丝效应众筹到 507.60 万元,众筹网搜集了大量粉丝年龄、性别、地域的数据,对粉丝构成进行分析,这些数据为电影众筹项目和电影市场运营提供了辅助。

10.4.5　影视众筹数据分析

据不完全统计,2017 年影视众筹项目共有 313 个,其中已成功项目 217 个,已失败项目 25 个,众筹中项目 71 个。已成功项目预期总融资额约为 2.88 亿元,实际总融资额约为 2.96 亿元,总投资人次共计 37.09 万人次,金额以及人次较 2016 年均有所增长,可见影视众筹热度不减。

2017 年上线过影视众筹项目的共有 41 家众筹平台,其所在地分布如图 10 - 15 所示。和 2016 年一样,北京的平台依然是最多的,共有 20 家,占比接近一半,二三名分别是上海和广东,分别有 6 家和 5 家,其余各地都在三家以内。

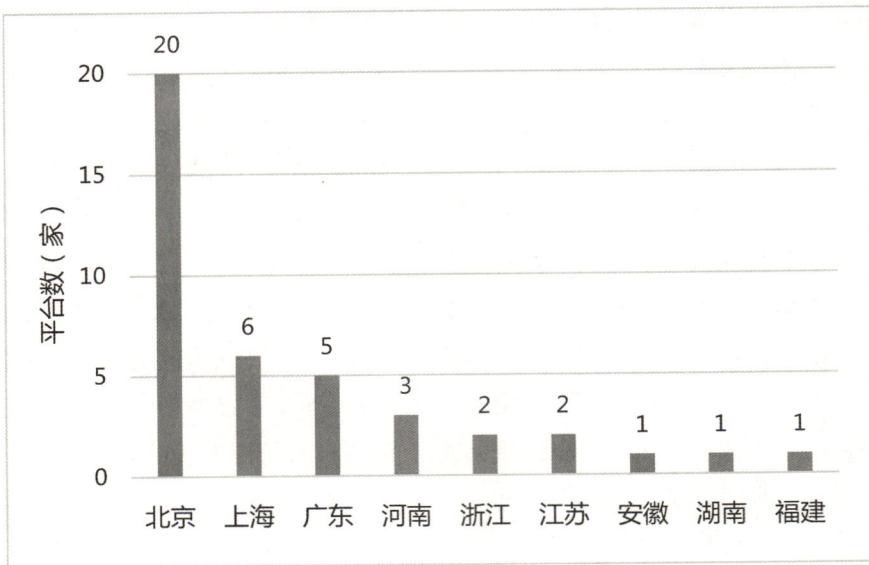

图 10 - 15　影视众筹平台所在地分布

对 217 个已成功项目的预期融资额进行统计,分布情况如图 10 - 16 所示。预期融资金额在 10 万元以内的项目最多,总计 93 个,占比达 42.86%,可见影视众筹多以小成本项目为主;10～50 万元、50～100 万元、100～500 万元的项目数量相当,分别有 34、39、40 个,所占比例分别为 15.67%、17.97%、18.43%;500 万元以上的项目零星分布,共计 11 个,占比为 5.07%。

对 217 个已成功项目的实际融资额进行统计,分布情况与预期融资额分布相差不大。筹集到 10 万元以内的项目最多,共有 85 个,占比 39.17%;已筹金额在 10～50 万元、50～100 万元、100～500 万元的项目分别有 41、31、49 个,所占比例分别为 18.89%、14.29%、22.58%;500 万元以上的项目只有 11 个,占比 5.07%。

除去 16 个无法统计投资人次的项目,对 201 个成功项目的投资人次分布进行统计分析,如图 10 - 18 所示。投资人次在 10 人次以内的项目较少,有 17 个,所占比例为 8.46%;投资人次在 10～50 人次的项目最多,有 74 个,占比 36.82%;投资人次在 50～100、100～500 的项目各有 39、57 个,分别占到 19.40%、28.36%;投资人次在 500 以上的项目总计只有 14 个。可见多数影视众筹成功项目的投资人次在 10～500 人次之间。

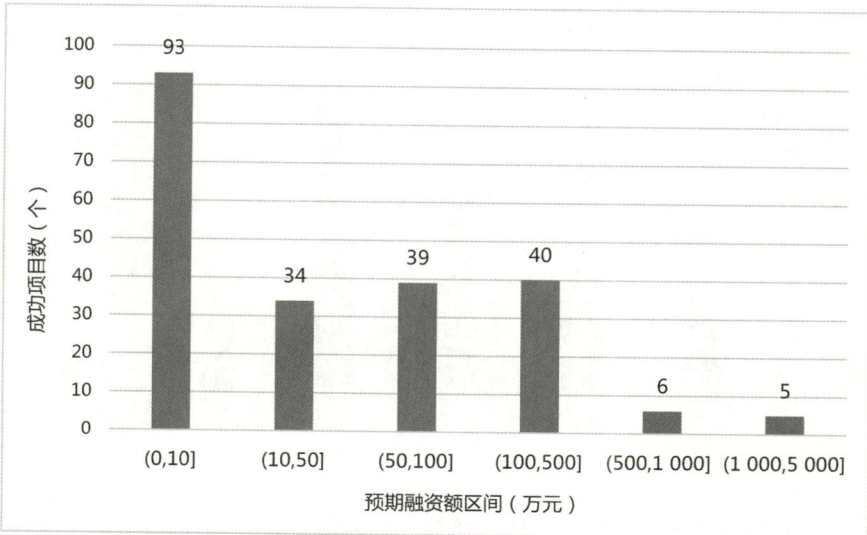

图 10 - 16　影视众筹成功项目预期融资额区间分布（区间单位：万元）

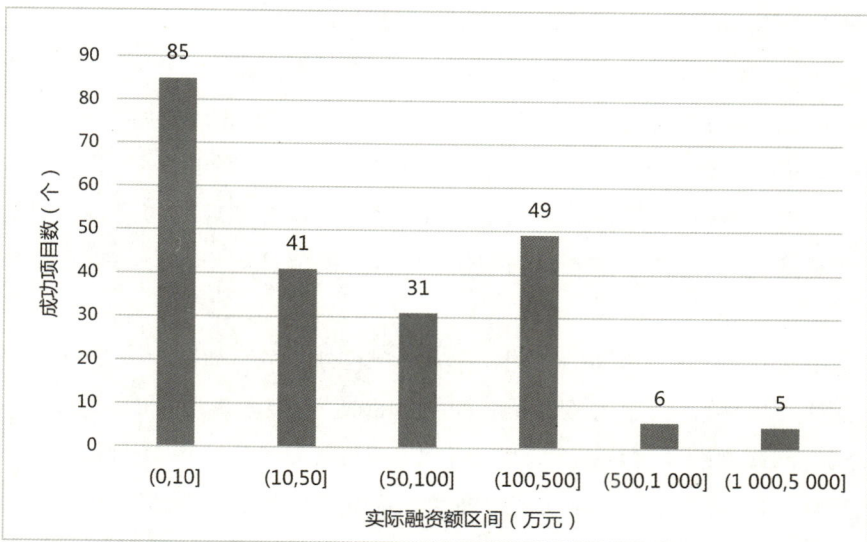

图 10 - 17　影视众筹成功项目实际融资额区间分布（区间单位：万元）

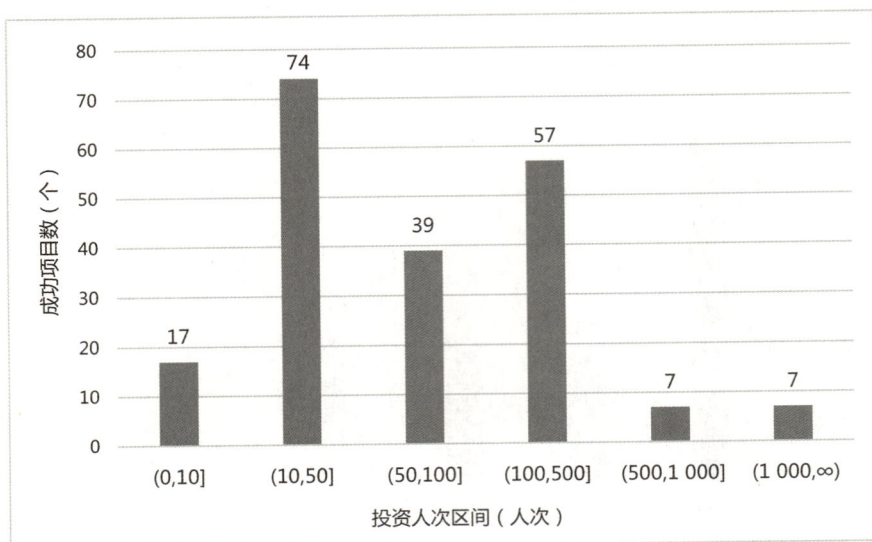

图 10 - 18　影视众筹成功项目投资人次区间分布

对影视众筹项目进行分类，共分为七大类别：院线电影、网络大电影、微电影、台播剧、网络剧、综艺和纪录片。

本次统计的 313 个影视众筹项目，分类结果如图 10 - 19 所示。其中网络大电影共有 135 个，数量最多，所占比例为 43.13%；其次是微电影，共有 70 个，占比为 22.36%；院线电影排在第三，共有 41 个，占比 13.10%；数量最少的为台播剧，只有 7 个。整体分布情形与上一年基本一致，由于网络大电影、微电影的制作门槛较低，所需费用相对不是很高，使得此类众筹上线项目较多，而且现在的消费者对此类影视作品容易接受，市场认可度不错，预计这两类影视项目类型将会一直是影视众筹的热门。

在众筹成功的 217 个影视项目中，各类型项目分布情况如图 10 - 20 所示。网络大电影的成功项目最多，达到了 100 个，占比 46.08%；微电影居第二，共计 54 个，占比 24.88%；网络剧的项目数要多于院线电影，前者总计 24 个，后者只有 13 个；台播剧的数量最少，只有 4 个。总项目的分布情况和成功项目的分布情况相似度很高，各类型影视作品的众筹成功率比较接近。网络大电影、微电影众筹成功的项目最多，可以看出影视众筹市场对此类作品的青睐。

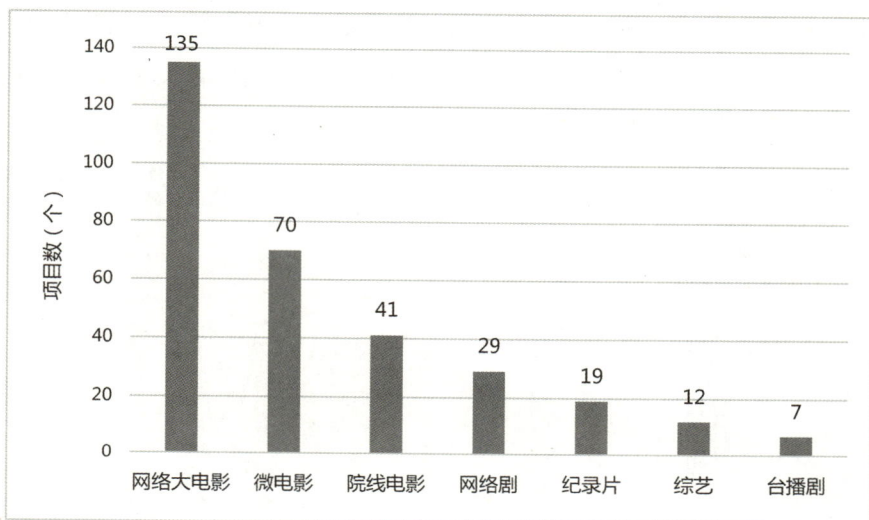

图 10 - 19 影视众筹各类目总项目数分布

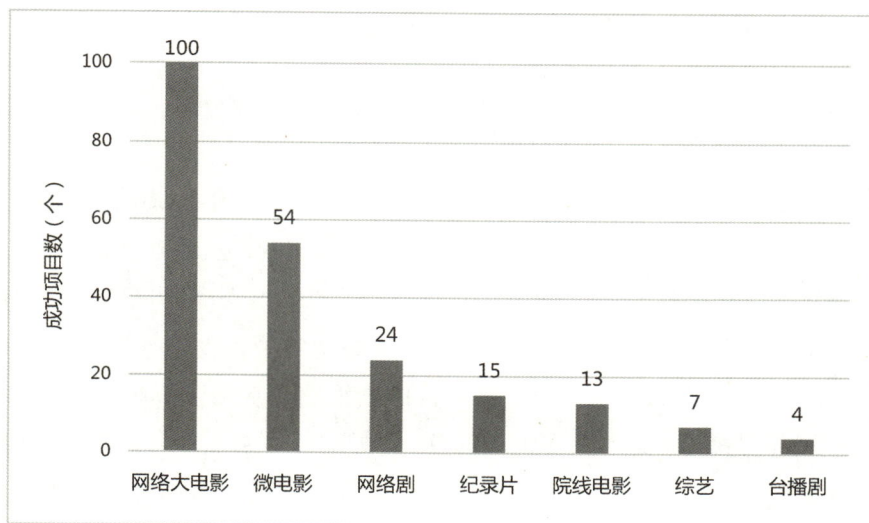

图 10 - 20 影视众筹各类目成功项目数分布

2017 年,影视众筹成功项目实际总融资额约为 2.96 亿元,其中网络大电影的众筹金额就占了一大半,共计 1.62 亿元,占比 54.75%;院线电影和网络剧的众筹金额分列二三位,分别为 4 953.46 万元、4 402.09 万元;筹集资金较少的是微电影和纪录片,分别只有 141.40 万元和 65.18 万元。院线电影成功项目数较少,但已筹金额排在第二,说明项目平均融资额较高。而微电影和纪录片,虽然成功项目数排名靠前,但已筹金额很低,说明项目平均融资额较低。

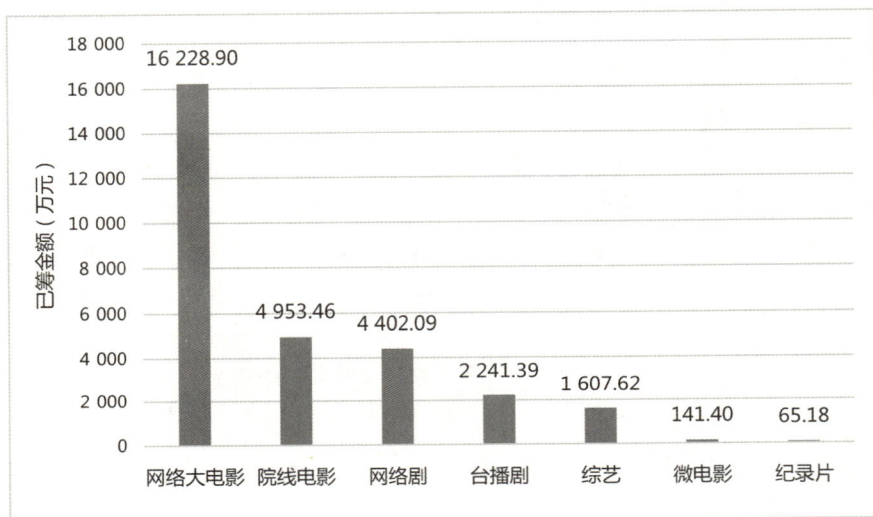

图 10-21　影视众筹各类目成功项目已筹金额分布

2017 年影视众筹成功项目投资人次总计 37.09 万人次,较上年增长了近 4 倍。其中网络剧一枝独秀,投资人次高达 28.24 万,占比达到 76.14%,主要原因是其中一个项目投资人次极高,单个项目就有约 28.04 万人次;居第二位的网络大电影的投资人次约 6.78 万,占比 18.27%;其他类型的项目投资人次不太高,均未过万,最低的台播剧只有 610 人次。网络大电影大多由著名 IP 或小说改编,由于题材新颖,故事性较强,受到很多人的喜欢,市场前景很好,可以吸引不少粉丝进行投资。

对各个平台影视众筹成功项目融资总额进行统计,排名前十的平台如表 10-9 所示。聚米众筹的成功项目数和融资额均排在第一,项目投资人次也较多;广信众筹虽然项目数不多,但是融资额较高;除以上两家平台外,其余平台的融资额均在 4 000 万元以下,其中 3 家不足千万。

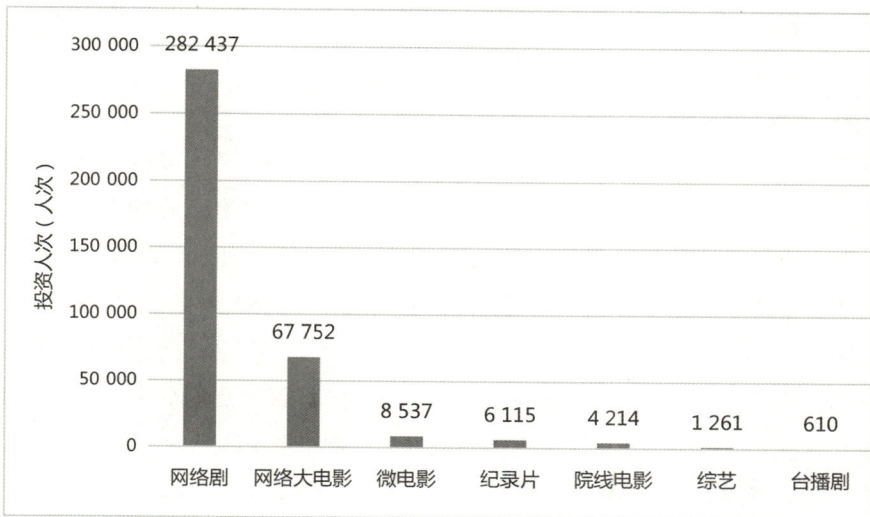

图 10 - 22　影视众筹各类目成功项目投资人次分布

表 10 - 9　众筹平台影视众筹项目融资规模 TOP10

平台名称	成功项目数	成功项目实际总融资额(万元)	成功项目投资人次
聚米众筹	56	7 136.10	2 103
广信众筹	4	6 400.00	40
永金网	7	3 252.40	/
青春梦	3	2 465.00	25
云筹网	4	2 066.00	/
迷你投	1	1 376.00	78
黄飞鸿	7	1 107.47	4145
360 淘金	1	786.00	143
影大人	17	730.46	278
米筹金服	2	550.50	/

注:本表统计的是各平台 2017 年的影视众筹项目数据,并非平台总体数据。

10.4.6　影视众筹的风险

影视众筹作为众筹的垂直细分领域,存在的潜在风险符合众筹行业潜在风险的一般规律，同时由于其自身特点也存在一定特殊性。本节将结合具体案例，对影视众筹的潜在风险进行分析。

1）政策风险不可控

目前，国内监管层还没有具体出台关于众筹的监管政策，只是在其他文件中提及了股权型众筹的部分规定。影视众筹项目若是采用股权型众筹的方式开展，则需要符合非公开发行以及累计投资人数不得超过200人等要求。而以收益权为回报方式的项目还需注意不要触及非法集资等法律红线。在资金管理方面，由于筹款、扣除管理费、向项目发起方划款都涉及资金流动，平台有义务对资金进行安全有序的管理，这也是防范其自身法律风险的重要手段。同时，因为法制的不完善，投资者的权益也不能得到有效保障，一旦项目出现问题，投资者往往维权无门。

除了众筹模式存在的政策风险外，还有来自影视行业本身的政策高压。在我国，政策对影视文化等意识形态领域把控尤其严格，国家新闻出版广电总局对各类电影、电视剧等影视作品实行的是严格的事前审查制度。就已有的审查结果来看，一部影片在上映之前被临时叫停的案例比比皆是，影片被删减、禁播、换挡延期等情况也都非常普遍。如果影片内容有违意识形态监管精神，就很有可能被政策不留情面地干预，投资将打水漂。

2）项目回报周期长

院线电影等影视制作，多数周期较长，从挑选剧本、确定演员、组建剧组、影片拍摄、后期制作、广电审批到最终定档上线，是一个相当漫长且复杂的过程，投资者获取回报似乎遥遥无期。不仅如此，影视项目还可能因为一些偶然因素而延长项目周期，如发行渠道或后期渠道临时更改、广电审核不通过、排片冲突等等，都可能导致影片跳票，定档时间一拖再拖，回报交付时间超出投资者预期。

以《大鱼·海棠》为例，本是一个很成功的众筹项目，然而主创团队屡次跳票，电影档期一推再推。历时3年，一直得不到项目回报，不少投资者对项目团队产生不满。另一部同样众筹成功的电影《十万个冷笑话》，最初以网络短剧的形式播出，以无厘头的风格俘获了众多网友，因此项目方决定拍摄一部剧场版。影片上映很成功，但投资者迟迟得不到回报，项目留言板中有很多对项目方表示失望的评论。2017年10月在优酷众筹上成功的项目《这条镇魂街你说了算!》，获得了约28.04万人次支持，可以说是非常成功的众筹项目。然而原定于2017年12月播出的影片，播出日期一推再推，已经推至2019年，引起了投资者的极大不满。

　　3）收益远低于预期

　　影视投资自身就具有极高的风险,每年都有许多影视作品拍摄,但最后能够盈利的只是少数,绝大部分的票房市场被少数高票房影片所瓜分。以收益权作为回报方式的影视众筹项目的收益与影片最终收益直接挂钩,市场偏好、同期竞品、上映档期和排片时间等诸多不确定因素都影响着项目的最终收益,如果影片收益不理想,投资者当然也拿不到可观的收益。还有一些项目方为了吸引投资者,在项目推广时,对影片未来收益数据做出过高的预测,给出了很诱人的预期收益,最终投资者的收益远远达不到预期。更有甚者,项目方根本就不以获取影片收益为目的,例如在各地区影视产业扶持政策中,政府会给予部分影片相应的补贴,项目方为了拿到这笔补贴,随便拍出一部低成本、质量差的作品,这样的项目播出后当然不可能获得多少收益。

　　百发有戏推出《黄金时代》时,使用大数据进行了票房预测,结果显示总票房预计将达到 2.01 亿～2.3 亿元,这些利好数据,加上百发有戏由巨头携手打造,使得项目一度被看好,最终获得 1 800.24 万元的投资。投资者的收益与票房直接挂钩,若票房低于 2 亿元,则以不超过 8% 的年利率进行补偿;如果票房为 2 亿元至 6 亿元(不包括 6 亿元),每增加 1 亿,票房收益率提升一个百分点;若票房为 6 亿元以上(包括 6 亿元),收益率则为 16%。但是影片最终只获得了 5 000 万元左右的票房,与预测数据相差甚远,投资者能拿到的收益远远低于预期。

　　4）行业潜规难辨别

　　在影视项目中,影片制作、宣传能力、宣发策略、渠道、分账方式等各个环节的运作情况都将直接影响最终的投资风险和收益,牵涉的利益主体极多,包括影视公司、演员明星、院线、宣发渠道等等,对于参与者专业性要求也就非常高。与其他行业不同,影视行业很多成本与收益都是以利益相互输送为潜规则,例如明星片酬、广告植入、吃补贴等等,同时,投拍电影还成为一些黑钱洗白的重要手段。可以说,影视项目中很多资金和利益的交换很难用明码标价的方式向众筹投资者公布。不仅如此,项目方票房造假、分账造假的事件屡见不鲜,影视行业的从业者可能对此司空见惯,但是对于行业之外的众筹投资者来说,这背后面对的风险极可能就超过了他们的风险承受能力,而这些做法不可能在众筹时对投资者披露。还有类似于政府补贴等模式,若非专业的影视行业工作者,恐怕根本就无从考察这类项目的具体情况。

5）运作机制不完善

影视众筹发展的时间较短，相关运作机制尚未完善，存在一定技术风险、信用风险和管理风险。多数平台从项目上线前的审核到投后管理都并不成熟，存在平台尽调审核缺失和投后管理不完善的操作风险和平台与项目方诈骗的道德风险。尤其是投后管理，目前众筹平台的投后管理均不完善，甚至是缺失。而项目方又往往不愿意主动去披露项目进展情况，投资者因此无法及时了解项目进展，没有项目各方面的足够知情权，比如拍摄预算很高，但在实际拍摄中只用了很少的钱，而投资者无法获知相关情况。

6）其他风险

影视项目中还存在各种不可控的突发事件，如参演演员在影片播出前发生了吸毒等失当行为，广电总局的封杀接踵而至，势必将影响票房（收视率/播出率），甚至是阻碍影片顺利上档或者播出。

10.4.7　影视众筹的差异化发展策略

本节主要从影视众筹差异化发展与影视众筹平台发展策略两方面提出建议。影视众筹差异化发展有助于提升影视众筹的投融资效率，推动影视众筹融资规模的进一步发展；影视众筹平台发展策略主要指依托于已发展成熟的视频网络平台，建立有影响力的众筹平台。并从影视众筹与衍生品众筹等方面全方位进行平台发展，推动影视众筹行业的全面发展。

1）影视众筹差异化发展

院线电影与网络电影在众筹发起方式上的不同主要是因为两者在制作成本上的巨大差距。院线电影所需的投资额度大，少则几百万动辄上千万，以实物和娱乐权益为回馈的奖励众筹相对难以吸引投资者的投资热情。因此对院线电影而言，能使投资者获得经济利益的股权型众筹是更为合适的众筹模式。但根据目前的市场情况来看，影视众筹以奖励众筹模式为主，难以获得投资者的大额投资。因此以众筹作为融资主要途径的院线电影一般为少数中小成本电影，而投资额大的院线电影进行众筹的主要目的是开展电影宣传推广。《催眠大师》《窃听风云》等影片就曾通过发起小额众筹以达到营销推广的目的。网络电影所需投资额度相对较少，同时由于大众认知度和传播渠道的限制，网络电影的盈利能力也远不如院线电影，对以投资为主要目的的投资者吸引力相对较小，因此网络电影一般采用奖励众筹模式。网络电影的制作成本低，众筹资金即使不能完全满足电影的资金需求，也能为提升作品质量起到关键性作用。除了实现融资目的外,众筹也是网络电影在成本有限的情况下进行宣传推广、扩大影响力的重要途径。

网络电影与院线电影在制作周期上的不同导致了两者在众筹发起时间上的差异。众筹项目的发起与电影上映的时间差,可以在很大程度上影响市场预测的准确性。网络电影制作周期短,从前期准备到最终上线一般只需要几个月的时间。所以它在筹备前期发起众筹,既可以获得电影的制作费用又可以灵活地根据众筹得到的市场调研数据对项目进行调整,以更好地满足观众需求;院线电影制作周期都在一两年以上,而市场环境瞬息万变。电影上线时的环境与前期众筹时的环境已经发生了很大变化,观众的实际观影行为也会受到档期等其他因素的影响。在电影筹备期间根据众筹获得的市场调研数据在有效性上会大打折扣。因此,从实效性上看,院线电影更适合利用众筹进行宣发费用的筹措,并根据获得的数据进行市场预测,及时调整电影的宣传推广策略。

2)影视众筹平台发展策略

现有影视众筹平台规模都相对较小,依赖通过优质项目实现用户导入。且由于大众知名度低,在流量上无法与电商众筹平台竞争,导致资源越来越多地向电商平台倾斜。《小时代》《狼图腾》等影片都选择娱乐宝这类存在大量潜在投资者的平台进行众筹,娱乐宝也借这类 IP 电影的影响力扩大平台的影响力。这种情况导致影视众筹平台可获得的优质项目越来越少,大部分平台上线的都是不知名的微电影与网络大电影。这些小成本电影因为没有明星与热门 IP 很难获得大众的信任,所发布平台的大众覆盖率也相当有限。这直接导致了众筹项目的融资困难,影视众筹的发展也因此受限。

依托于已经发展成熟的视频网络平台,建立有影响力的影视众筹平台是目前推进影视众筹发展最快捷高效的方式。视频平台拥有大量的活跃用户群体,在流量上远胜于现有的影视众筹平台,部分视频平台在流量上能媲美甚至超越电商平台。并且视频平台拥有一批和影视众筹目标受众契合度极高的用户群体,相较于其他平台用户出于投资目的参与众筹,视频网站用户更多会因为对电影本身题材或故事感兴趣而进行投资。因此只要富有创意与趣味性,小成本电影也有很大众筹成功的可能性。同时也能通过众筹达到在潜在观众群体中进行推广宣传的目的,使影片获得更高的关注度。因此,无论是在流量上还是用户转化上,基于视频网站的影视众筹平台都比电商平台或草根电影众筹网站更具优势。

10.4.8 小结

影视众筹作为一种新型互联网金融形式,突破传统的电影融资模式,使普通观众可以直接参与电影投资项目。在一定程度上丰富了现有的电影融资模式,有助于解决中小成本电影的融资困难问题,具有开拓新的资金来源、降低投融资成本、便于获取更多市场资源等优点。

我国影视众筹目前仍处于快速发展的初级阶段,需要相关研究对其进行理论指导。本书对影视众筹的研究还存在很多不足,但对影视众筹融资模式及发展策略的研究具有一定的现实意义。

10.5 旅游众筹

10.5.1 我国旅游市场概况

旅游业是我国国民经济的支柱产业之一,具有巨大的发展潜力。根据国家旅游局发布的数据显示,2017 年中国旅游经济继续保持良好的运行态势,全年我国国内和入境旅游人数超过 51 亿人次,旅游总收入超过 5.3 万亿元,旅游对国民经济和社会就业的综合贡献都将超过 10%,全面实现 2017 年初制定的各项目标。出境旅游市场增长稳定,入境市场增长近期虽有所放缓,但仍处于全面恢复增长通道,全年国际旅游市场保持平稳发展,旅游经济继续领先宏观经济增速,成为稳增长、调结构、惠民生的重要力量。

预测 2018 年国内旅游将持续增长,出境旅游稳定增长,入境旅游平稳发展,旅游投资维持高位,旅游就业稳步增加。国内和入境旅游人数有望超过 57 亿人次,旅游总收入预计突破 6 万亿元。旅游投资仍将保持较快增长,新解决旅游就业100 万人。

10.5.2 旅游众筹产生的背景

国家和地方对旅游的高度重视和积极扶持,给旅游行业带来了前所未有的发展契机。而作为利益嗅觉最敏锐的金融行业,借助互联网平台和利好政策,也加入到挖掘旅游市场潜能的大军中来。传统旅游企业如何借助互联网实现产业链的延伸,打造新的竞争力,成为各方关注的热点,这样的背景促进了旅游众筹的产生。不仅是旅游行业政策相继出台,部分地区甚至已经有了针对旅游众筹这一细分领域的具体政策,如山东省旅游局下发的《2015 年全省旅游工作要点》中,探索投资与消费相结合的众筹酒店、众筹旅游小镇模式等内容已被明确写入其中。《要点》第 3 条"推进资源整合"明确提出"抓住互联网金融快速发展的机遇,鼓励旅游企业利用便捷的消费信贷引导旅游消费。探索投资与消费相结合的众筹酒店、众筹旅游小镇模式"。这是在山东旅游产业的顶层设计上明确提出支持鼓励旅游众筹的探索发展。另一方面,国民消费水平不断提升,为旅游等高级形态的产业提供了良好的市场基础。在目前旅游设施、景点容量有限的情况下,人数和资金都急剧囤积,迫切地需要一个"泄洪口",于是旅游跨界与互联网、金融相结合,产生了旅游众筹这一新兴形态。这两方面的推动,让旅游行业在众筹平台上取得了发展,旅游借助众筹的融资途径,拓宽了旅游融资渠道,吸纳大量民间资本,让广大民众参与到旅游项目的开发中,提高了旅游项目的特色化和个性化,以市场化的方式推动产业升级发展。

10.5.3　旅游众筹类型分布

旅游众筹发展到今天,已经形成了较为明晰的分类。具体有两种分类方式,按项目众筹类型,可分为权益型旅游众筹、捐赠型旅游众筹、股权型旅游众筹和债权型旅游众筹;按项目内容,可分为文化公益类旅游众筹、线路体验类旅游众筹和服务设施类旅游众筹。

1)按项目众筹类型分类

(1)权益型旅游众筹。指投资者对发起项目的个人或团队进行投资,从而获得产品或服务。众筹回报通常具有显著的旅游业特色,如项目发起人从旅游地带回的当地特产,或是项目方提供的旅游服务、餐饮住宿、特色商品等等。对发起项目的个人来说,筹集到了旅游资金,而花少量的钱回报给支持者一些特色商品并不会造成多大的负担;而发起项目的团队,多是旅行社或酒店等与旅游行业相关的运营商,提供的众筹回报往往体现出景区或旅行社的服务特色和优势,通过折价的方式进行旅游产品促销众筹,既能宣传景区及服务,同时又增加了游客预订量,这类似于预付式旅游。在高端定制型旅游服务中,权益型众筹的宣传效应非常明显。

2017 年 5 月,淘宝众筹上线了名为"梦中的大房子安吉＋莫干山＋南湖民宿众筹"的项目,该项目由拾叁月集团承做,目的是寻找最能搭配美景的房子。此项目成功后,将会建成一座对话南湖,仰望莫干山的别墅。而在此之前,拾叁月已经在周庄、丽江、束河、大理、泸沽湖、香格里拉、腾冲、阳朔、张家界、凤凰等地拥有了十余座大房子。

该项目一启动便得到广泛关注和支持。共设置了 7 档支持方式,支持金额分别为 3 元、299 元、599 元、1 299 元、1 999 元、6 880 元和 12 880 元。

其中,3 元档可以获得黄金会员卡一张,可享受客栈订房 85 折优惠,一年有效。还可获得民宿体验一晚,抽奖机会一次。

299 和 599 元档可以在指定房型中任选一晚入住,另加双份营养早餐、竹林氧吧、南湖晚霞、徒步茶山、山地自行车、特色茶叶伴手礼、品牌玩偶公仔和特色明信片。其中 299 元档不可在周末使用,而 599 元档可以使用。

1 299 元档可以获得 2 000 元现金储值卡,可兑换全国 10＋拾叁月品牌旗下精品民宿和全国 100＋亲的连锁品牌旗下精品客栈。

1 999 元档可以获得 4 000 元现金储值卡,适用范围同上。

6 880 元档可以享受 2018 年 6 月 30 日之前无限次、免费入住拾叁月品牌旗下的精品客栈(非周末、非节假日),同行其他房间可享受 85 折优惠。

12 880 元档可以享受 2018 年 6 月 30 日之前无限次、不限时、免费入住拾叁月品牌旗下的精品客栈,同行其他房间可享受 85 折优惠。

这一民众深度参与的设计将会吸引游客们到景点游览入住,一定程度上保证了景点的客流量。而从众筹的参与人数、点击数、分享数和评论数来看,这次众筹也是一次极为成功的民宿营销。

(2) 捐赠型旅游众筹。指支持者对发起项目的个人或团队无偿捐助,发起人无须提供任何回报或仅以电子感谢信、共享旅游经验等方式提供低成本回报。一般发起项目的个人是为自己的旅行筹集资金,支持者虽然得不到实物回报,但帮助别人完成梦想这种成人之美之事也能带来心理上的满足。此外还有部分项目是针对文化遗产保护、绿色环保等方面的,支持者不求回报,只是将其当做一次公益捐助。

案例:单车环游世界——追寻潘德明

潘德明,早在 1930 年就以"雪东亚病夫之耻,谋世界之荣光"的理念以近八年的时间,或以双脚徒步、或以自行车滚动,行遍万水千山,披星戴月走遍了五大洲、四大洋。与 20 多个国家的元首、名人会见,获得 1 200 余个社会团体的支持,终于在 1937 年 7 月 6 日回到上海。然而历史的轨迹给这位伟大的前辈开了一个玩笑,当他到达的翌日,举世震惊的"卢沟桥事变"爆发了,中国至此进入了全面抗战时期,潘德明捐献出了在海外募捐的 10 万美元之后,就被湮没在历史的尘埃之中。1976 年 10 月

18 日,因为心肌梗塞,潘德明离开了这个世界,但他的精神却不断地影响着后世之人。

韩咏秋,是一个致力于在泛黄历史故纸堆里挖掘真相的 70 后,曾北上瀚漠,南居百粤,以自己的角度去看待泱泱华夏五千年。预计用 8 到 10 年的时间,把当年潘德明前辈走过的路线,和他想走但没有走的路线都用自行车轮划过。具体路线如下:上海—浙江—福建—广东—广西(友谊关)—越南—柬埔寨—泰国—马来西亚—新加坡—印度(加尔各答—孟买—新德里)—巴基斯坦—伊朗—阿拉伯半岛—以色列—非洲(埃及—西非—南非—东非—埃及)—欧洲(土耳其—波罗的海三国—北欧三国—德国—希腊—意大利—法国—西班牙—英国)—美洲(加拿大—美国—中美洲—哥伦比亚—秘鲁—智利—阿根廷—巴西—古巴—美国)—大洋洲—日本—韩国—大连—河北—山东—江苏—上海。

他不知道此行能够给大家什么回报,因为天长路远,山高路险,也许还未能走完全程就因为各样的原因扑倒在一个未为人知的地方。但他承诺会尽力用各种方式来让大家知道他所在何地,在干什么,下一站准备去哪里。

若能走完全程,韩咏秋将会沿途记录下他的故事,他拍摄的照片,他挖掘的关于潘德明前辈的东西,最后结集成册,出版后回馈给各位支持的朋友。

(3)股权型旅游众筹。指投资者对旅游项目或公司进行投资,获得其一定比例的股份,股权型旅游众筹项目数量在旅游众筹中的占比较低。由于需要向投资者提供股份甚至与股份相匹配的决策权,此类众筹项目多见于标的金额较大的旅游行业基础设施建设,如酒店、民宿等。

(4)债权型旅游众筹。指投资者对旅游项目或公司进行投资,获得其一定比例的债权,未来享受利息收益并收回本金。典型的债权型旅游众筹通常以筹款人的公司资产或个人资产进行抵押作为还款保证,由于债权的履行需要由专业的抵押、担保公司提供信用保证,债权型旅游众筹一般在 P2P 平台推出,而非大家通常所指的众筹平台。

现阶段债权型旅游众筹的项目数较少,这与众筹的自身特性、发展阶段不无关系。一是从旅游项目发起者角度,采用债权型的众筹方式,意味着需要强大的资金储备以保证可能出现的连续亏损下的利息持续支付。而现阶段的旅游项目发起主体集中于创业企业、小微企业群体,尚未发展成为有抵御风险能力的企业;二是从市场管理者角度,银监会早在 2014 年就出台了针对债权众筹与非法集资的规定,明确强调:"平台本身不得提供担保,不得归集资金搞资金池,不得非法吸收公众存款,更不能实施集资诈骗。建立平台资金第三方托管机制。平台不直接经手归集客户资金,也无权擅自动用在第三方托管的资金,让债权众筹回归撮合的中介本质。"这意味着债权众筹平台应当尽到一定程度的审核义务,并向双方当事人进行充分的信息披露和风险提示,以提高法律对其的约束作用;三是从投资者偏好角度,投资者选择旅游众筹而非其他投资理财方式的主要原因,除了享受投资收益外,还有旅游过程参与感。而现有的债权型众筹的回报模式是以利息回报为主,亟须建立旅游参与和投资回报之间的密切联系,从而满足投资者的双重需求。

2)按项目内容分类

(1)文化公益类旅游众筹。即以探索、体验地区文化或传播、实践社会公益为主要目的的旅游活动众筹项目,多以中西部地区山区、贫困乡镇地区的公益旅游主题和宗教旅游主题为主。

(2)线路体验类旅游众筹。是目前旅游众筹中较常见的众筹模式,多以创新线路、创新目的地的体验为主。涵盖背包旅行、蜜月旅行、自由骑行等主题的体验式旅游。此类项目的回报方式一般有两种:一是帮助他人完成旅游梦想,而被资助人在旅行过程中通过明信片、视频、购买物品等方式回馈支持者;二是投资者本人参与投资的旅游项目,这就与"团购"模式十分相似,认识或不认识的投资者联合起来,加大与商家的谈判能力,以求得最优价格的一种预购方式。

(3)服务设施类旅游众筹。是指涵盖旅游六要素"吃、住、行、游、购、娱"在内的基础建设、服务设施众筹项目,主要包括酒店、青年旅舍、主题乐园、购物中心、交通设施等,较常见的如景区游乐设施的改造、旅游酒店客栈公寓等方面的建设和改造。通过固定收益回报、免费入住体验来吸引投资者目光。

10.5.4 旅游众筹数据分析

据不完全统计,2017 年全年,共有 27 家众筹平台上线过旅游众筹项目,对平台所在地进行统计,分布情况如图 10 - 23 所示。其中位于北京的平台最多,共有 7 家,占比 25.93%;其次是浙江,共有 5 家平台,占比 18.52%;上海、江苏、广东和山东紧随其后,各有 3 家。以上六地的平台共计 24 家,占比 88.89%。

对 27 家发起旅游众筹项目的平台的平台类型进行统计,分布情况如图 10 - 24 所示。其中权益型众筹平台共 17 家,占比 62.96%;综合型众筹平台共 6 家,占比

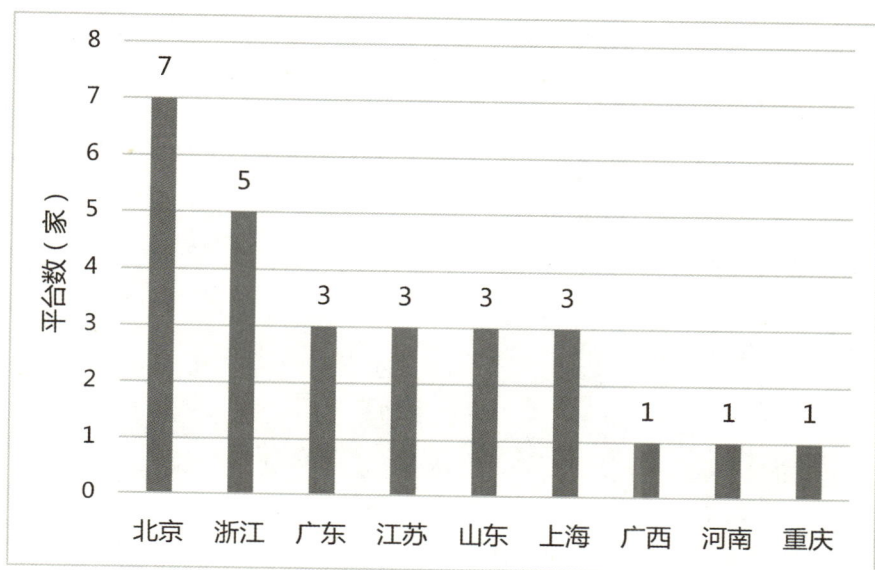

图 10－23　旅游众筹项目发起平台所在地分布

22.22%；股权型众筹平台共 4 家，占比 14.81%。可见权益型众筹平台是旅游众筹项目的主要发起平台。

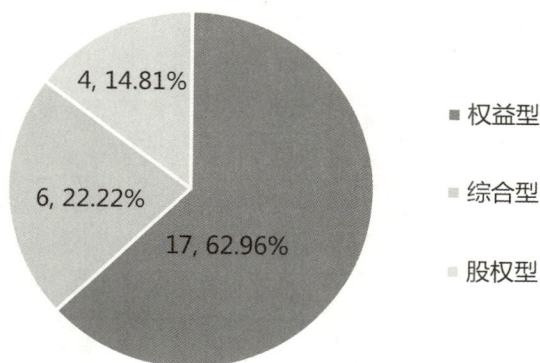

图 10－24　旅游众筹项目发起平台的平台类型分布

　　据不完全统计，2017 年全年共有旅游众筹项目 187 个，其中有 18 个正在众筹中，有 19 个已失败项目，有 150 个已成功项目。成功项目实际总融资额约为 3.46 亿元，投资人次总计 49 523 人次。

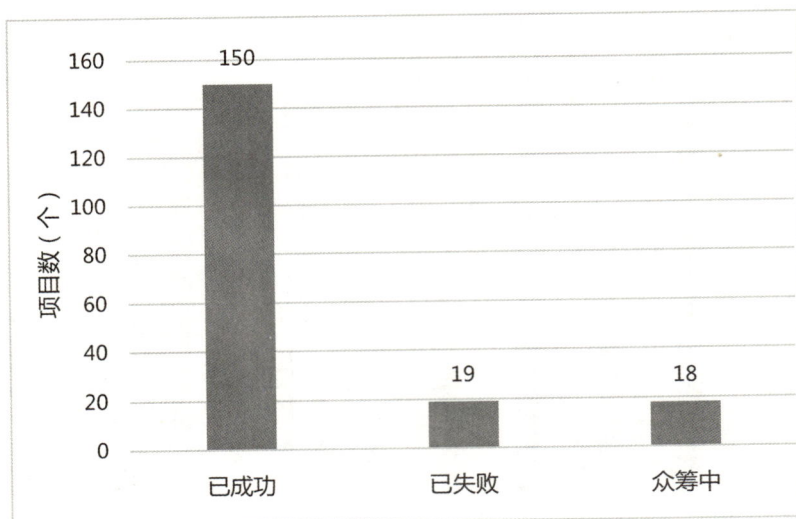

图 10 - 25　2017 年旅游众筹项目不同状态分布

对所有成功项目的实际融资额进行统计,其分布情况如图 10 - 26 所示。实际融资额在 0～1 万元(包含 1 万元)的项目共 17 个,占比 11.33%;实际融资额在 1～10 万元的项目共 27 个,占比 18.00%;实际融资额在 10～100 万元的项目共 35 个,占比 23.33%;实际融资额在 100～1 000 万元的项目共 65 个,占比 44.33%;实际融资额在 1 000～5 000 万元的项目共 6 个,占比 4.00%。

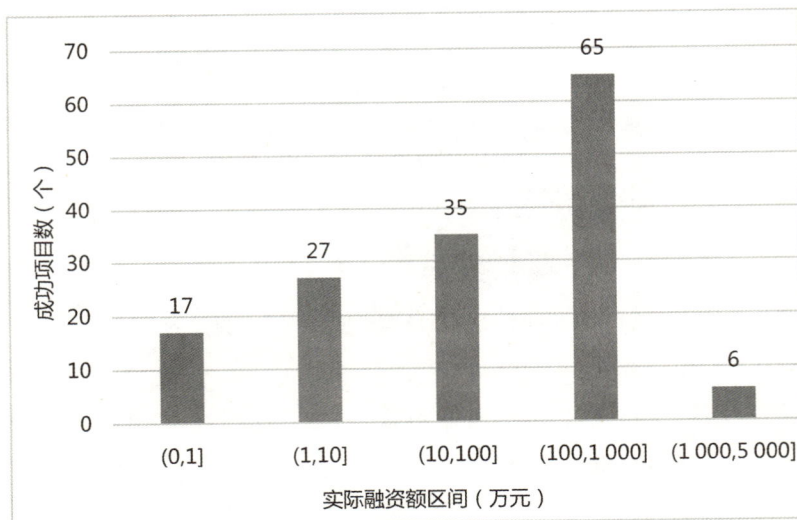

图 10 - 26　旅游众筹成功项目实际融资额区间分布(区间单位:万元)

在 150 个成功项目中,除去 4 个项目的投资人次无法统计,共有 146 个有效值,对这些项目的投资人次进行统计,其分布情况如图 10 - 27 所示。投资人次在 50 人次及以下的项目共 29 个,占比 19.86%;投资人次在 50～100 人次(包含 100 人次)的项目共 18 个,占比 12.33%;投资人次在 100～500 人次的项目较多,共 71 个,占比 48.63%;以上三个区间内的项目共计 118 个,占比 80.82%,可见旅游众筹成功项目的投资人次大多集中在 500 人次及以下。

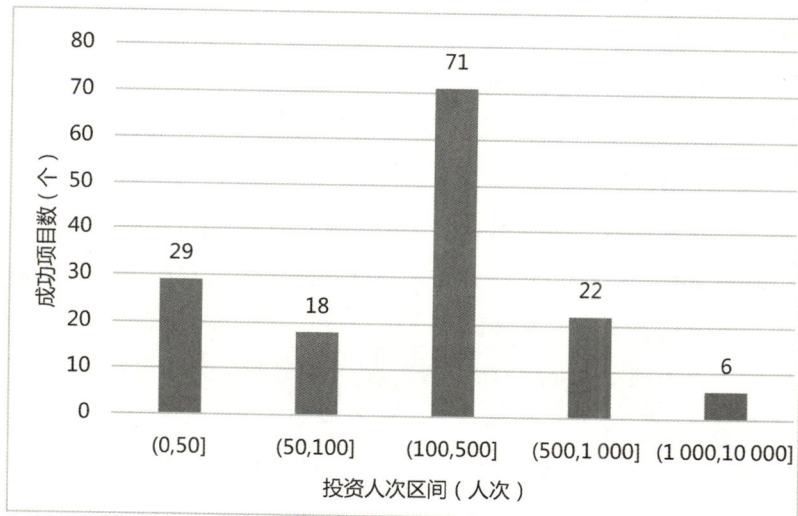

图 10 - 27　旅游众筹成功项目投资人次区间分布

10.5.5　旅游众筹存在的风险

1)个人旅游筹钱监督难

在旅游众筹中,有很多旅游爱好者发起项目为自己众筹旅游路费,多数是没有实物回报的,支持者被发起人的旅游梦想打动而参与众筹。不过,不少支持者还是心存顾虑,例如发起人故意设置比实际预算高的目标金额,或者拿了钱却把钱用在别的地方,这些都是支持者无法监督的。部分发起人承诺以实物来回报支持者,例如旅行结束后向支持者寄送当地特产,但实际上有的发起人并不能完成自己的承诺,虽然一开始支持者就没有期待太高的实物回报,但这样的结果会透支参与者的信任与热情,使其感到失望,可能以后不再支持其他的众筹项目。此外,目前还没有一个明确的针对旅游众筹的风险提示,如果个人参与旅游众筹,可能存在被骗的风险。

2）权益型众筹回报集中

很多旅游众筹项目是以特定旅游线路和住宿作为回报的,投资者在投资项目时,需仔细看清项目回报,如部分项目回报在节假日是不可用的,或者特定节假日需要补交差价,投资者要看清项目是否有类似的限制条件,避免在旅途中无法获取项目回报,既造成了经济损失,又影响了旅途心情。即使项目回报在节假日可用,但是由于旅游受到可支配时间的限制,绝大多数人的长途旅游还是集中在国庆、春节等旅游旺季进行,极有可能出现集中要求回报的情况,从而影响回报的履行和质量。因此,项目方应该在设计众筹回报时,对回报时间做出预设并防止回报要求过于集中。在投资者预约回报时,尽量分散时间,避免集中安排,同时做好解释和善后工作。

3）项目投资收益不可控

旅游众筹中金额较大的项目主要集中在景点建设改造和高端旅游地产项目上,这类项目涉及的金额大、时间长、流程多。项目方在众筹过程中为了吸引投资者,可能会夸大项目未来收益。项目在建设前需要取得相应资质,建设中又面临资金和工程本身可能带来的不确定性,建成之后的客源和利润也是无法保证的。而且如果项目是以股权型众筹的方式进行的,未来运营、管理和分红等均面临较多的未知因素。大量不确定因素的存在导致投资者难以考察项目未来的投资收益,风险极大。因此,平台在审核项目时需根据相关的法律法规对融资方加强资质审核,尤其要对众筹方案和回报的合法性、合理性进行严格把控,切断关联方的利益,切实保护投融资双方的权益,尽力将投资者的风险降低。

4）与非法集资界限难把控

旅游众筹中的股权型项目,目前主要集中在景点建设及改造、高端旅游地产两个方面,在这两个领域,如何清晰地划分股权型众筹和非法集资的界限成为众筹成功及未来回报履行的重要保障。

对照《关于审理非法集资刑事案件具体应用法律若干问题的解释》(最高人民法院,2010 年 12 月颁布),旅游地产众筹很容易与非法集资混淆,旅游地产众筹通过众筹平台进行,符合非法集资的利用现代社会媒体进行宣传的特征,同时也满足"向社会不特定对象吸收资金"的特征;现有的旅游房地产众筹在宣传中均标注一定时期的回报率,符合非法集资的还本付息或给付报酬的特点。因此,旅游地产众筹很容易被认为涉嫌非法或变相吸收公众存款。

10.5.6　小结

近年来,互联网快速发展,人们休闲水平意识不断提高,这种背景下,旅游与众筹的结合可以说是时代发展的产物。旅游众筹的出现和应用在一定程度上缓解了旅游业融资难的问题,并对旅游线路和旅游周边产品促销有着积极的作用。旅游众筹还给投资者带来了前所未有的深度体验:身份的转变,从顾客变为股东;观点的改变,从消费到投资;理念的升华,从一人出力到合众之力。旅游众筹将投资者和消费者合二为一,正是因为这样的特性,小众、小资、小市场,自驾、自游、自经营,成为投资者所追求和看重的项目本质。

在肯定旅游众筹带来商机的同时,也要考虑如何完善项目,降低风险,让投资者休闲理财两不误。对于投资者而言,评判旅游众筹项目的好坏最重要的标准是旅游项目自身的品质。因此,旅游众筹发起方若着重在项目的个性化、特色化、优质化上下功夫,一定会吸引投资者参与项目。

除了在线众筹旅游成为发展热点之外,未来的旅游众筹发展趋势更多的是朝着资本化、专业化、休闲化、产业化发展,打造旅游休闲产业区会成为主流。未来旅游众筹将会更多地集中在传统旅游领域,如乡村旅游、工业旅游、古镇旅游等。通过众筹的方式带来充裕的资金和思想的创新,完成对传统旅游基础设施的建设和改造,对传统旅游文化的深度挖掘,将会给旅游行业带来巨大的改变。

目前,我国旅游众筹的规模还很小,成功率较低,其潜在的作用尚未发挥,发展之路布满荆棘。为促进我国旅游众筹的健康发展,加强法律监管、完善回报式众筹履约规划、规范众筹平台和项目方的行为等措施刻不容缓。

10.6　音乐众筹

10.6.1　我国音乐文化市场概况

近年来,我国音乐产业市场规模占国家文化产业总体规模的比值有所增长,达到文化产业总体市场规模的 8%,已经逐步接近广播影视、广告等行业的市场规模,体现出音乐产业在大众文化消费中的重要地位。

在寡头竞争及新鲜血液的注入下,2017 年音乐文化市场发生了较大的变化。无论是版权、音乐种类,还是音乐模式等各个方面都处在承上启下的过渡阶段。

1）数字音乐正版化

PC 时代盗版音乐泛滥，2015 年版权局出台《关于责令网络音乐服务商停止未经授权传播音乐作品的通知》被称为史上最严版权令，成为中国音乐产业盗版时代与正版时代的分水岭。

中国音乐全面正版化还有两个大的背景。一个是数字内容产业正版化的大势所趋，游戏、影视、文学都在正版化，音乐不会例外；另一个是中国数字音乐格局从群雄逐鹿进入到腾讯领先，阿里、太合、网易等第二梯队跟随的时代，版权集中尤其是独家版权，让正版维权更容易。

数字音乐平台青睐独家购买版权内容形成版权库，再通过分销的方式将内容授权给第三方平台发行。此举带动了数字音乐正版化——维权主体唯一，让维权更加容易也更有针对性和目的性。比如腾讯，其在独家音乐版权上投入巨大，在拿下酷我和酷狗后，已拥有超过 1 700 万首正版曲目，并将部分版权分销给网易云、多米等平台，此举加速了中国音乐市场正版化。

2）巨大的国内外市场潜力

中国音乐平台迎合用户需求进行商业模式创新，比如腾讯数字专辑模式就取得了很好的效果。当红歌手"黄老板"Ed Sheeran 的数字专辑《÷》在腾讯音乐娱乐旗下平台的销量突破了 120 万。更早之前，李宇春、周杰伦，以及国外的 Taylor Swift、Adele、Rihanna 和 Ariana Grande 等顶级音乐人的数字专辑都有很亮眼的成绩。腾讯音乐娱乐集团副总裁吴伟林曾透露集团数字专辑销售额已超 2 亿元，付费会员用户数达 1 500 万。

《2017 中国网络版权产业发展报告》显示：2016 年，中国网络音乐产业行业规模突破 150 亿元，相比 2006 年增加了 10 倍。反观日本等音乐发达国家，却迎来了增长瓶颈，2017 年音乐收入增长仅为 1.1%，越来越多的国际级音乐玩家将重点转向中国这样的新兴市场。同时 90、00 后用户对于英语、日语、韩语等语种的歌曲收听需求正在爆发式增长，腾讯、阿里和太合都在强化海外音乐内容布局，中国也需要全球音乐。

3）商业模式多元创新

与欧美、日韩等靠版权收入为主的市场结构不同，中国数字音乐版权收入占比微乎其微。中国音乐内容生产者更多借助于娱乐营销、演唱会、LiveHouse、直播、音乐节、C2B 定制表演等非版权模式变现。腾讯总裁刘炽平曾表示："音乐是一个变现艰苦的市场，团队要做收入多元化探索。"在音乐多元化营收上，腾讯音乐娱乐等公司已进行诸多尝试,比如 QQ 音乐的 MUSIC＋、演艺 O2O 的探索。2018 年数字音乐市场还将在 O2O 演艺、直播、数字发行、周边产品、音乐电商等领域出现更多创新模式。

4)国际化让中国音乐市场更好

国际化将深刻改变中国音乐市场。首先,用户可获取更好的音乐内容消费。随着海外巨头越来越重视中国市场,中国用户的音乐消费将与全球同步。用户有望第一时间获取音乐内容、配套的演唱会等产品或服务;其次,中国音乐市场将焕发出更多活力。音乐不只是内容创作本身,还涉及制作、播放技术、播放设备等环节。国际化的音乐制作、播放设备、版权保护技术在中国将会更加普及,Bose、JBL、Beats 等音乐设备也会加大在中国的投入力度;最后,中国音乐版权市场将进一步与国际接轨。中国音乐已进入了正版时代,但盗版还存在,尤其是词曲、翻唱、公播、同步的侵权还十分严重。而在音乐发达国家,版权保护却要严格得多。相信中国版权保护将逐步清除死角,做到面面俱到,与国际接轨。

10.6.2　音乐众筹产生的背景

众筹模式在音乐产业中的应用,其实最早可追溯至 18 世纪。如今,随着音乐产业的发展,各方声音都在强调必须让创作者的利益受到保障。18 世纪的音乐家想要维持自己的生计,也曾想过保护自己的权益,于是就出现了和当前的互联网众筹模式相似的一种方法,只是当时还不叫众筹,而是称为"订购"。当时很多著名的音乐作品都是依靠这种方法创作产生继而流传的。莫扎特、贝多芬都曾采取这种方式来筹集资金,在他们创作完成前,他们会先去寻找一些订购者,基本以贵族为主。订购者了解他们的创作内容后,会提供一定的资金扶持。最终当音乐作品完成时,订购者会获得他们的乐谱副本,同时,如果举办音乐会,他们也会成为音乐会的参与者。不过,当时这种订购方式并没有完整的体系,不受国家法规承认,而且对投资者的回报支付没有明确的监管,运营机制并不完善,所以仅运用于艺术领域,并未被大众熟知和认可。

如今音乐众筹再次出现,2001 年在美国成立的 ArtistShare 众筹平台起初主要涉及音乐领域众筹,拉开了众筹模式在音乐领域应用的序幕。在 ArtistShare 平台上,音乐人发布唱片和创作信息,吸引"粉丝"团体对唱片的生产提供资助,最终"粉丝"们获得在线销售的专辑,更重要的是获得了观看唱片录制过程的特权。众筹平台作为第三方,监督和促使这个流程合理化运行。ArtistShare 这种"依托粉丝"

(fan-based)的音乐众筹平台,让音乐家脱离唱片公司、经纪公司的束缚,直面受众需求、准确定位市场,创作符合受众审美、市场需求的音乐产品。2005 年,ArtistShare 的第一个粉丝筹资项目——美国作曲家施耐德(Maria Schneider)的《花园音乐会》成为格莱美奖历史上首张不通过零售店销售的获奖专辑,该专辑先后获得 4 项格莱美奖提名,并荣获"最佳大爵士乐团专辑奖"。发展至今,在 ArtistShare 上融资的项目已获得 9 次格莱美奖和 17 次格莱美奖提名,ArtistShare 也由此几乎成了格莱美奖新的"风向标"。

ArtistShare 不仅在美国音乐界掀起了波澜,也促使了中国的音乐产业新模式产生。"点名时间"作为国内第一家众筹网站,于 2011 年上线运营。随后又有大批众筹网站如雨后春笋般上线,其中就有乐童音乐、5SING 众筹、三分半音乐、唱江湖等专业从事音乐众筹的众筹平台。

10.6.3 音乐众筹的特点及优势

音乐文化市场呈现出的新气象丰富了音乐众筹的类型和模式,原有的专辑众筹、现场演出众筹有了更多的新玩法,偶像众筹、版权众筹等新领域也绽放异彩。另一方面,音乐众筹的特点与优势也为音乐文化市场带来了新的生机。

1)低门槛为音乐人提供更好的生存土壤和发展空间

首先,音乐众筹创业门槛低的特点给音乐人,特别是独立音乐人带来了极大的自由性和主动性。传统的音乐市场为唱片公司、经纪公司所垄断,资金、宣传都受到多方面的干预和限制,独立音乐人为音乐市场创造的产值比例小之又小。通过音乐众筹的方式,音乐人作为项目的发起者,掌握了项目的主动权和筹得资金的支配权,可以根据自己的想法,并参考粉丝的意见去创作、录制、宣传歌曲,将优秀的音乐呈现给大众。在这种环境下,音乐人已经拥有了粉丝支持,不用再过多考虑市场以及其他因素,其创作更为纯粹,创作出的作品质量更高,更能展示自身真实的音乐水平,有助于其在音乐市场立足和发展,同时为音乐市场带来更多优秀的音乐作品及产值。

其次,音乐众筹增加了音乐产品和音乐人的曝光率。传统的音乐发行、宣传推广需花费大量的人力、物力、财力。而参与音乐众筹的每一个人都将成为宣传力量,出于共同的目标和兴趣点,参与者们会将众筹的信息分享给周围的人,带动周围人的参与,形成一张巨大的传播网,从而降低宣传成本。

最后,对于音乐人自身来说,众筹模式也是一个极为有效的宣传方式。特别是对独立音乐人来说,众筹为其提供了一个网络宣传平台,让他们更好地展示自己的音乐水平,为自己赢得签约音乐公司的机会。

2）深层次资源整合为音乐市场创造价值

项目发起者在众筹模式下可以进行价值发现及创造。围绕音乐服务做深层次的资源整合,不仅通过项目本身创造价值,还可以结合音乐的衍生品以及相关服务做出一系列的回报方案,如把手工技艺、工艺美术作品、甚至是旅游景点门票及配套服务纳入到众筹项目的筹资回报当中,使得音乐众筹成为一个产业链,让音乐人、版权人、经济机构都在此产业链中获取利润,推动音乐市场创新、变革,给音乐市场带来新气象。

3）众筹项目调研为音乐活动降低风险

在传统的音乐产业运作流程中,尤其是演唱会筹办的过程中,音乐人或音乐公司需要提前对市场作出评估,但由于受到场地、时间等多方面因素的影响,提前评估的准确性不高,不能准确预估唱片或是演唱会门票的销售数额。音乐人或音乐公司经常要独自承担唱片销量不高或是音乐活动效益低的风险,而且风险不仅限于当前活动,若引起粉丝及受众不满,日后的音乐活动都会受到影响。而音乐众筹的过程其实就是一个市场调查评估的过程,通过众筹的各阶段进展,可以提前了解市场规模和预期公众反响,从而规避风险、降低成本。

10.6.4　音乐众筹数据分析

1）音乐众筹整体概况

（1）项目完成情况

据不完全统计,2017 年全年共有 816 个音乐众筹项目,其中包含 325 个已成功项目,412 个已失败项目和 79 个众筹中项目。成功项目数占全部项目数的 39.83%。

（2）项目类型分布

816 个音乐众筹项目中大部分为权益型项目,共 806 个;股权型项目只有 10 个。

2）音乐项目主要发布平台

目前专注于音乐众筹领域的垂直平台主要有乐童音乐、酷狗直播众筹、百度音乐人等,也有部分音乐众筹项目分散在其他非垂直型平台中。

2017 年全年 816 个音乐众筹项目共分布在 28 家平台上,对这些平台的地域分布进行统计,结果如图 10-29 所示。音乐众筹项目所在平台主要集中在北京、广东和浙江。发起音乐众筹项目的大多是独立音乐人,而北京是独立音乐人的聚集地,

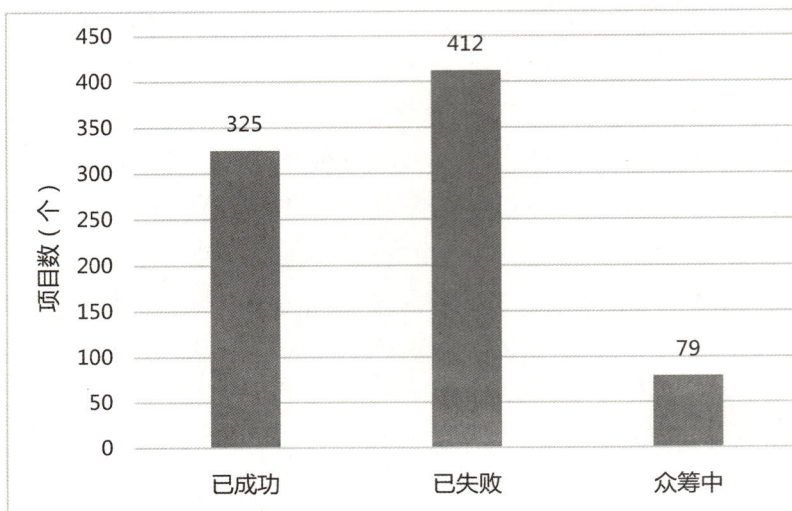

图 10‒28　2017 年音乐众筹项目完成情况

所以北京的平台数远超其他地区。

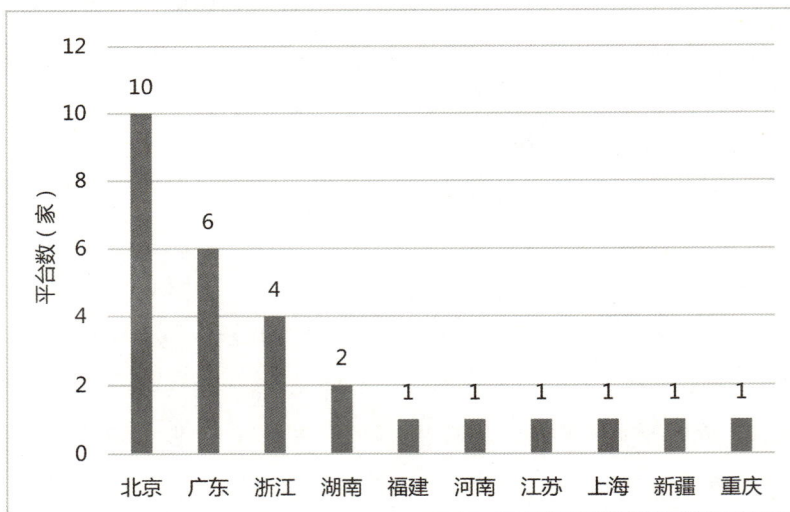

图 10‒29　音乐众筹项目发起平台地域分布

从以上平台中筛选出音乐众筹项目数大于 5 的平台进行统计,结果如表 10‒10 所示。

表 10 - 10　音乐众筹项目主要发布平台

平台名称	平台 所在地	平台 类型	成功 项目数	失败 项目数	众筹中 项目数	全部 项目数
乐童音乐	北京	权益型	134	320	57	511
酷狗直播众筹	广东	权益型	56	47	0	103
百度音乐人	北京	权益型	26	19	15	60
音悦众筹	北京	权益型	25	0	0	25
众筹网	北京	权益型	21	0	4	25
京东众筹	北京	权益型	13	0	0	13
摩点网	北京	权益型	11	0	0	11
淘宝众筹	浙江	权益型	7	0	0	7
5SING 众筹	浙江	权益型	6	0	1	7
三分半音乐	北京	权益型	4	18	1	23

注:本表按平台上音乐众筹成功项目数进行排序。

表 10 - 10 列出了 10 家众筹平台发起的音乐众筹项目概况,从中可以看出:

(1)乐童音乐、酷狗直播众筹、百度音乐人上线项目较多,分别为 511、103 和 60 个。其中乐童音乐项目数明显领先,但同时其失败项目也较多。

(2)观察平台类型可以发现,10 家平台均为权益型众筹平台。据统计,发起音乐众筹项目的 28 家平台中,权益型平台为 18 家,股权型平台为 7 家,综合型平台 3 家。可见音乐众筹项目的主要发布平台为权益型平台,与项目类型分布规律一致。

(3)乐童音乐是专注于音乐领域的众筹平台,在业界有较高的知名度。2017 年全年共有音乐众筹项目 511 个,占音乐众筹项目总数的 62.62%,远大于其他平台。但是其失败项目达到 320 个,超过了其成功项目数 134 个。

(4)排在第二位的酷狗直播众筹共有音乐众筹项目 103 个,而且其成功项目数达到了 56 个,占其全部项目的 54.37%。酷狗直播众筹是目前中国影响力较大的音乐型众筹平台之一。从表中可以看出,它在音乐众筹领域也占有重要地位,并且表现出了较强的众筹能力。

(5)百度音乐人项目数虽然达到 60 个,但是仅有 26 个成功项目。百度音乐人是一款针对原创音乐所推出的音乐平台,为音乐人提供作品管理、信息展示、乐迷互动等服务。

（6）在音乐众筹垂直领域影响力较大的 5SING 众筹虽然项目数不多,但是项目成功率较高,7 个项目中成功了 6 个;三分半音乐项目数虽然有 23 个,但是仅有 4 个成功项目。三分半音乐平台上大多数是出让音乐演唱权的项目,可见此类项目在音乐众筹市场上暂时没有太大吸引力;京东众筹、淘宝众筹等平台,虽然音乐众筹项目数不及三分半音乐,但是成功项目比较多。可见在音乐众筹市场,平台的知名度会对项目的成功产生比较重要的影响。

3）音乐项目融资概况

325 个成功项目共分布在 25 个众筹平台上。成功项目预期总融资额为 4 468.82 万元,实际总融资额为 5 307.96 万元。选取成功项目已筹金额超过 100 万元的平台共 10 家,统计其融资情况,结果如表 10 - 11 所示。

表 10 - 11　音乐众筹主要融资平台

平台名称	成功项目预期融资额（万元）	成功项目已筹金额（万元）	投资人次
迷你投	1 962.00	2 062.00	68
聚米众筹	800.00	800.00	206
乐童音乐	252.54	404.86	61 936
米筹金服	355.00	355.00	/
京东众筹	184.39	325.07	12 501
酷狗直播众筹	284.00	284.90	9 979
淘宝众筹	17.08	154.73	11 649
合伙吧	100.00	150.00	35
人人创	60.00	144.80	78
云部落	100.00	108.00	65

注:本表按成功项目已筹金额排序。

从表 10 - 11 可以发现:

（1）音乐众筹中多数平台的成功项目已筹金额较小,大于 100 万元的平台仅有 10 家,其中大于 2 000 万元的平台仅有 1 家。

（2）音乐众筹垂直型平台中进入前十排行榜的不多。

（3）成功项目投资人次最多的平台为乐童音乐,实际融资额以 404.86 万元排在第三位,仅次于迷你投和聚米众筹,可见乐童音乐在音乐众筹领域的发展较好。

　　4)音乐众筹类目概况

　　音乐众筹可细分为五大类目:音乐制作、现场演出、音乐活动、音乐周边和音乐梦想。

　　音乐制作包括唱片、专辑的制作与发行;现场演出包括演唱会、音乐会、粉丝见面会、音乐剧等;音乐活动主要包括音乐节、音乐派对、音乐讲座、音乐节目等;音乐周边产品包括写真(筹集资金用于写真的拍摄制作)、应援物、音乐小说、签名 T 恤等;音乐梦想现下主要包括两种方式:一是筹粉丝人气,获得专属量身定制的单曲或演唱会。二是筹演唱权,普通人可通过这种方式获得原创歌曲的原唱权从而实现音乐梦想。

表 10 - 12　音乐众筹各类目众筹情况

类目	全部项目数	成功项目数	成功项目已筹金额(万元)	典型项目	典型项目发起平台
现场演出	116	66	3 691.16	吾心安处——王娟新唱片全国巡演	乐童音乐
音乐制作	633	226	1 036.93	《蚍蜉渡海》银临第二张个人原创专辑	淘宝众筹
音乐活动	35	11	410.61	"2017音乐彩色跑"广州站	人人创
音乐梦想	5	3	108.30	咪吗咪音乐殿堂合伙人招募	身边筹
音乐周边	27	19	60.97	李雨《鱼里言吾》专辑定制日历本	百度音乐人

注:本表按成功项目已筹金额排序。

　　如表 10 - 12 所示,音乐制作的总项目数最多,为 633 个,占全部项目数的77.57%;其次是现场演出众筹,有 116 个项目,占全部项目数的 14.22%;成功项目数中也是音乐制作遥遥领先,现场演出排在第二。其余类别无论是项目数还是融资额,都不及音乐制作和现场演出。

10.6.5　典型平台及项目解析

1）典型平台

（1）乐童音乐（北京）。

2012 年 9 月，音乐领域垂直型众筹网站——乐童音乐正式上线，它是国内最早进入音乐众筹细分市场的平台，旨在打造一个整合乐迷群体、音乐人、音乐机构和品牌企业的产业链平台，为音乐人提供筹资、巡演以及音乐衍生品服务，整合音乐行销与音乐社交的音乐服务平台。在乐童音乐上发起和支持项目的行为是免费的，项目发起人在乐童发起项目时，必须为自己的项目设定一个确切的筹资时限和一个确定的筹资额度。乐童音乐提供了两种灵活的筹资模式：固定筹资模式和预售筹资模式。在固定筹资模式中，项目发起人如果最终未能达到筹资目标，资金将返还给项目支持者；而在预售筹资模式中，无论在设定时间内是否完成筹资目标，项目发起人都可以获得一定的筹资金额，帮助自己完成音乐创意项目，并向项目支持者提供相应承诺的回报。

活跃在乐童音乐上的用户群体有音乐人、音乐机构、品牌企业和乐迷，主要分为怀揣音乐梦想和创意的项目申请人和对音乐感兴趣、愿意出资将创意转化为现实的项目资助人。乐童音乐的项目类型有唱片制作、现场演出、周边产品制作、音乐整合行销等。据统计，乐童音乐目前拥有的注册用户中，80%都是付费用户，付费水平在 50～80 元之间。根据支持金额的不同，项目支持者享有一定的特权，并可以免费获得来自项目发起人的实物、服务或者媒体内容性质的回报，比如带签名的音乐唱片、演出门票、参与唱片的录制等，对于项目支持者来说，这些回报往往也是他们感兴趣的东西，能从参与过程中获得快乐。

如今，乐童音乐已经调整定位，围绕音乐众筹服务做深层次的资源整合，比如为独立音乐人选择录音室，提供唱片销售的渠道，针对独立音乐人的巡演众筹服务，针对明星音乐人的创意衍生产品限量服务等，通过提供线上解决方案，努力打造一个音乐众筹服务平台，成为"在线的音乐经纪人"。

（2）5SING 众筹（浙江）。

5SING 众筹是隶属于中国原创音乐基地（5sing.kugou.com）的产品，通过众筹的形式，专注于音乐人的演出、沙龙等项目，旨在服务音乐人、帮助音乐人、支持音乐人，为产业的延伸和发展做新的尝试和贡献，为独立音乐人的创作、推广提供了得天独厚的条件。

作为国内大型音乐分享网站的 5sing 网（中国原创音乐基地），也是古风音乐的最大驻扎地，一直是古风音乐的首发网站，在古风音乐圈有标志性意义。2013 年 5sing 专辑众筹的启动更是为推动古风商业化起到了举足轻重的作用。这些音乐人大多不是科班出身，完全凭借兴趣爱好进行音乐创作，不断提升自己的水平。因为没有系统的推广和包装，只能在一定的圈子里传播分享，往往不能以之为生，因此很多优秀的音乐人常常徘徊在音乐梦想的边缘。而这种具有纯音乐属性的众筹平台，结合原创音乐基地的优势就应运而生了。

2013 年 8 月，5SING 众筹正式上线。2015 年 7 月，汐音社的《人间词话》古风专辑在平台发起众筹，创下 5SING 众筹资金最高项目的纪录，筹资近百万元。2016 年 2 月，平台主办的"觅得浮生半日闲"古风朗诵音乐会，仅用 10 分钟就众筹出 12 万元的门票。同年的《御华万里》历史古风专辑的众筹金额达到 139 万元，参与人数达 9 000 多人。不同于其他众筹平台的商业化目的，5SING 众筹平台一个重要功能是为喜欢古风的粉丝提供实现梦想的机会，很多专辑、演唱会等都是音乐人与粉丝共同策划运作的，由此独立音乐人可以将音乐变现，还通过众筹对市场口味做了测试。

（3）三分半音乐（北京）。

三分半是指三分半钟，大概就是全球流行歌曲的平均长度。三分半音乐的团队创始人包括著名作词人、创意文化人和资深音乐业者刘卓辉，IT 背景、腾讯出身的赵科峰等，在互联网产品技术、音乐创意经营和版权运营、投资与金融创新等方面拥有丰富的经验与能力，通过创新的方式将音乐人与粉丝紧密地连接在一起，打造崭新的音乐互动平台，为音乐人和音乐机构提供"互联网＋音乐"的综合服务。它的特点是：在三分半音乐互动平台认购音乐项目，可取得相关音乐和产品，亦可分享未来盈利成果，建立相辅相成的伙伴关系。

三分半音乐通过微信公众号提供服务，创始人赵科峰认为微信社交网络是一个最适合长尾市场的典型应用场景。在这里，音乐人拥有独立经营音乐事业的能力，可以建站并上传自己的资料和作品，获得粉丝的关注和支持。此外，微信音乐人平台全面支持唱片、周边、演出、众筹等活动发布管理及在线销售，支持微信支付、第三方资金担保、自由提现。乐迷可以听音乐人的歌、购买他们的专辑和周边产品。

2）典型项目

（1）音乐众筹让不可能成为可能。

2015 年 6 月 3 日，两个"80 后"秦昊和张小厚组成的中国民谣组合"好妹妹乐队"

在京东众筹上发起名为"自在如风"的北京工体万人演唱会的众筹项目,让市场和乐迷替他们作出选择。过去在工体举办演唱会的通常是王菲、刘德华、张学友、周杰伦等最著名的歌手,而自嘲是"十八线歌手"的"好妹妹乐队"的音乐之梦能否实现,在网上引起了热议。结果,他们仅用一个多月就筹得236.86万元。演唱会于9月12日成功举办,给了当初并不看好音乐与互联网众筹结合的人一个有力的回应。

(2)音乐众筹告别和致敬传统唱片业。

2011年2月15日,民谣歌手李志做了一件令许多音乐人甚至整个音乐界都觉得荒谬的事情:他把家里所有的音乐唱片全部打包拉到南京郊区的一个垃圾场焚烧掉了。对此,他还特意用了齐秦的《把梦烧光》做主题拍了一段视频。此事在网上引起一阵轰动,众人称之为"李志焚碟"事件。不少歌迷都认为李志对唱片市场已彻底失望,誓要与音乐做个了结。但此次焚碟后不到半个月,李志就在"点名时间"上发起了一个为他2011年跨年演唱会DVD众筹制作资金的项目。李志团队的"老迟"对此回复说:当时把此前滞销的CD烧掉,是希望能为音乐的旧模式做个终止,然后开启一种新的玩法。

10.6.6　音乐众筹存在的风险及问题

1)音乐人方面风险

音乐众筹对于音乐人而言有两方面的风险。第一,决策风险。音乐人作为项目的发起人,需要对融资项目做出主观决议,做出自己想做的作品,但是这容易产生无法达到投资者预期效果的风险。第二,技术风险。音乐人所筹资项目的效果与其自身的音乐素养、技术水平、创新能力有很大关系,这些不确定因素都会构成风险。

2)众筹平台方面风险

音乐众筹存在众筹平台方面的风险。众筹融资平台是连接音乐人和众多投资者的桥梁,通过平台的对接,音乐人能够获得所需资金,投资者也能支持自己喜爱的音乐,获得满足感。众筹融资平台充当金融服务中介的职能,主要有以下风险:第一,逆向选择。逆向选择风险主要源于大众投资者与众筹融资平台之间的信息不对称。众筹融资平台在审核和调研音乐人的众筹融资项目时,可能只批准有额外好处的项目,从而产生道德风险,严重损害投资者的利益。第二,资金托管。项目资金流转过程中有的众筹平台实际上担任了第三方资金托管部门的角色,而不再是资金供求双方的沟通服务中介。目前来看,庞大的资金托管业务对众筹平台的信用将是一次严峻的考验。

3）大众投资者方面风险

音乐众筹大众投资者方面存在风险。第一，参与风险。社会大众对众筹融资的认知度不足、参与程度不高直接阻碍了音乐人众筹融资的开展。众筹融资模式在我国发展时间较短，还属于新生事物。从社会文化角度来看，我国居民通常比较保守，不愿参与概念或创意的开发；第二，利益不一致风险。在众筹融资模式中，音乐人是资金的需求方，大众出资人是资金的供给方，双方有不同的利益诉求。音乐人的目标是自身利益最大化，大众出资人追求的是效用最大化或回报最大化，二者的目标差异会导致投资者陷入利益受损的境地。

10.6.7　小结

自众筹模式在音乐行业发展以来，诞生了许多新生代独立音乐人和原创音乐。音乐众筹模式让年轻音乐人不必再像以往的歌手那样一定要签唱片公司、经纪公司。省去一些中间环节后，歌手和歌迷之间更加紧密，音乐作品也更直接地面对市场。当然，独特性和原创性是音乐人受大众喜爱的必不可少的因素，像"好妹妹组合"就有清新的曲风、默契的配合，也不乏一点幽默搞怪的心思。这种潮流，似乎昭示着音乐人自身才是传播和宣传的主体，才是自己音乐的真正代言人。不过，也正如乐童音乐的副总裁郭小寒说过的："音乐人自己就是自己的传播媒体，但作为独立音乐人，还要和各平台展开深入合作。"

当前，这种新型的音乐传播模式逐渐让我国的独立音乐人寻找到了发展的方向，也让传统唱片业开始从音乐产业中剥离出去，在缩短音乐产业链条的同时，也让受众的音乐欣赏能力得到了提升。或许，通过基于欣赏而发生的精神共鸣，使得音乐产业发展更加多元化，更加富有创意和生命力，才是音乐众筹风潮最大的人文意义所在。

除了为音乐人提供自由开放的平台以外，音乐众筹已经运用在音乐的各个方面，成为一个多元的链条，音乐人、版权所有人、经纪机构、演艺机构等都可以从中获利。如版权出让、音乐人培养计划、音乐节目、公益音乐活动、音乐团队组建，还有各种宣传推广、粉丝维护等音乐类经纪活动都可以通过音乐众筹实现。另外，音乐众筹还实现了跨产业的结合，如"直播＋音乐"众筹，为人气主播筹得知名制作人为其定作的单曲，一方面实现了素人的音乐梦想，另一方面也产出新的音乐创作。因此，和其他产业的结合可以使音乐众筹迸发出更多活力，为音乐产业增添异彩。

10.7 出版众筹

出版众筹是指项目发起人在众筹平台上发起出版类产品项目,通过众筹平台的审核后,开始向公众筹集资金。如果在规定时间内顺利筹集到目标金额,那么该出版项目得以执行;相反,如果在规定时间内没有筹集到目标金额,那么该出版项目宣告失败。项目成功后,参与者会获得一定的回报,这种回报多以实物回报和精神回报为主,如赠送书籍、出版成果的阅读权限以及与众筹项目发起人的线下交流机会等等。

10.7.1 出版众筹产生的背景

出版众筹的产生源于互联网时代带来的行业与社会变化。从行业来讲,传统出版流程无法满足公众日益多元化的需求,自身发展也存在资源限制;从社会环境来讲,公众不断增强的参与精神、对出版资源的需求及众筹行业本身的发展与完善,催生了出版众筹模式。

1)传统出版业面临内忧外患

传统图书出版受出版社定位、市场需求、出版资源以及图书编辑喜好等多方限制,加之颇高的资金与时间门槛,一方面限制了普通人出书的可能性,另一方面导致读者小众化,缺少个性化内容。从传统出版业自身发展而言,其早已远离20世纪80年代"印书就像印钞票"的阶段,正在面临数字出版和电商渠道的双重压迫,已经出现"图书品种越来越多、定价越来越高、库存越来越大、利润越来越薄"的滞涨局面。传统出版业亟须引进新的运营和筹资模式。

2)公众意识和能力的变革

互联网时代,公众不仅是信息与知识的消费者,也更多地扮演起制造者与传播者的角色,产生了所谓"通过分化与整合、竞争与协作的创新机制使人类社区朝更高秩序方向演化"的"群体智慧"。这种变化导致公众在积极地进行知识的自我生产,散落在各地的个体因共同意识相互联系、支持,最终达成集体性的出版行为,这成为推动出版众筹产生的关键因素。

3)众筹概念的不断发展

出版众筹的产生得益于众筹在其他领域的成功经验。在众筹出现的早期,寻求资金支持的人群多为富有创造力的艺术家和利用开源平台将创意变为实际的"创客"。这些拥有创意的群体通过众筹平台进行作品或产品预售,既解决了资金短缺的燃眉之急,又通过与投资者的互动了解市场、获取反馈进而完善作品或产品。众筹在这些领域的成功实践,为其进入出版行业提供了经验上的支撑。

10.7.2　出版众筹的特点及优势

1)　创新营销方式

出版众筹的出现,使得营销活动得以在书籍编辑出版前就开始进行。不管是仍在进行创作的图书还是已经定稿准备出版发行的图书,都可以借助众筹的方式宣传、营销、甚至预售。目前,出版众筹最大的特点就是营销,除了极少数的小众图书以外,大多数成功的出版众筹图书都是项目发起人通过自身的影响力获得粉丝的资金支持,进行图书的预售。

2)　降低融资门槛

传统出版项目的资金基本来自于出版企业自身的积累和部分补助,很少能得到银行信贷资金支持,而出版众筹的资金来自广大受众闲置资金中微不足道的一部分,很好地解决了传统出版企业融资渠道和融资方式受限的问题,降低了出版融资门槛,从而解决了出版企业的资金压力。此外,当前我国出版众筹项目绝大部分都是回报类众筹项目,项目发起人仅仅需要在项目完成后对投资者提供相关的产品和服务,并不需要做出资金上的回报,进一步减轻了融资企业的金融压力。

3)　提高受众参与度

出版众筹模式联结生产者和消费者,颠覆了传统出版流程,提高了受众的参与度,使出版流程以及读者需求和消费前移。出版众筹流程中的读者能有效地参与到众筹项目的生产、流通、消费等各个环节中。在项目生产前期,参与者可以就出版内容提出相关的建议和意见,并且能在一定程度上决定出版方式;在项目生产流通过程中,也可以通过见面交流会等方式和作者进行面对面的沟通互动;在项目的消费环节,参与者之间也可以展开相关讨论。

4)　预测市场前景

出版众筹模式能通过受众的反应、筹资额的多少有效预测市场前景。项目发起人必须在众筹平台发布出版项目的创意和方案,通过众筹平台宣传自己的选题和策划,在出版物编辑发行前接受受众和市场的检验,如果在预计时间内筹款成功,说明该项目在一定程度上已经得到市场的认可。同时,对于筹款成功的项目,出版方也能根据读者的反应,比如参与人数、支付情况等,预测该出版物的发行量,有计划地安排出版活动。

10.7.3　出版众筹的运作方式

与大多数众筹方式相同,出版众筹主要由项目发起人、支持者和众筹平台构成。发起人指具有创造能力但缺乏资金的个人或机构,出版众筹的发起人通常包括具有出书意愿的专业人士或普通个体、有意愿进行内容生产的机构或网站以及缺乏资金的出版企业。支持者指对筹资者的创意、故事、知识或回报感兴趣并有能力且愿意提供资金支持的人,通常是普通公众。众筹平台是指连接发起人和支持者的网站,例如 Kickstarter、众筹网、京东众筹等。

作为项目发起人的个人或机构和作为支持者的普通公众通过众筹平台建立了涉及经济层面和内容生产层面上的直接交互。公众承担读者和投资者的双重角色,通过群体智慧、市场逻辑和个人喜好决定哪些书籍能够被出版,其角色也从内容的消费者变成资源的控制者与内容的把关人。个人或机构作为作者,也不是孤立地创作,而可以把公众的智慧和需求纳入自己的创作中。而连接发起人和支持者的众筹平台可以看作两者的中介,对众筹项目进行筛选和监督,也就是说,众筹平台在众筹过程中承担着推介的职能。众筹平台不具备出版发行的能力,但可以为出版社提供出版资源,由于出版内容在众筹平台上经历了市场考验,不仅降低了出版社的出版风险,还对目标读者进行了精准营销。其间相互作用如图 10 - 30 所示。

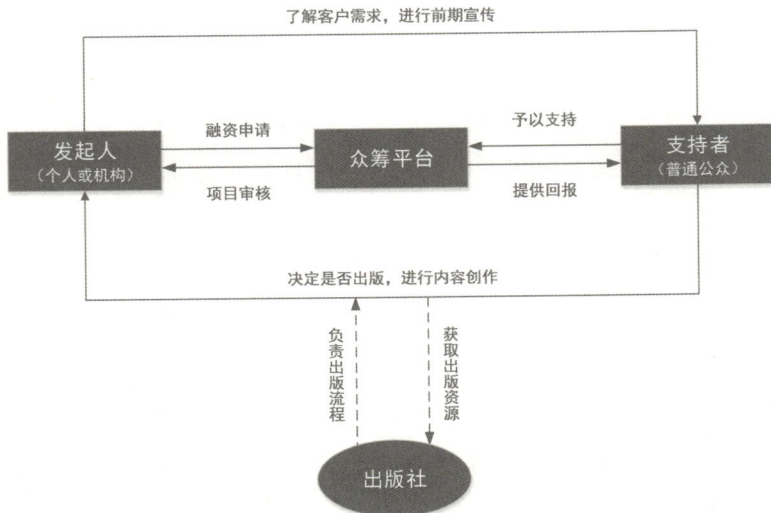

图 10 - 30　出版众筹角色关系

综观国内外的众筹平台,出版众筹的具体运作主要包括:发起项目、筹集资金、展示众筹结果以及回馈评价四个阶段,如图 10 - 31 所示。

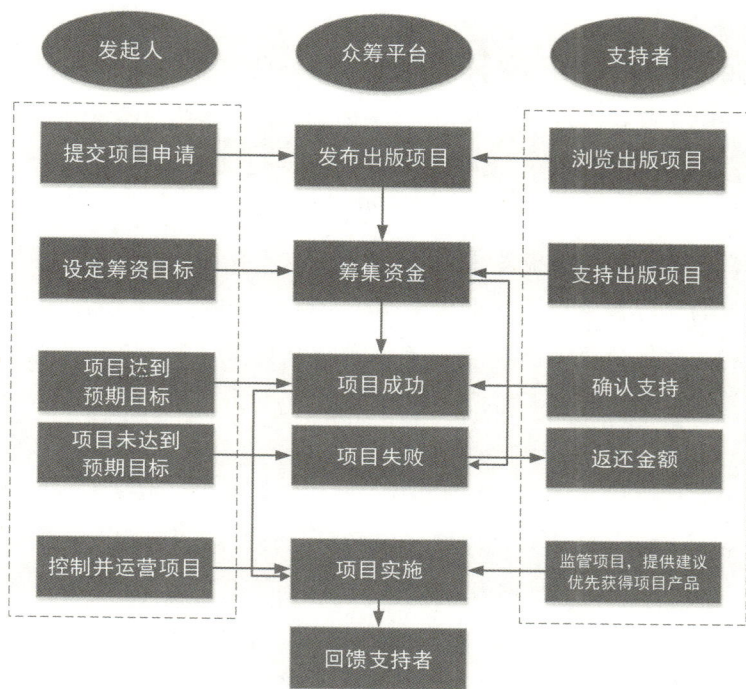

图 10 - 31　出版众筹运作流程

1) 发起项目

由项目发起人在众筹平台上申请出版项目,经平台的负责编辑审核通过后向公众推出,之后进入筹集资金阶段。在项目发起的过程中,发起人需将出版的内容、创意和思路、项目回报等信息一一展示在众筹网站上,配以图片或视频展示。

2) 筹集资金

出版众筹项目募集资金的方式一般采用团购或预购的模式,通过公布项目内容、所需经费、资金用途、筹资期限和回馈内容等信息,来获取众筹网站用户足够的关注和支持。

3）展示众筹结果

在筹资规定时间内，若发起人成功筹集到目标资金，出版项目将进入执行与实施阶段；若未能成功筹资，则要将已筹资金返还给出资者，出版项目宣告失败。

4）回馈评价

项目在规定时间内成功之后，依据发起人设定的回报机制，出版项目将以实物或服务的方式向支持者提供一定的回馈；同时，发起人需以一定方式展示项目的完成情况，并由支持者进行审核。若项目中途遇到问题或不能通过支持者审核，发起人将按照风险说明向支持者提供退款或其他补偿。

10.7.4 出版众筹的回报方式

出版众筹的支持者往往是对出版内容感兴趣的群体，相对于其他众筹项目，这些支持者期待的经济效益比较低，甚至有一部分支持者选择无条件支持。支持者可以从出版众筹项目中获得以下回报。

1）取得一定的出版话语权

以前的出版话语权掌握在出版社手中，而出版众筹更多地是把出版决策权交给了公众。公众可以根据自己的兴趣偏好选择自己喜欢的内容出版，这样一来，偏小众的内容可以在具有符合出版内容的垂直平台或者名气较大、用户较多的众筹平台上吸引大众，寻找出小众群体来支持出版。投资的受众多，筹集的资金就多。融资额达到了预设的目标，说明该出版内容接受了市场和大众的检验，可以运作；否则，该内容就被淘汰出局。通过投资或不投资，公众行使了对出版物选题的决策权。这与传统出版模式明显不同，传统出版模式下，选题决策权一般由出版企业相关负责人或选题论证委员会行使，公众只是出版物内容的被动接受者。

2）获得出版物的优先阅读权和相应的物质回报

采用众筹模式运作的出版物，作者和出版企业须向投资者定期或不定期公布创作进程或生产进度，作为投资者的读者在出版物出版前即可优先阅读部分甚至全部内容，出版后可以优先购买或以优惠价格购买。

出版众筹主要分为三类，即资助众筹、预售众筹和股权型众筹。资助众筹是在未出版之前公众为作者无偿提供的资助，以帮助作者完成出版；预售众筹是指作者出版之后在众筹平台上预销售，以观测市场对出版内容的反应；此外还有股权型众筹模式的出版项目，不过这类项目目前还比较少，大多众筹平台上的出版众筹采取的是预售式模式。预售众筹向受众提供的经济回报，主要是出版物、购货折扣、入场券或其他实物等。我国众筹平台的预售众筹向受众提供的经济利益会按受众投资额的不同，划分为不同的档次。

3）获得精神上的满足

作为投资者的读者通过众筹出版项目来满足其精神需求，主要是社交的需求和尊重的需求。比如，参加新书首发研讨会让受众有一种归属感，实现自我的价值体现。对于有追求的投资者，较之物质需求，精神需求的满足对他们的吸引力更大，更能激发他们的投资热情。

10.7.5　出版众筹数据分析

据不完全统计，在 2017 年，共有 16 家平台上线过出版众筹项目，总项目数为329 个，成功项目数为 268 个，成功项目已筹金额为 1 832.19 万元，支持人次约为13.72万人次。

1）2017 出版众筹项目概况

据不完全统计，2017 年底国内正在运营的 294 家众筹平台中共有 16 家平台上线过出版众筹项目，总计项目 329 个，仅占到 2017 年总项目数的 0.43%。而在 329个出版众筹项目中成功的项目数为 268 个，失败项目为 15 个，众筹中项目为 46 个，成功项目数占比 81.46%。

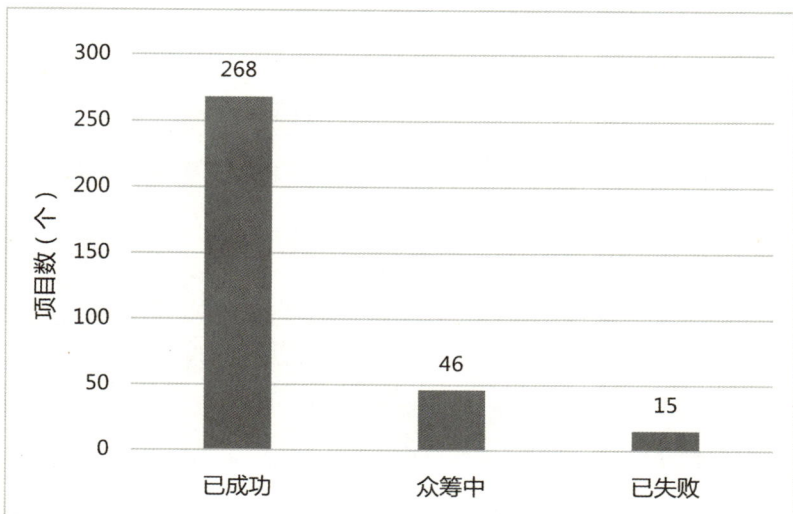

图 10 - 32　2017 年出版众筹项目概况

2）2017 出版众筹成功项目实际融资额概况

2017 年成功的 268 个出版众筹项目的已筹金额总计为 1 832.19 万元,已筹金额整体分布情况如图 10－33 所示。其中已筹金额区间为(1,5](单位:万元)的出版众筹项目数最多,为 145 个,占比 54.10%;区间为(5,10]的项目数次之,为 52 个,占比 19.40%。可见出版众筹项目大多属于小额众筹。另外,区间为(0,1]的项目数有 28 个,占比 10.45%;区间为(10,50]的项目数有 39 个,占比 14.55%;而 50 万元及以上的项目数比较少,总计只有 4 个,占比 1.49%。

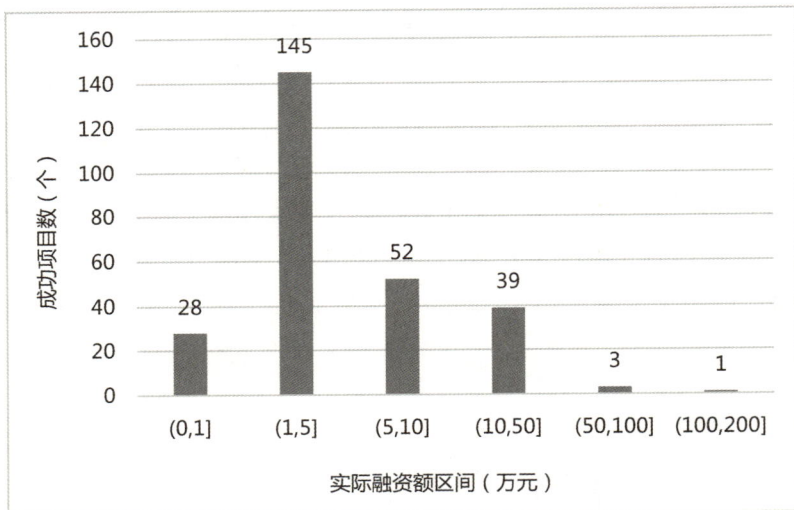

图 10－33　2017 出版众筹成功项目融资区间分布(区间单位:万元)

3）2017 出版众筹成功项目投资人次概况

2017 年成功的 268 个出版众筹项目投资人次共计 13.72 万人次,整体分布情况如图 10－34 所示。其中投资人次区间为(100,500]的出版众筹项目数最多,为 140 个,占比 52.24%;区间为(0,100]的项目数为 47 个,占比 17.54%。可见出版众筹项目的投资人次多数小于 500 人。另外,区间为(500,1 000]的项目数有 43 个,占比 16.04%;区间为(1 000,5 000]的项目数为 36 个,占比 13.43%;而 5 000 人次及以上的项目非常少,只有 2 个。

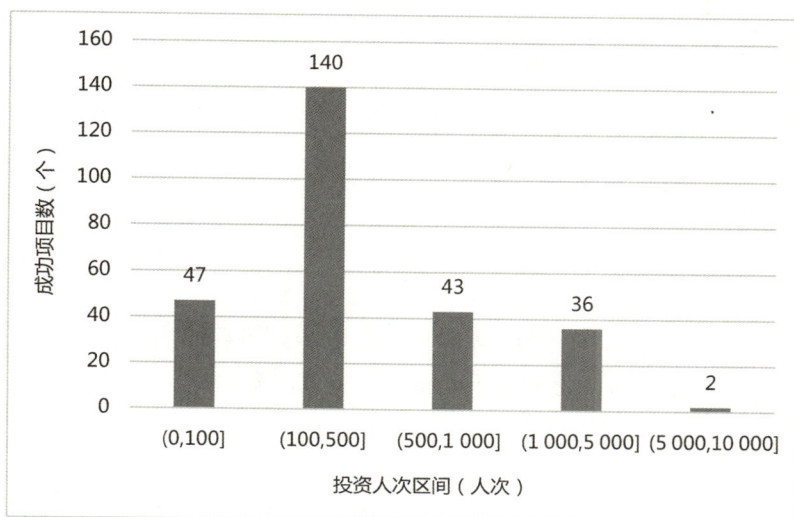

图 10 - 34　2017 出版众筹成功项目投资人次区间分布

10.7.6　典型平台及项目解析

表 10 - 13　部分出版众筹项目发起平台概况

平台名称	所在地	平台类型	平　台　特　色
众筹网	北京	权益型	众筹网作为一站式综合众筹服务平台,其出版众筹也强调以服务为主,提供包括选题、出版、营销和策划等一系列服务。主要特色服务包括:提供媒体资源及宣传服务、专业化视频拍摄及后期制作、代为设计项目相关图片、代发项目回报省去快递烦恼、为出版机构介绍优秀的个人或机构项目等,合适的出版项目将有机会与影视界跨界合作。
京东众筹	北京	权益型	京东众筹是京东金融的一个重要分支,京东金融是将传统金融业务和互联网技术相结合,探索全新的互联网模式的金融版块。京东金融致力于为个人和企业提供安全、高收益、定制化的金融服务。京东众筹里的出版包括图书绘画出版和书画收藏等内容,其中图书的出版在京东图书平台上都有出售,而书画收藏更侧重于投资,符合京东金融的理念。

（续表）

平台名称	所在地	平台类型	平 台 特 色
淘宝众筹	浙江	权益型	淘宝众筹的口号是认真对待每一个梦想。淘宝众筹将出版众筹项目分在书籍类目里。淘宝众筹最大的特点是,在淘宝众筹中的项目方必须在淘宝上开店并且经营,这样也为淘宝带来了直接效益。
乐童音乐	北京	权益型	乐童音乐是专注于音乐行业的众筹服务平台。乐童音乐中的项目包括专辑发售、演出门票预售、音乐硬件、明星T恤以及音乐周边产品的众筹。关于出版,乐童音乐也只做音乐类的项目。
摩点网	北京	权益型	摩点网是首家专注于游戏、动漫、影视、文学等文创领域的众筹平台,致力于为有诚意的作品和认真的用户说话。摩点网中的出版众筹更加侧重于游戏和网红小说的出版。

出版众筹的热门项目众筹情况如何？表 10 - 14 中为出版众筹成功项目已筹金额前十的项目众筹情况,从中可以窥见一斑。

表 10 - 14　出版众筹典型项目基本信息一览表

项目名称	众筹类型	预期融资额(万元)	实际融资额(万元)	已达比例	支持人次	发起平台
超级内容	股权型	139.00	163.00	117%	74	头狼金服
吴晓波频道经典重译计划第二季	权益型	30.00	71.69	239%	6 955	众筹网
白头翁入少年场,《童话往事》给你的回忆涂上颜色	权益型	23.00	63.79	277%	2 009	摩点网
《远方不远》:穿越大漠去中东,一个游侠骑士的两万里西行	权益型	10.00	51.67	517%	6 520	众筹网
现代快节奏时代的练字神器	权益型	10.00	43.91	439%	3 172	京东众筹

（续表）

项目名称	众筹类型	预期融资额(万元)	实际融资额(万元)	已达比例	支持人次	发起平台
情商系列绘本动物总动员:改变孩子成长轨迹	权益型	5.00	36.65	733%	611	淘宝众筹
《逆战》五周年设定集	权益型	5.00	31.12	622%	1 063	京东众筹
AR 绘本 林志玲友情推荐	权益型	20.00	30.88	154%	1 398	京东众筹
《丝路印记》原创主题藏书票众筹	权益型	28.00	30.44	109%	135	众筹网
让图片会说话,品牌销量飞起来	权益型	10.00	30.29	303%	2 189	淘宝众筹

10.7.7　出版众筹存在的问题

1) 出版众筹目的不明确

在西方国家参与众筹的图书,大多数是普通作者的作品,这些作者希望通过众筹来帮助作品面世。但中国的众筹图书很多是名家新作,即便不众筹也会获得关注。也就是说,中国很多参与众筹的图书既不缺钱也不差名,目的就是把众筹平台作为自己的秀场,让众筹作为其图书推广营销的手段。发达国家的出版众筹给投资者的回报,一般都是一些签名本或一些明信片等。而在中国的众筹,回报则千奇百怪、价值惊人。如在《盗墓笔记》的众筹模式中,读者捐赠 199 元,就有机会获得价格不菲的听读机、有声机、年会门票、咖啡馆活动,甚至还有苹果手机。国内许多出版众筹项目并不是以融资为目的,而是作为一种图书营销的手段,这从某种角度上来说并不利于出版众筹的发展。

2) 暂未涉及数字出版领域

从前面的分析可以看出,出版众筹主要涉及的是传统的图书出版项目,而新兴的数字出版领域并没有涉及。数字出版已成为出版业重要的发展趋势和新的经济增长点。大力发展数字出版,加快出版业数字化转型升级,实现传统出版与新兴出版的融合发展是出版业发展的当务之急。数字出版项目通常投资大、周期长,很难在短时间内见到效益。因此,目前大多数出版业企业并不愿意在数字出版业务方面投入太多,致使出版业数字出版的整体发展水平要远远落后于互联网新媒体行业。资金投入严重不足已经成为出版业数字化发展的瓶颈,在数字出版领域开展众筹融资模式的尝试,发展多元化的融资模式,是出版业增加发展动力、加快数字出版产业发展的重要途径。

3）知识产权无保障

知识产权,是指权利人对其所创造的智力劳动成绩所享有的专有权利,一般只在一定时期内有效,各种智力创造比如艺术作品、发明、文学、名称、标志、外观设计等都可以被认为是某人或组织所拥有的知识产权。知识产权对于全世界的企业来说都是最宝贵的资产。为了吸引受众投资,作者、出版企业一般都会在众筹平台上公布出版物选题及其创意的部分甚至全部内容,如果没有任何保密或者信息保障措施,这样展示成果会带来巨大风险。众筹平台无法保证创意不被他人剽窃,项目方需要提高对知识产权的保护意识。

4）出版众筹融资的法律风险隐患

就现行的法律法规来看,出版众筹中的资助众筹和预售众筹是法律允许的,而项目方如果要采用股权型众筹方式进行融资,则要注意防范非法集资或非法证券活动的法律风险。

10.7.8　我国出版众筹发展建议

1）完善出版众筹盈利模式

出版众筹在中国目前仍处于起步阶段,未来的发展空间很大,除了出版行业的相关从业人员,越来越多的作家、读者甚至普通民众都渐渐意识到出版众筹的发展潜力,纷纷参与到出版众筹活动中来。作为一种商业模式,出版众筹必须实现生存和盈利,目前的出路是依靠现有资源和品牌进行整合创新。从长远来看,出版众筹的落脚点仍然是普通民众的单个创意项目,如此才能激发出版众筹的活力,使出版众筹渐渐深入大众。众筹平台要做的就是不断培育出版众筹市场,使其获得广泛关注,从而探索、完善适用于出版众筹的盈利模式。

2）加强众筹平台制度建设

从众筹平台管理者的角度来看,众筹平台不应该只是一个简单地给公众提供众筹机会的平台,更应该不断加强平台制度建设,积极履行其监管义务,从项目申请到项目结束都要严格监督审核。项目申请时,众筹平台要严格审核其资格,把好质量关;项目进行时,众筹平台需要不断地跟进项目进程,公布相关信息,最大程度地降低项目投资者的投资风险;项目结束后,众筹平台要督促项目发起人履行对投资者的承诺,实现相关的实物或者服务回报,最终促使出版众筹项目得以顺利完成。

3）打造专业品牌出版众筹平台

我国的众筹平台众多,但还没有成熟的专业的出版众筹平台。随着出版众筹选题日趋丰富、区域分布愈发广泛、项目创意更加多元,能够适用于出版运作机制的专业出版众筹平台亟待建立,专业的出版众筹平台能提供更为细化的服务,以及更为规范的出版方式,在"众筹模式"和"众筹项目"上更容易取得投资者的信任。因此,努力打造垂直类的专业出版众筹平台是未来出版众筹发展的重要途径。

4）引导与培养读者的"众筹意识"

中国读者习惯了"一手交钱,一手交货"的传统购书模式,对绝大多数读者来说"众筹"是个新鲜事物,大部分读者还不了解其具体运作,即使知道出版众筹的读者也基本对其持观望态度,等待其他更多的人参与且众筹发展到更大规模时才肯加入。对读者众筹意识的培养,显然不是一日之功,需要各方的不断努力。

10.7.9　小结

在互联网日益普及的今天,越来越多的平台上线了出版众筹项目。目前,国内出版众筹项目的开展主要是通过综合性众筹平台来实现,如众筹网、淘宝众筹、京东众筹等较具影响力的众筹平台。出版众筹的内容包罗万象,从诗篇、小说、绘本等个人作品集,到财经、音乐、互联网等专业领域书籍,所包括的内容越来越广泛,也获得了越来越多的支持者认可。

出版行业的从业者和研究者都认为出版众筹是一个开创性的行为,它为出版业的发展开辟了新途径,提供了新思路。采用众筹的形式不只是在互联网时代的一种尝试和探索,更是给出版机构及出版人提供了一种新的选择和机会。作为当下社交化媒介工具的一种创新产业模式,出版众筹虽然在当前的政策环境下并没有得到长足的发展,但已经初露锋芒,不仅改变了传统出版机构的生产方式,而且为新媒体环境下举步维艰的出版行业注入了新的活力。

从总体上看,我国的出版众筹仍处于起步阶段,还有各种问题需要解决。未来出版众筹若要取得长足发展,一方面要依赖于国内众筹行业的整体发展,另一方面还要努力加强与传统出版业的深度融合。

10.8 游戏众筹

10.8.1 我国游戏文化市场概况

2017 年,公众在游戏娱乐方面的消费支出不断增加,有效带动了游戏行业的高速发展。整体来看,2017 年游戏行业营业收入平稳提升。移动游戏进入存量市场阶段,虽然增幅有所回落,但对行业整体增长保持较大的带动作用。

据不完全统计,2017 年中国游戏行业整体营业收入约为 2 189.60 亿元,同比增长 23.12%。其中,网络游戏对行业营业收入的贡献较大(前三季度营业收入达到 1 513.20亿元),全年营业收入约为 2 011.10 亿元,同比增长 23.11%;家用游戏机相关营收约为 38.91 亿元,同比增长 15.11%;游戏游艺机(前三季度销售收入约为 99.82亿元),全年约为 135.18 亿元,同比增长 24.70%;VR 游戏收入 4.10 亿元,同比增长 28.23%。

未来游戏行业市场规模将继续增长,随着移动游戏市场的成熟和游戏用户消费观念的升级,网络游戏市场仍有较大的增长潜力。监管机构的有效引导、用户消费的升级以及众筹等融资方式的引入,将继续推动有质量、有内容、有创新的精品游戏研发。

10.8.2 我国游戏众筹概况

游戏众筹指的是游戏开发商通过互联网向潜在投资者展开资金筹集,进而使用所得的资金来开发游戏。它的特征主要在于门槛低,无论何种身份、地位、职业、年龄,只要你有想法、有创造能力便能够发起游戏项目。

近年来,众筹已成为许多游戏开发团队的重要资金来源。作为一种商业模式,游戏众筹既可以帮助中小团队吸引投资,让游戏未发先火,积累粉丝与知名度,又可以帮助游戏开发者与玩家建起一座沟通的桥梁,让玩家能够有更加深刻的认同感和归属感。

游戏市场的繁荣发展带动了一大批的游戏开发者。在传统游戏产业中,一般由发行方提供游戏的制作费用,玩家为游戏支付的费用中,开发者只能获得不足 10% 的分成,这种模式对游戏开发者的创作积极性造成了不好的影响;另一方面,以往的游戏行业基本上被巨头垄断,独立游戏开发者缺乏发展机会。游戏开发者缺乏资金支持和合适的融资渠道,游戏内容受制于融资方的问题一直存在,游戏众筹成为有效的解决方案。

　　游戏众筹在国内能够得到迅速的发展主要原因有两点:一方面,国外知名游戏众筹的成功给予中国游戏市场较大的信心,游戏开发者们都纷纷加入这个行列;另一方面,中国是最大的游戏市场,拥有最大的玩家规模,通过游戏众筹能使玩家更加有参与感。

　　然而,值得注意的是,投资游戏众筹项目具有一定的风险,就连国外知名众筹网站 Kickstarter 也难免有众筹失败的项目,即使是众筹成功的项目最终失败的也不在少数。究其原因也是多种多样,有的是游戏在可玩性等方面不能满足玩家;有的是项目规划不合理,开发进度严重落后于计划;有的是团队发生变动,无力继续开发等。玩家的热情逐渐消退,对于众筹作品的要求逐渐提高,这也督促着游戏开发者创造出更好的作品,使得行业能够长久稳定地发展。

10.8.3　游戏众筹模式及回报模式

1) 游戏众筹模式

（1）游戏尚未开发或是重制游戏。这种模式的游戏众筹项目发起者往往是中小工作室,也就是常说的草根创业者。他们发起的众筹项目分为两种:一种是尚未开发,即只有一个创意和设计,通过在平台上展示项目筹集资金,以一定的股权或是游戏内道具、游戏内奖励等作为回报;另一种就是重制游戏,这是由于之前制作团队鉴于经验、技术等原因,发现达不到预期效果,无奈之下放弃制作,但时隔多年,随着技术的进步和成熟,制作团队发现有能力实现期望的效果,遂在众筹平台上发起众筹,以期得到大家的支持。

（2）游戏已经开发完成,出售游戏道具、游戏内宣传。这类众筹项目的发起者一般是较有实力的游戏公司,他们在众筹网站上发布项目往往是出于以下两个原因:第一,通过预先的游戏内物品及特权预售为游戏做宣传;第二,让玩家参与游戏的制作从而让其有更多的参与感,玩家的选择也会让制作方更好地了解其需求,以玩家需求为导向补充游戏的内容。

（3）引进国外游戏。这类项目的发起者将国外优秀的、可玩性高的、有吸引力的游戏引入国内并发布在众筹平台上,通过展示游戏部分内容并设定相应的回报筹集资金,资金用于游戏的汉化及内容补充。例如游人码头休闲娱乐公司,就是一家从事欧美桌面游戏引进的公司。

（4）游戏后期的维护。这类众筹模式主要是针对游戏的现有玩家，项目方通过向这部分玩家筹集资金用于对游戏进行优化并对游戏内容进行补充。这类游戏项目拥有一定的玩家数量，所以在其发起众筹后往往很快就能完成资金的筹集。

2）游戏众筹回报模式

目前国内游戏众筹的回报方式主要有两种类型：权益型众筹和股权型众筹。

权益型众筹：游戏项目在平台发布后，支持人可以选择相应的支持金额来支持自己喜欢的项目，项目方在众筹完成后给予支持人一定价值的纪念品（游戏周边、游戏限量光盘）、私人定制（在游戏中为投资者定制一个角色）、游戏内回报（游戏点券、游戏道具）、抢先体验版、游戏设备等，桌游则以产品套装或者周边作为回报。游戏产品的权益众筹类似预售，在产品正式推出前，让玩家先花钱购买。因此在给予玩家的回报方面理应要比日后购买多一些合理的奖励。

股权型众筹：此模式即投资者对自己喜欢的游戏项目进行股权投资，一般有一位领投人和多位跟投人，根据自己投资的金额数目和项目方出让股权的比例进行股份分配，并在线下办理投资协议签订、有限合伙企业成立、工商变更等手续，众筹完成后投资者占有该游戏项目的股权正式生效，并根据相关法律法规享有相应的股东权利和义务。

10.8.4　游戏众筹数据分析

1）游戏项目类型分布

据不完全统计，2017 年全年共有 186 个游戏众筹项目，其中 27 个项目尚处于众筹中，已成功项目 142 个，已失败项目 17 个，成功项目数占全部项目数的 76.34%。

据数据显示，游戏众筹项目中权益型项目为 182 个，占比 97.85%，股权型项目 4 个，仅占比 2.15%，可见游戏众筹领域主要是权益型项目。

权益型成功项目有 140 个，失败项目有 17 个，众筹中项目有 25 个；股权型成功项目有 2 个，众筹中项目有 2 个。

2）游戏项目主要发布平台

2017 年游戏众筹市场，全年共有 186 个项目，分布在 10 个众筹平台上。选取其中有成功项目的 7 个平台，统计这些平台的项目完成情况。

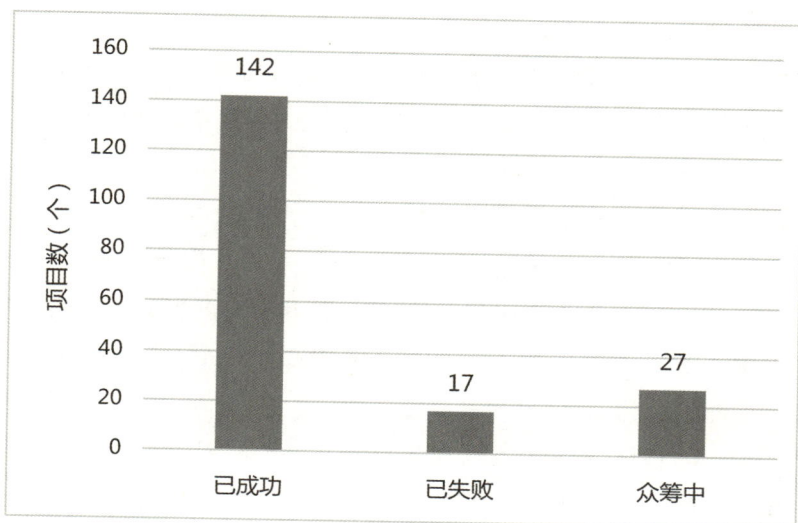

图 10 - 35　游戏众筹项目完成情况

表 10 - 15　游戏众筹主要发布平台

平台名称	平台所在地	平台类型	全部项目数	成功项目数	失败项目数	众筹中项目数	是否专业游戏众筹平台
摩点网	北京	权益型	99	81	8	10	是
京东众筹	北京	权益型	40	27	9	4	否
淘宝众筹	浙江	权益型	35	27	0	8	否
苏宁众筹	江苏	权益型	5	4	0	1	否
融 e 邦	广东	股权型	1	1	0	0	否
云部落	新疆	股权型	1	1	0	0	否
众筹网	北京	权益型	1	1	0	0	否

注：本表按游戏众筹成功项目数排序。

从表 10 - 15 可以得出以下结论：

（1）2017 年游戏众筹项目大部分聚集在摩点网，可见摩点网在游戏众筹领域一枝独秀。其全年共上线了 99 个游戏众筹项目，占游戏众筹全部项目数的 53.23%，其中成功了 81 个，项目成功率较高。

（2）三家游戏众筹平台摩点网、游戏筹、游戏融网仅剩摩点网仍有项目上线。其中,游戏筹平台官网已无法打开,疑似下线;游戏融网已转型。

（3）结合所有发起游戏众筹项目的平台的地域分布,可见游戏众筹领域平台分布整体上较为分散,其中平台数最多的地区是北京,其次是浙江和广东。

3）游戏项目融资概况

2017 年全年 142 个成功项目分布在 7 个平台上,成功项目预期总融资额为 1 168.02万元,实际总融资额为 2 485.38 万元。

权益型项目预期融资额略高于股权型项目,但其实际融资额高出股权型项目融资额很多,达到 1 992.18 万元,占游戏众筹总融资额的 80.16%。可见游戏众筹的权益型项目超募率较高。

虽然股权型项目的融资额不及权益型项目,但是股权型成功项目只有 2 个,说明其项目平均融资额远远高于权益型项目。

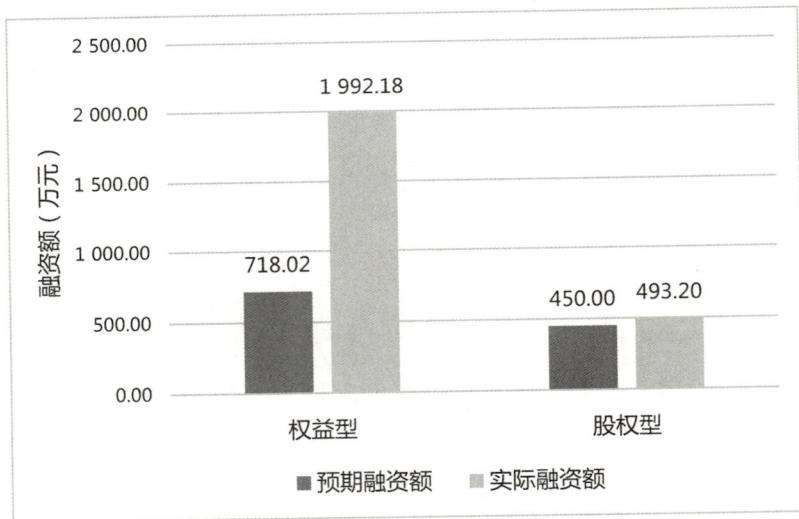

图 10 - 36　游戏众筹项目各类型融资情况（单位:万元）

注:图中的预期融资额及实际融资额均根据成功项目统计。

4）游戏众筹类目概况

游戏分为电子游戏和非电子游戏,电子游戏根据媒介的不同多分为五种:电脑游戏、主机游戏(或称家用机游戏、电视游戏)、掌机游戏、街机游戏和移动游戏(主要是手机游戏),以及近几年新兴起的新科技游戏(如 VR 游戏、AR 游戏、体感游戏等);非电子游戏是指诸如棋类、桌游、运动以及密室逃脱这类现实或实体游戏。现如今游戏产业是一个庞大的产业,拥有一套完整的产业链,所以游戏众筹不仅包括电子及非电子游戏,也包括游戏产业生态圈中的增值产业,如游戏活动(电竞联赛、展会等)、游戏周边产品(画册、手办等)、游戏平台、针对游戏的新媒体及服务等。对采集的游戏众筹项目数据进行处理、分析后将游戏众筹的项目归纳为 7 大类,如表 10 - 16所示。

表 10 - 16　游戏众筹各类目众筹情况

类目	总项目数	成功项目数	成功项目预期融资额(万元)	成功项目已筹金额(万元)	投资人次
桌游	68	58	172.59	551.29	24 853
游戏周边	63	44	373.56	1 131.10	71 851
电脑游戏	21	18	357.17	458.62	11 199
手游	15	12	181.70	259.40	6 236
主机、掌机和街游	10	5	55.00	67.86	29 914
游戏活动	7	5	10.00	17.11	1 358
新科技游戏	2	0	0.00	0.00	0

注 1:本表按成功项目数排序。

注 2:既有 PC 端又有移动端的游戏根据其资金使用的侧重归类。

10.8.5　国外游戏众筹发展形势

市场研究公司 ICO Partners 发布数据称,2017 年电子游戏众筹总金额只有大约 2 500 万美元。相较于过去两年的风风火火,电子游戏众筹无疑风光不再。

2017 年游戏众筹总额进一步下降,成功率仅 20%,衰败还在继续。ICO Partners 指出,2017 年 Kickstarter 上电子游戏众筹的融资总额进一步下降,仅有 1 700万美元。共有 350 款电子游戏的众筹项目获得成功,比 2016 年下降了 9%。此外,股权众筹平台 Fig 的筹资总额约 560 万美元,同比下降 28%。Indiegogo 等其他平台的电子游戏众筹额约 240 万美元。

不仅是众筹总额的下降,电子游戏众筹的成功率也在不断走低。2017 年上半年,只有 179 款游戏在 Kickstarter 众筹成功,失败项目数量却达到了 690 款,成功率仅为 20.60%。而根据卢克·克莱恩在推特上透露的数据,2017 年 Kickstarter 上游戏相关的众筹项目(包括桌游、游戏硬件等)的成功率为 40%。也就是说,电子游戏的成功率仅为所有游戏相关众筹项目成功率的一半。

然而,桌游类游戏众筹发展良好,数量和成功率均高于电子游戏。相较于电子游戏众筹的持续走低,桌游项目却呈现出另外一番光景。ICO Partners 在一份数据报告中指出,自 Kickstarter 上线以来,通过该平台成功众筹的桌游项目数量一直稳定增长。

2015 年至今,Kickstarter 上最成功的众筹项目都是桌游,它们包括《炸弹猫》(Exploding Kittens,870 万美元)、《第七大陆》(The 7th Continent,700 万美元)和《Zombicide》(500 万美元)等。另一款桌游《王国之死》(Kingdom Death)的筹资金额更超过了 1 200 万美元,在 Kickstarter 历史上所有项目筹资额排名中排在第四。可以说,桌游已经取代了电子游戏,成为一众欧美众筹用户的新宠。

10.8.6 游戏众筹的优势及风险

1) 游戏众筹的优势

(1) 中小团队可以更灵活地获得资金。

对于中小团队而言,众筹是获取资金的重要手段,独立游戏等中小作品通过众筹来募集资金不失为一个好的途径。这方面的成功案例非常多,其中首推《破碎的时光》这款游戏,这是由 Double Fine 工作室开发的一款冒险解谜游戏,起初在 Kickstarter 平台上制定的众筹目标是 40 万美元,而最终筹得的金额达到了 333.64 万美元,在当时打破了游戏众筹项目最高金额的纪录。游戏凭借唯美的画面和丰富的剧情赢得了众多支持者的青睐和追捧。此款游戏已经于 2014 年 6 月在移动平台正式推出,并于 2015 年更新了第二章的内容。虽然第二章的内容开发商曾跳票了一段时间,但这款游戏仍不失为游戏众筹领域的标兵项目。

(2) 提高关注度。

无论是不知名游戏还是知名游戏,都可以通过众筹来提升大众关注度,起到扩大影响力的作用。对于那些不知名但是有一定潜力的游戏来说,单靠自己宣传,无疑很难引来太多关注,但是一旦通过众筹形式融资,很可能会引来媒体的报道和关注。

(3) 宣传理念。

一个众筹项目能否立项,最关键的一点在于开发者在一开始宣扬的理念。不论对于企业还是独立开发者而言,众筹平台都是一个直接有效的宣扬创作理念的平台。通过它,开发者能够迅速定位游戏的核心玩家群体,吸引志同道合的玩家。

（4）吸引投资。

对于很多众筹项目而言，众筹到的钱并不足以支付游戏的全部研发费用，众筹更多是为了吸引投资。以《血迹：夜之仪式》为例，因为这款游戏将要登陆多个游戏平台，并且内容庞大复杂，因此仅依靠众筹得来的资金恐怕难以使游戏顺利开发到完成。但是通过众筹，该项目吸引到了一些投资商的关注，可以为其带来更多资金。

（5）互动和反馈。

一个众筹项目公布后，筹资方会不断公布游戏的最新研发进展，然后听取玩家的建议来进行修改，这使得研发团队和玩家之间有了一个沟通的桥梁。而在众筹没有出现的时候，玩家的建议要想反馈到研发团队那里并不容易，虽然像暴雪这样的游戏公司会有专门的用户驻扎在论坛里听取暴雪玩家的各种建议，但是很多游戏公司出于商业机密等因素考虑，并不太会开放和玩家进行良好沟通的渠道。虽然有些游戏公司会通过问卷调查的形式来获得反馈，但是毫无疑问，问卷调查的形式不仅落后，而且由于调查题目的局限性，很容易出现误导性，而众筹则去掉了那些繁琐的环节，使得玩家和研发团队可以更好地沟通交流。

（6）抓住核心粉丝群体。

通过众筹平台，开发者能够通过开发过程中的每一步更新来维护和逐渐筛选自己的核心粉丝群体。这部分玩家对项目投入了更多心血，对于游戏项目的建议也都是经过认真考虑的，他们的参与度很高，值得开发者悉心维护。同时，游戏可以通过影响这些核心粉丝进而扩大用户群体。

2）游戏众筹的风险

（1）游戏泄密被抄袭山寨。

巨大的泄密风险，是众筹模式最大的缺陷之一。为了吸引出资人的注意，开发者必然要公布大量有关项目的理念和设计，虽然多少会有所保留，但最核心的创意通常已一览无余，倘若这个创意本身的实现难度又不大，那么产品将面临很高的被山寨的风险，目前已经有不少产品在众筹都还未结束的情况下，就已经有"同款"在网上叫卖了。

这种情况在国内可能更为普遍和严重，很多众筹项目极其容易被抄袭，国内很多游戏或者是电子 IT 产品，还没上市就出现了很多山寨品和仿冒品，此类案例数不胜数，造成这种情况主要有以下原因。

其一是因为知识产权保护的问题，任何有价值的产品或商业模式创意做出来之前应该在主要市场申请专利保护。但是这道防线非常脆弱,尤其是对于众筹这种所有人都能看到的创意。申请专利保护不仅周期长、价格不菲,而且过程中可能要经过多轮的质询和修改,这是非常耗费精力的事情。

在国内大环境政策无法在短期内得到改变的情况下,如果想要更好地保护自己,创业者应当尽可能地在创意产品上线众筹之前就申请到自己的技术专利和相关行业认证,确保做到未雨绸缪,防止专利产品被抄袭。

其次,随着众筹项目增多,不少极度雷同甚至抄袭的创意产品屡屡出现,众筹平台的审核机制必须严格,众筹平台有责任帮助创新产品维护其专利权。

(2)项目欺骗。

由于众筹的兴起,以及门槛较低,使得很多众筹平台上出现了欺骗性的项目,其中游戏项目不在少数,这些项目具体可分为两种情况:一种是有意欺骗,一种是无意识的欺骗。但是很多时候,无论是玩家还是媒体从业者都很难说清楚一款游戏到底是否存在欺骗,也缺乏足够的证据,所以不少案例最后都不了了之。

例如此前国内很多媒体都报道过的傲逆公司的《水晶战争》这款游戏就是典型案例,这款游戏很早就众筹成功,但是在承诺的制作完成时间 2013 年 10 月之后很久,这款游戏依然没有面市,因此傲逆公司被不少人认为是一个骗子公司。

此后不少媒体披露出关于这款游戏的负面新闻,例如游戏公布众筹后很久都只有几个制作得十分华丽的宣传视频,并没有足够展示游戏各方面细节的真正测试版,甚至在 2013 年底,该项目已经延期数月之后,傲逆仍然试图将其修改为一个"加入服务器端、加入 100 张以上的卡牌、加入 30 个以上的结局"的流行网络游戏,但这一计划因为实在太过"惊世骇俗"而被内部否决。除此之外,更有该公司离职员工披露傲逆的 CEO 在众筹成功后醉心于跑会等对外宣传活动,而对游戏研发不再投入,甚至很多该公司离职员工都认为这款游戏最终无法制作出来。

无论是在欧美还是在国内,很多打着独立游戏旗号的团队通过众筹来获取知名度和关注度,平时则时不时公布几个具有诱惑性的图片和视频,并且在招聘和对外宣传的时候大谈梦想和情怀,然而游戏制作却没有实质性进展。甚至更有游戏完全没有制作,仅靠图片和视频博取大众关注和出资的卑劣行为,还有不少公司在骗到足够的钱之后直接消失,然后换个公司的壳子再度出来行骗。由于这些项目大多没有骗到太多的钱,再加上众筹是新兴模式,法律上尚无太多针对性的细致规定,所以很多人即便被骗了,也难以要回钱。虽然 Kickstarter 等众筹平台在早期出现了大量的这类欺骗案例后,都通过提高准入门槛和核实资料真实性等办法来减少这类欺骗者涌入,但是不可否认的是,在当下依然存在数量不少的钻空子者。

最近被热议的疑似为欺骗项目的主要是国外的《星际公民》和国内的《地球OL》。前者的制作人 Chris Roberts 曾经一手缔造了著名的太空射击游戏银河飞将系列,但是因为这个项目募集到了史上众筹最多的款项,因此越来越膨胀,构想变得越来越庞大,大有模拟整个宇宙的势头,再加上这款游戏的不少制作人员最近纷纷出走,所以使得关于这款游戏存在欺骗的批判之声不绝于耳。后者则是一个典型的中国式老农造飞机的故事,该游戏的制作者号称要打造一个可以超越 GTA5 的开放式游戏世界,模拟整个地球,但是被不少玩家认为是个笑话,更有一些玩家披露出了该游戏制作人之前的一些不道德的骗钱行为事迹。

(3)项目的变动。

当一个制作者将自己的制作项目通过游戏众筹展开后,必然就会面临来自玩家的各种建议,这些建议有好有坏,而制作者要甄别这些反馈信息的好坏和真假其实并不容易。一味顺从玩家的建议很可能将游戏本身变得面目全非,但是如果不听取玩家的建议一来很可能错过好的建议,二来则可能遭受来自热情玩家的指责,因此很容易左右为难,一旦遇上有些玩家提出一些贪得无厌的要求,则更加可能造成制作者的困扰。

另外,目前进行众筹的大多都是小公司小团队,所以他们在制作游戏的过程中会遇到一些问题,然后会改动游戏的很多早期设定,这和大公司往往花半年乃至于更长的时间确定游戏的框架然后中途很少变更的情况大为不同,应该说小公司这种可以随时变化的灵活性特点正是不少独立游戏公司可以崛起的重要原因,例如 Supergiant Games 这家公司几年前凭借《堡垒》这款游戏在独立游戏领域声名鹊起,他们后来在多个公开场合提到,正是因为团队人数少,所以大家可以各抒己见,随时改变游戏的很多设定,只要有了新的创意和点子立刻就可以加入进去,使得这款游戏最后获得了成功。

但是一款游戏一旦众筹后,就得不断公布游戏开发进程和诸多设定,一旦这些设定变更,开发过程缓慢,就会面临出资者们潮水般的批判,最终很可能会毁掉一个项目。

例如《破碎时光》这个曾经非常成功的游戏众筹项目在漫长的开发之后,终于与玩家见面。虽然游戏表面上获得了大量好评,但是在众筹页面的评论区中,却充满了对游戏的非议。其中主要问题在于，人们不觉得现在得到的成品质量，与他们所付出的开发资金相匹配。并且游戏也并非页面中描述的那样特别，而是个非常传统的冒险游戏（adventure games）。过短的章节，过少的互动，完全销声匿迹的第二章节，这一切让支持者们略感失望。

10.8.7　游戏众筹的发展趋势

游戏众筹从诞生至今，已经帮助不少怀有创作梦想的游戏开发者完成了目标，也让很多玩家能够有更加直接的途径去支持自己喜欢的游戏。但是，随着游戏众筹模式不断稳定，未来游戏众筹必将面对更多的考验，无论是游戏开发者还是投资者，都需要认识到众筹有风险，投资需谨慎，认真对待这项变得越来越复杂精细的商业模式。

对开发者来说，想要发起众筹，需要打好自己的"小算盘"。游戏众筹不是儿戏，一旦启动就需要全力以赴，更加需要开发者在游戏开发的关键因素、时间节点、游戏发行策略等方面做好充足的前期准备，避免项目进行过程中出现畏首畏尾、停滞不前的状态。

游戏众筹与有实力的游戏厂商开发游戏不同的是，对于有实力的厂商来说，他们可以随时叫停一款游戏的开发，如暴雪就取消了《泰坦》项目，冰岛游戏公司 CCP 也曾取消过 MMO《黑暗世界》项目，虽然这两个项目之前都已经付出了巨大成本，但是大胆砍掉之前已经研发的内容，可以帮助厂商顺利调转方向，避免更多的损失。

然而，这在许多游戏众筹项目上是不可行的。一旦众筹项目发起之后，众筹团队如果叫停游戏，必然会引起巨大的公关灾难，玩家们会大呼"被骗"，或威胁称将采取法律行动，这对众筹团队来说是灾难性的损害。所以，任何游戏众筹团队在项目发起之前，都需要做到对游戏的理性规划，避免烧钱做游戏还要面临各种公关危机的状况。

同时，对投资者负责，让玩家感受到众筹游戏的诚意，这对目前许多众筹团队来说已十分常见。如通过简单有创意的独立、小规模的游戏作为项目的出发点，培养玩家的信心及认同感；在开发过程中，及时通过详细的游戏展示或提供可试玩的 demo 以及抢先体验，让玩家对游戏更加信任，只有当玩家能够感受到满满的诚意之时，才会更加放心地支持众筹团队的游戏开发。

对玩家来说，参与众筹要更加理性，及时刹车避免损失惨重。对于游戏研发来说，项目被取消十分常见，就算是那些由知名开发者担纲制作，拥有极大的品牌影响力及充足资金的游戏项目,也都有被砍掉的风险。所以,每个众筹的项目并非都能够如约与玩家见面。这就需要参与众筹的玩家更加理性,在投资之前能够仔细甄别游戏项目,投资之后,能够及时支持众筹团队的项目,随时监测项目进程,及时反馈意见建议。

此外,对于众筹平台来说,应该对游戏众筹项目的质量进行严格把关,并在后期加大对项目进程的监控力度,逐渐建立起更加合理有效的众筹项目运营管理机制,帮助众筹团队对游戏项目管理的同时,也能够帮助玩家做到对项目的监控与引导,充分发挥第三方平台的优势,公平、公正、公开对待平台上的众筹项目。

游戏众筹,是通过"众人拾柴火焰高",帮助好的项目、创意实现的一种模式。虽然目前来看,游戏众筹中仍存在各式各样的问题,但是相信随着众筹模式的不断完善,众筹团队及投资者能够以更加理性的角度来看待游戏众筹。

10.8.8　小结

从融资总额、项目数等数据可以发现,国内游戏众筹市场虽然规模较小,但在不断扩大,参与者还在不断涌入,游戏众筹发展动力强劲。从整体环境来看,游戏众筹环境正在改善:社会观念正在改变,游戏从业者不再是"不良少年",竞技赛事、游戏直播也让人们看到游戏的价值;政治环境从抵制到支持点赞,比如共青团邀请游戏明星为青少年讲座、为中国 LOL 战队加油等,这些都大力助推了游戏产业的发展;投资环境不断繁荣,资本大量涌入,电子竞技成为新的投资热点。大环境的不断改善,必将带动游戏众筹进入新的发展阶段。

但是从微观层面上,我们要注意到游戏众筹的新变化。移动端、客户端游戏市场不断增长,页游市场却在下降,游戏众筹也应该注意调整发展方向;游戏市场渗透率接近顶端,游戏众筹更应注重游戏质量的提高,迎合市场的需求;二次元、棋牌细分领域增速亮眼,女性向、H5、区块链、VR 游戏潜力巨大,随着现在年轻人游戏兴趣、社交方式转变以及游戏科技不断发展,游戏市场的分布也在变化,游戏众筹也要抓住机遇,不断创新。另外,国外市场较国内更加成熟,国外的发展经验值得国内借鉴。

总体上看,游戏众筹还处在发展与转型并存的时间节点,解决现有问题,抓住机遇机会,迎合市场趋势,游戏众筹将会有更好的发展。

第 11 章　众筹与监管

11.1　众筹风险事件

随着众筹行业的不断发展,相关风险也更加清晰地显露出来,近几年业内发生了不少风险事件。面对诸多内外挑战,市场呼吁监管细则尽快出台,使得行业有法可依。

2016 年 6 月 3 日,原 36 氪股权投资平台(已更名为迷你投)首个股权型众筹定增项目"宏力能源"被曝涉嫌欺诈。报道称,36 氪向投资者推荐的新三板项目"宏力能源"在一个多月前披露了财报,但其各项数据与去年末启动定增时的数据差异巨大,引发了不少投资者的不满。

报道显示,宏力能源是 36 氪第一次尝试拓展新三板定增项目。根据投资者提供的项目介绍截图,此次宏力能源新三板定增价格为 10 元,共 600 万股,其中 3 000 万元的额度将在 36 氪平台上众筹,认购门槛 100 万元。在相关介绍材料中,36 氪还表示平台内部员工已经认购 1 000 万元,标的公司利润高、现金流好,并且转板预期高,本次定增后市盈率将超过 37 倍等。但随后,宏力能源表示大量做 10 块钱的定向增发会稀释太多股份,因此暂时放弃定增方案,原定的"定向增发"突然变成了"老股转让",让投资者颇为不满。而在 2016 年 4 月 25 日宏力能源披露的 2015 年年报中,其经营现状也令投资者大跌眼镜。年报显示,公司全年实现营业收入 7 373.72 万元,同比减少 67.71%;净利润-2 676.06 万元。而公司在 2014 年尚盈利 2 703.13 万元。

投资者对项目和平台存在以下四大质疑:一是该项目为何由最初公告的"定向增发"变为"老股转让";二是项目的经营信息是否经过虚假包装;三是 36 氪承诺认购的 1 000 万份额无下文;四是 36 氪涉嫌存在"托",怂恿投资者认购项目。

投资者认为,宏力能源的现状表明其实际情况与项目宣传不符,而 36 氪在本次项目中已不再是单纯的信息提供者,而是深度投融资服务中介方,并质疑 36 氪是否要承担虚假宣传的责任。最直接的欺骗来自宏力能源,但 36 氪在其中做的推荐、路演、宣传工作客观上起到了推波助澜的作用。

6 月 6 日,36 氪创始人兼联席 CEO 刘成城发表公开信,在公开信中,刘成城坦承股权型众筹平台方的责任不可推卸,并表示已经向宏力能源发律师函,要求其承担相应的责任。

在尚不完善的监管环境下,股权型众筹平台究竟应该扮演怎样的角色,又该承担哪些责任,如何规范各方参与者的行为,成为亟待解决的问题。

物权众筹中曾经很重要的一个分支是房地产众筹,但自 2016 年 4 月,深圳、广州等地先后叫停及整顿房地产众筹业务之后,房地产众筹行业开始下行。

2016 年 6 月 21 日,房地产众筹平台“爱房筹”因受深圳当地的政策影响被迫宣布暂停业务,自身因大量商业地产项目无法在短期内处理变现及其他一些善后处理不当导致承诺投资者的回款逾期,受到影响的投资者约达 5 000 人,涉及本金约8 000余万。

就在房地产众筹没落之际,物权众筹的另一重要分支二手车众筹迅速崛起,但行业爆发的同时也发生了不少风险事件。2016 年 8 月 3 日,二手车众筹平台“金福在线”突然失联,上线仅 9 天时间。两个 QQ 客户群被管理员解散,而投资者一般都是通过 QQ 和平台联系,没有实地考察过“金福在线”公司,也不知道公司的具体情况。投资者通过网站选中车辆竞标成功后,直接把钱打到公司账户上,但公司未出具收据或者相关合同,多数投资者只有银行转款的记录。公安局接到报警后立即展开调查,发现金福在线网站上显示注册的地址是假的,汽车的照片信息是从一些二手车市场买来的,金福在线涉嫌集资诈骗。短短 9 天时间,有 60 多人被骗,涉案金额500 余万。

相较于股权型众筹及二手车众筹,权益型众筹市场格局相对稳定,风险案例涉及金额相对较小。不过,由于权益型众筹参与门槛低,一旦众筹项目出现风险问题,往往涉及大量众筹参与人。权益型众筹的风险通常表现为延迟发货、产品质量不佳、无法得到回报、售后服务跟不上等形式。

2014 年 12 月,手机“大可乐 3”登陆京东众筹,创下了 25 分钟内众筹 1 650 万元的纪录,上万名“梦想合伙人”参与了此次众筹。大可乐采用了“一次众筹终身免费换新”的方式:前一万名参与众筹的用户,将实现每年一次免费换新机,并参与大可乐今后每款旗舰产品的打造。但众筹参与者收到手机后却发现,大可乐 3 手机质量无法保证,远远不如大可乐之前的几款产品。在大可乐手机的官方社区和百度贴吧,到处可见对大可乐 3 手机的集中吐槽,通过众筹赚来的人气,一经产品试用,就大打折扣。

2016 年,众筹参与者没等来免费换新机的服务,却等来大可乐倒闭的消息。3 月 8 日,大可乐手机创始人丁秀洪宣布暂停大可乐全系列手机硬件研发、软件研发、市场运营和商务合作。多位梦想合伙人直接变身维权者,此时大可乐已经人去楼空,网站也已关闭,维权的参与者只能联系京东众筹。但京东方面表示,参与众筹的用户本身会面临一定风险,已经督促大可乐的律师处理用户投诉,用法律手段保障用户权益得以落实。但参与者尝试联系大可乐的律师并未成功,维权之路困难重重。

公益众筹与其他众筹模式的最大不同之处在于参与公益众筹不需要项目方提供回报,正是不求回报的特性让一些别有用心的人看到了可乘之机,从而导致公益众筹在国内遭遇了一定程度的信任危机。

2016 年 9 月 8 日,深圳某杂志社主编罗尔 5 岁的女儿罗一笑查出白血病,罗尔开始在微信公众号上记录一家人与白血病"战斗"的历程。11 月 23 日,罗一笑不幸感染,病情转危,住进重症监护室。罗尔无法承担高昂的医疗费用,经过反复思考,他最终选择了网络筹款,操作方式是由刘侠风整合罗尔为罗一笑写的系列文章,在小铜人的公众号 P2P 观察里推送,读者每转发一次,小铜人给罗一笑 1 元钱,文章同时开设赞赏功能,赞赏金全部捐赠给罗一笑。后来文章《罗一笑,你给我站住》发到朋友圈后,大家慷慨解囊,为罗一笑提供援助,在短短几天内就有超过 11 万人打赏,募集到数百万善款。

不久,这一做法被指有炒作嫌疑。有知情人称,罗尔在东莞和深圳有三套房产。另外,有自称知情的医生爆料称罗一笑的花费日均 5 000 元左右,且社保基本已报销 80% 以上,总花费大约是 20 万元,扣除报销部分,自费大概 3 万余元即可。也就是说罗尔也许能自行承担医疗费用,孩子住院治疗的费用可能也非大家想象的高昂得无法承担。作为父母,孩子病重写出情深意长的动人文章也是人之常情,可是,一旦利用公众的善心为自己实际可以支付的医疗费用买单,便涉嫌挑战社会公德和法律红线。

虽然罗尔募捐不是通过众筹平台进行的,但在通过众筹平台发起募捐的公益众筹项目中,同样有类似情况发生。

11.2　国外政策法规概述

11.2.1　美国

美国众筹发展较早,也较完善,主要得益于其完善的监管机制、多元化的融资环境和健全的社会信用体系。

美国对众筹的定义与监管较为明晰。2012 年 4 月 5 日,为了让中小企业在证券法的制度框架内更容易融资,作为股权众筹发源地的美国颁布了《促进创业企业融资法案》(Jumpstart Our Business Startups Act),简称"JOBS 法案"。该法案对美国 1933 年《证券法》及 1934 年《证券交易法》的相关规定进行了修改,并在第三部分对众筹融资作出了专门规定,以解决近年来美国众筹模式在发展中存在的问题。JOBS 法案首先解除了创业企业不得以"一般劝诱或广告"方式非公开发行股票的限制,这使得股权众筹在法律上获得正式认可,并从股权众筹的标准及投资者要求、众筹平台注册登记、众筹平台内部人员职责与义务、众筹平台信息披露等方面对股权众筹予以规范,并确定股权众筹受美国证券交易委员会(Securities and Exchange Commission,简称 SEC)监管,指出众筹平台需要在 SEC 注册登记,并接受 SEC 的监管和排查。JOBS 法案的总体原则是放松了对小微企业的融资限制,给小微企业留出了更多的空间和余地。

JOBS 法案签署后,2012 年 10 月,法案第一部分(Title I)生效。2013 年 9 月,法案第二部分(Title II)实施细则正式生效,主要内容是解除了 80 年来非公开发行不得进行公众宣传的禁令,对美国创业早期融资产业具有历史性的意义。2015 年 6 月,法案第四部分(Title IV)A＋条例正式生效。相对于其他部分,法案第三部分(Title III,众筹)的修改却姗姗来迟,2013 年 8 月,SEC 提出了第一份法案修改意见稿,10 月发布了实施众筹监管细则的咨询稿,但这一咨询稿引起较大争议,导致迟迟无法落地。经过两年的讨论,2015 年 10 月 30 日,修改后的 JOBS 法案第三部分终于投票通过,这对美国乃至全世界的股权众筹行业都有着重大影响。

修改后的法案第三部分(Title III)对旧版本的更新主要体现在以下几个方面:

(1) 募资公司在 12 个月内,通过众筹方式发行证券的募资总额最多不超过 100 万美元。金额与旧版一样,但表述上发生变化。

(2) 对个人投资者在 12 个月内参与众筹的投资额有限制:如果个人投资者的年

收入或净值少于 10 万美元,可投资 2 000 美元或是年收入或净值较小者的 5%;如果个人投资者的年收入或净值都不少于 10 万美元,可投资其年收入或净值较小者的 10%;12 个月内,通过所有众筹方式卖给单个投资者的证券总金额不得超过 10 万美元。

(3) 募资公司需要披露的信息包括:证券的公开发行价格或是定价方法,目标发行额,达到目标发行额的截止时间,以及募资公司是否接受投资额超过目标发行额;基于募资公司在 12 个月内发行和销售证券的金额的公司财务报表,以及公司的纳税申报信息。财务报表需要由独立公共会计师评审,或是由独立审计师审计。符合众筹条款的首次发行证券金额在 50 万到 100 万美元之间的公司可以提供评审过的财务报表而不是审计过的财务报表(财务报表已被审计过的除外);主要管理人员的信息,以及占股 20% 以上的大股东的信息;此外,符合众筹豁免规则的公司需要填写 SEC 提供的年度财务报表,并将之提供给投资者。

(4) 集资门户(Funding Portal)需要通过 SEC 注册成为新型集资门户(new Form Funding Portal),并且成为国家证券协会的成员。符合要求的募资公司一次只能在一个众筹平台上发行证券。

JOBS 法案第三部分的定稿进一步放宽了豁免范围,明确了豁免细则,限定了股权流动条件,降低了股权变更登记要求。

2017 年 4 月 5 日,美国证券交易委员会 SEC 宣布,为适应通货膨胀,提高公司的众筹筹资额度上限,并调整 JOBS 法案中享受"发展阶段的成长型公司"福利待遇的公司门槛,将融资限额由 100 万美元提升至 107 万美元。除此之外,SEC 还通过了一些技术性修订,修改了 1933 年《证券法》和 1934 年《证券交易法》的规则。

11.2.2　英国

英国将 P2P、众筹列为信贷业务范畴,由英国金融行为监管局(Financial Conduct Authority,FCA)对 P2P、众筹等进行监管。

2013 年 10 月 24 日,为保护金融消费者权益,推动众筹行业有效竞争,FCA 发布了《关于众筹平台和其他相似活动的规范行为征求意见报告》,对规范众筹业务提出了若干监管建议。《报告》主要对 P2P 网贷型众筹和股权投资型众筹进行监管,并制定了不同的监管标准,而捐赠型、预售型、实物回报型众筹不纳入监管范畴。也就是说,个人创意、初创企业的筹资可以受到更为宽松的对待。FCA 充分肯定了众筹这一新型融资方式,为公司融资提供了除银行、风险投资之外的更多选择发挥了积极作用。FCA 的基本态度是：投资类众筹平台应该拥有比现在更加广泛的客户群，但是应当确保投资者能够理解并承受其中的风险；寻找合适的保护投资者权益的方法，并不会制造更多的限制条件或障碍阻止众筹平台进入这一领域。《报告》共收到了 98 条反馈意见，FCA 对部分反馈意见予以采纳。

2014 年 3 月 6 日，FCA 发布了《关于网络众筹和通过其他方式发行不易变现证券的监管规则》，相较于《报告》增加了一些新的规定：

（1）投资者限制。投资者必须是高资产投资人，指年收入超过 10 万英镑或净资产超过 25 万英镑（不含常住房产、养老保险金）；或者是经过 FCA 授权的机构认证的成熟投资者。

（2）投资额度限制。非成熟投资者（投资众筹项目 2 个以下的投资者），其投资额不得超过其净资产（不含常住房产、养老保险金）的 10%，成熟投资者不受此限制。

（3）投资咨询要求。众筹平台需要对项目提供简单的说明，但是如果说明构成投资建议，如星级评价，每周最佳投资等，则需要再向 FCA 申请投资咨询机构的授权。

总的来说，FCA 认为投资型众筹的风险是比较高的，但多数投资者并没有相当的风险识别与自我保护能力。但同 FCA 对借贷型众筹监管原则相一致，为了创造恰当的、能够平衡监管成本与收益的监管框架，FCA 并未对平台应当如何解决上述风险进行具体而强制性的规定。与之相反，FCA 更希望能够由企业自主探索其商业模式中可能会产生哪些风险并寻求解决途径。

《监管规则》已于 2014 年 4 月 1 日起实施，当时计划在 2016 年对实施情况进行评估，根据评估情况决定是否要进行修订。英国众筹行业协会主席 Julia Groves 表示，新规则表明有专门的机构负责对众筹行业进行监管，可以更好保护消费者权益，同时新规则扩大了目前实践中的众筹投资者范围，有利于行业扩大规模，在规则出台前，股权众筹的对象基本限于高资产净值投资者或成熟投资者，而根据本次规则，只要投资不超过其资产的 10%，任何人都可以成为股权众筹的投资者。当然，也有英国学者指出，英国应当等待欧盟对众筹业务作出统一监管规则，而非单独出台规定。

2016 年 12 月，FCA 宣布将对众筹市场监管政策进行相应调整。英国众筹市场规模此时已经达到 34 亿英镑，主要分为借贷众筹和投资众筹两类。然而，随着行业逐步发展，信息误导、复杂营销以及平台倒闭前相关挽救措施规定不足等情况也逐渐出现。监管者称其已要求一些公司提高客户资金处理标准和关闭之后的重新评估方案,以确保按期还款。现有的调查结果很有可能引发对众筹更严格的监管和更规范的合规管理制度。

11.2.3 法国

众筹在法国被定义为参与性融资,由法国金融市场监管局(AMF)和法国审慎监管与处置局(ACPR)负责对众筹活动的监管,涉及证券发行的平台由负责证券交易的金融管理局监管,而涉及借贷业务的平台由负责银行业务的审慎局监管。此外,若涉及支付服务,该部分业务属于审慎局的核准和监管范畴。

法国的众筹活动起步比较早,从诞生之初就与创业紧密相连,与政府促进新兴企业发展、鼓励创新和扩大就业的经济政策十分契合,受到了政府的大力支持。2012 年 4 月,法国政府将发展众筹与职业教育、税收优惠、政府采购和国际合作等计划一起,纳入政府振兴经济和生产发展的规划之中。2013 年 4 月 29 日,总统奥朗德在全国创业大会上正式宣布,法国将建立"参与性融资"的法律框架,以推动小微企业和青年创业的融资进程。

2014 年初,在负责小微企业、创新与数字经济的部长 Fleur Pellerin 的主导下,财政与经济工业部拿出了一份集合众筹平台、行业组织与监管机构群智合力的《参与性融资法令》草案,很快在国民议会得到通过。法令对从事不同类型众筹活动的平台进行规制,以实现对众筹活动的监管和对投资者的保护,根据平台所涉服务性质,法令创制了专门牌照,使众筹平台成为货币与金融服务体系中的新成员。

《参与性融资法令》将众筹划分为有息或无息贷款模式、捐助模式和金融证券模式共三种模式,进一步根据是否涉及金融监管,分为金融证券模式和借贷或捐助模式两大类型。法令对两大类型的特殊问题进行分类规定,共有五篇,第一篇是金融证券模式参与性融资,第二篇是借贷或捐助模式参与性融资,第三篇是两大类模式的共同规定,第四篇是有关法国海外省的适用规定,第五篇是过渡条款和最终规定。

根据欧盟《投资服务指令》和《金融工具市场指令》,法国将与金融工具有关的服务分为"投资服务"和其他"相关服务"。前者是直接涉及金融工具投资的服务,后者是与投资服务相关的服务。从事"投资服务"的中介自成一类,即"投资服务商";而从事"相关服务"的则属于"其他服务提供商",并需取得相应更为细化的牌照。根据上述框架,《参与性融资法令》将众筹平台归类为"其他服务提供商",在《货币与金融法典》"其他服务提供商"一篇下,于原有牌照外创制了"参与性投资顾问"(证券众筹顾问)和"参与性融资中介"(借贷众筹中介)两个新的牌照。其中,前者是可以从事金融证券模式的众筹平台,后者是可以从事借贷或捐助模式的众筹平台,法令分别对两者的注册条件、服务范围等进行了规定。

法令的通过,标志着法国成为继美国和意大利之后第三个对众筹活动立法的国家。该法令于 2014 年 10 月 1 日正式生效。

11.2.4　日本

日本众筹可分为两大类型:非投资型众筹(赠与型、预购型)和投资型众筹(借贷型、股权众筹),股权众筹又可细分为基金型众筹和股票型众筹。

2012 年,安倍内阁提出日本再振兴成长战略,其中特别提出了通过发展众筹等多样化资金募集方式,为新兴成长企业提供风险资金。

2013 年 10 月,日本证券业协会提出《非上市证券的交易制度相关的工作报告》,提出了股票型众筹的相关设想。

2013 年 12 月,日本政府在金融厅主导的金融审议会上公布了《有关新兴·成长企业风险资金供给方法等工作报告》(简称"WG 报告"),提出发展投资型众筹的必要性和立法修订建议。报告中指出,众筹是"新兴、成长企业通过网络与资金提供者链接,从多数资金提供者处分别获得小额资金的模式",众筹可分为赠与型、预购型和投资型等。其中投资型众筹为《金融商品交易法》的适用对象。发展投资型众筹,要考虑新兴企业的融资便利和投资者保护之间的平衡,既要促进资金供给便利,尽可能减少发行人负担,建设方便融资中企业者入市的制度规则,又要从保护投资者的角度出发,防止欺诈行为,确保整个证券市场的信用。

2014 年 5 月,日本金融审议会起草的《金融商品交易法等部分修改法案》在国会上获准通过。法案提出了两种适用特例,建立了小额证券发行豁免制度,降低了准入难度,并对投资者保护、业务管理体制等加以完善。该法案可以说是 WG 报告所提出的制度改革的具体化体现。

法案中提出,为促进投资型众筹发展,对发行总额不足一亿日元,且针对该募集的投资者每人出资五十万日元以下的小额电子募集业务的金融商品交易业者的准入资格相对放宽。另外对于通过网络的资金募集行为很可能被恶意欺诈者利用的这种情况进行了特别强调,增加了加强投资者保护、增强市场信用的立法修订。

根据日本法律规定,投资型众筹的融资平台是指代替发行人进行有价证券募集和私募的机构,属于以从事有价证券募集为业的"金融商品交易业者"。以股票的募集和私募为业的,属于"第一种金融商品交易业者",通过集团投资方案持股方式募集和私募的,属于"第二种金融商品交易业者"。如果众筹平台进行承销,则属于有价证券的承销业务,需要按照"第一种金融商品交易业者"进行注册。而此次发布的金商法修订中,对平台入市门槛进行了修改:第一种电子募集交易业者的最低注册资本金由之前的 5 000 万日元降低到 1 000 万日元,第二种金融商品交易业者的最低注册资本金由之前的 1 000 万日元降低到 500 万日元。同时日本证券业协会也对小额非上市企业股票的营销进行了解禁。

同时,此次法案的修改规定了众筹从业者须遵守协会自主规则的义务。此前筹资者以及众筹交易业者是自主决定如何进行信息披露的,并没有全部加入业界协会。而此次规定金融商品从业者即使没有加入业界协会,也必须根据协会的自主规则制定企业内部规则,并遵守协会自主规则,大大健全了众筹市场的规范。

此次众筹监管制度的出台,宣告了日本大幅放宽了股权众筹的准入条件。

11.3 国内政策法规概述

11.3.1 股权型众筹

在各众筹类型中,股权型众筹的监管是最受关注的。但在我国,股权众筹的发展较为复杂,在实践中可以发现,只要是通过互联网技术实现的股权融资行为,很多都被冠以"股权众筹"之名,这不仅使得股权众筹一词含义泛化,同样不利于各类股权融资行为的监管。

2014 年 12 月 18 日,中国证券行业协会发布了《私募股权众筹融资管理办法(试行)(征求意见稿)》,受到了各方关注。这是首份从官方角度发布的最详细的股权众筹监管法规。但需要注意的是,这份法规是中国证券业协会发出的,而当时股权众筹还没有明确监管部门。另外,这只是"征求意见稿",严格意义上没有法律效力。

《征求意见稿》第二条规定,本办法所称私募股权众筹融资是指融资者通过股权众筹融资互联网平台以非公开发行方式进行的股权融资活动,明确了私募股权众筹应当采取非公开发行方式,并通过一系列自律管理要求以满足《证券法》第 10 条对非公开发行的相关规定:一是投资者必须为特定对象,即经股权众筹平台核实的符合《征求意见稿》中规定条件的实名注册用户;二是投资者累计不得超过 200 人;三是股权众筹平台只能向实名注册用户推荐项目信息,股权众筹平台和融资者均不得进行公开宣传、推介或劝诱。《征求意见稿》还对从事私募股权众筹的平台资格进行了明确的规定,融资者的范围是中小微企业或其发起人,并且对参与私募股权众筹融资的合格投资者进行了规定,其合格投资者的标准和我国证监会颁布的《私募投资基金监督管理暂行办法》对合格投资者规定的标准基本一致。这样看来,私募股权众筹似乎就是私募股权投资基金的线上募资。

《征求意见稿》发布后引发了很多争议,有人认为"私募股权众筹"这个概念存在自相矛盾之处,众筹意味着公开,私募又意味着非公开。把本应小额、公开发行的业务设定为私募,人为设置高门槛,违背了众筹的初衷。中国证券业协会发布的这一法规显然受到了当时《证券法》的种种限制,但其创新之举仍然值得赞赏。只是从法理角度和众筹实务角度来看,《征求意见稿》还有很多值得商榷之处,至今没有生效。

2015 年 7 月 18 日,央行等十部委联合发布了《关于促进互联网金融健康发展的指导意见》,首次明确界定了股权众筹融资主要是指通过互联网形式进行公开小额股权融资的活动,具有"公开、小额、小微企业"的特征,并且对股权众筹服务对象、发起渠道、信息披露形式等进行了规范。但《指导意见》并没有对信息披露的具体程度和时间频率做明确的说明,也没有提及平台在信息披露过程中的责任和权力。

《指导意见》指出,股权众筹融资主要是指通过互联网形式进行公开小额股权融资的活动。股权众筹融资必须通过股权众筹融资中介机构平台(互联网网站或其他类似的电子媒介)进行。股权众筹融资中介机构可以在符合法律法规规定前提下,对业务模式进行创新探索,发挥股权众筹融资作为多层次资本市场有机组成部分的作用,更好地服务创新创业企业。股权众筹融资方应为小微企业,应通过股权众筹融资中介机构向投资者如实披露企业的商业模式、经营管理、财务、资金使用等关键信息,不得误导或欺诈投资者。投资者应当充分了解股权众筹融资活动风险,具备相应风险承受能力,进行小额投资。股权众筹融资业务由证监会负责监管。

《指导意见》透露了两个很重要的信息,一是股权众筹融资是公开、小额的;二是明确了股权众筹融资的监管部门,正式划归证监会监管。与 2014 年底中国证券业协会发布的《征求意见稿》不同,《指导意见》可以说是整个互金行业的纲领性文件,其中对股权众筹的专门内容,在某种程度上,可以算是未来股权众筹监管细则的总纲。

2015 年 8 月 7 日,证监会发布了《关于对通过互联网开展股权融资活动的机构进行专项检查的通知》,复述了《指导意见》中对于股权众筹的定义,认为由于股权众筹具有"公开、小额、大众"的特征,涉及社会公众利益和国家金融安全,必须依法监管。规定"股权众筹"特指"公募股权众筹"。而现有的一些机构开展的冠以"股权众筹"名义的活动,实际上是通过互联网形式进行的非公开股权融资或私募股权投资基金募集行为,不属于《指导意见》规定的股权众筹融资范围,上述业务需要在《公司法》《证券法》《证券投资基金法》《私募投资基金监督管理暂行办法》等现有法律框架下经营。

《通知》规定,未经国务院证券监督管理机构批准,任何单位和个人不得开展股权众筹融资活动。正是这条规定,基本框定了股权众筹的门槛和监管尺度,也就是说,凡是未经证监会批准,任何平台均不得开展股权众筹融资活动,否则即为违法。而到目前为止,国内还没有严格意义上的股权众筹平台。

2015 年 8 月 10 日,为了配合几日前证监会发布的《通知》,中国证券业协会向场外证券业务经营机构下发了一份关于调整《场外证券业务备案管理办法》个别条款的通知,将《场外证券业务备案管理办法》中第二条第(十)项"私募股权众筹"修改为"互联网非公开股权融资"。

至此,我国的股权众筹融资正式被划分为"公募"和"私募"两类:"公募股权众筹"即十部委发布的《指导意见》中的"股权众筹",需经审批后持牌经营,未经审批的机构不得使用"股权众筹"的字号或宣传语;而过去所称的"私募股权众筹"现改称为"互联网非公开股权融资",受现有法律框架的管制。目前国内现有的股权融资平台基本都属于互联网非公开股权融资。从这些平台的现有业务来看,他们也都基本遵循着互联网非公开股权融资的规则,设定了一定的参与门槛,对公开性做出一定约束。

监管层一系列的动作引发了众筹平台改名潮,许多平台的官网介绍中再看不到"股权众筹"字眼,取而代之的是"众创平台""股权融资平台""互联网非公开股权融资平台"等表述。

(1)互联网非公开股权融资 VS 股权众筹。

对照上述规定,可以看出,监管机构针对互联网非公开股权融资(即私募股权众筹)的监管是采用备案制,而非第一层级股权众筹的审批制,这是在监管层面二者最主要的区别。股权众筹采取审批制,覆盖前、中、后端,对股权众筹活动进行全程监管。互联网非公开股权融资采取事后备案制,放宽准入,注重中、后端的监控。并且,股权众筹融资的标准是公开、小额、大众,针对的是不特定的大众投资人群,不受 200 人投资者上限的限制,需要进行包括《证券法》修改等顶层设计的突破。而互联网非公开股权融资中的非公开可以理解为非大众,其面向的是线上特定的合格投资者群体,须严格遵守 200 人投资者上限的限制,遵循现有《证券法》《公司法》《私募投资基金监督管理暂行办法》等规定进行操作。

（2）互联网非公开股权融资 VS 私募股权投资基金。

互联网非公开股权融资可以通过互联网向特定的合格投资者群体进行宣传推介,而私募股权投资基金募资则不允许进行互联网宣传推介,针对的募资对象是线下的特定合格投资者群体;互联网非公开股权融资平台属于提供居间服务的中介平台机构,提供的是居间撮合服务,而私募股权投资基金公司属于股权管理机构,提供的是股权投资管理服务;互联网非公开股权融资在证券业协会进行的是居间平台的备案,私募股权投资基金进行的备案是股权投资管理人 GP 的备案和私募基金的备案（合伙型基金、公司型基金、契约型基金）,在所承担的责任和被监管的范围方面也各不相同。

2015 年 8 月 17 日,证监会发布《证监会致函各地方政府规范通过互联网开展股权融资活动》,指出股权众筹的外延与内涵定义不够明确,各家众筹平台对自身业务的描述和定位都有不同问题,各地方政府要解决这些问题。

2016 年 10 月,证监会发布了《股权众筹风险专项整治工作实施方案》,《方案》将互联网股权融资平台的八种行为纳入整治重点:一是互联网股权融资平台（以下简称平台）以"股权众筹"等名义从事股权融资业务。二是平台以"股权众筹"名义募集私募股权投资基金。三是平台上的融资者未经批准,擅自公开或者变相公开发行股票。四是平台通过虚构或夸大平台实力、融资项目信息和回报等方法,进行虚假宣传,误导投资者。五是平台上的融资者欺诈发行股票等金融产品。六是平台及其工作人员挪用或占用投资者资金。七是平台和房地产开发企业、房地产中介机构以"股权众筹"名义从事非法集资活动。八是证券公司、基金公司和期货公司等持牌金融机构与互联网企业合作,违法违规开展业务。

《方案》要求相关部门按照边整治、边研究、边总结、边完善的总体思路,通过专项整治工作着力解决目前互联网股权融资领域面临的突出问题,建章立制,弥补立法空白。对互联网非公开股权融资,结合其业务特点和规范引导的客观要求,证监会会同有关部门研究制订并择机出台指导意见,划清监管边界,明确政策底线。对股权众筹融资试点,证监会会同有关部门继续做好试点各项准备工作,根据国务院统一部署,适时发布股权众筹融资试点监管规则,启动试点。

2017 年 6 月 23 日,中国互联网金融协会面向全国互联网众筹从业机构发布了《关于互联网股权融资发展情况的调查问卷》。问卷从平台的类型、经营状况、盈利状况、资金存管方式、宣传推介方式、信息披露意愿、平台项目投资模式等多个方面展开了调查。此次调查问卷的下发,表明中国互金协会将在互联网非公开股权融资行业的自律管理、合规发展方面发挥主导作用。

2017 年 10 月 16 日,中国互联网金融协会互联网股权融资专业委员会成立大会暨第一次工作会议在北京召开。这个规模不及网贷市场零头的行业,却在半官方性质的互金协会单独设立专委会,其行业价值和官方重视程度可见一斑。专业委员会的主要职责是:制定互联网股权融资自律管理规则、经营细则和行业标准;组织实施教育从业机构遵守法律法规和互联网股权融资有关监管规定,组织开展合规及风险教育培训;依法开展互联网股权融资从业机构自律管理及检查,维护互联网股权融资市场秩序;履行互联网股权融资法律法规和有关监管规定及协会理事会赋予的其他职责。

李东荣会长指出,发展互联网股权融资是发展直接融资、建设多层次资本市场的重要举措。中国互联网金融协会成立互联网股权融资专委会是贯彻落实第五次全国金融工作会议的要求,也是互联网股权融资行业和社会各界的共同期盼,具有重要的现实意义。下一步,互联网股权融资专委会要在监管部门的指导下,凝聚政产学研多方力量,以互联网股权融资理论实务和国际经验研究为先导,以研制行业标准和自律规则为抓手,以促进行业基础设施建设为依托,切实发挥议事、谋事、办事的功能作用,促进互联网股权融资行业更好地服务实体经济和普惠金融发展。

互联网股权融资专委会主任委员由央行金融研究所前所长、大成基金管理有限公司副总经理姚余栋担任,副主任委员由中关村并购母基金研究院院长王雪松及证监会打非局张超担任。委员来自传统金融机构、新兴互联网金融从业机构、信息服务机构和学术研究机构等,具有广泛代表性和专业权威性。

成立大会上,姚余栋从宏观经济与行业性质等广阔的格局之上,对股权融资的价值进行了深刻阐述。姚余栋认为,下一阶段,中国经济的发展主要依靠资本市场,靠股权融资市场和债权市场,由此形成双轮驱动。从行业上来看,实体经济很困难,主要是小微企业融资比之前更加艰难了。国家提倡大众创业万众创新,国务院和一行三会要求降低企业融资成本,支持双创。但现在小微企业想要从银行贷款非常困难,所以将来更多的小微企业得靠股权融资。这是个企业去杠杆的时代,是大企业崛起的时代,但也是中小企业更困难的时代。如果在股权上帮不上忙,那中小企业会更难。所以从宏观经济上,到行业上,股权融资都很重要。要自发地进行股权融资去杠杆,才能真正形成创新型国家。

2018 年 3 月,为进一步做好 2018 年证券期货监管立法工作,持续推动证券期货监管法治化建设,完善证券期货监管法律实施规范体系,证监会印发了 2018 年度立法工作计划,对 2018 年全年的立法工作做了总体部署。

其中,值得重点关注的是,列入中国证监会"力争年内出台的重点项目"15 件的第一条就提到:"以服务国家战略为导向,提升服务实体经济能力,进一步增强资本市场直接融资功能,制定《股权众筹试点管理办法》。"这是 2018 年以来股权众筹迎来的重大利好。

尽快开放股权众筹试点遵循党的十九大和中央经济工作会议精神,符合"增加金融服务实体经济能力"和"提高直接融资比重"的新时代使命,有利于改革创新体制机制,进一步优化营商环境,是践行"深化金融体制改革"的重要举措,当然,探索股权众筹试点也必须"守住不发生系统性金融风险的底线。"

从宏观上看,十九大后,国务院、央行多次强调发展多层次资本市场和直接融资服务中小微企业,股权众筹和互联网非公开股权融资的价值已经被中国经济的发展现实所证明。我们有理由相信,政策意图已经非常清晰:在现有的法律框架下鼓励、探索。

11.3.2 权益型众筹

一直以来,关于众筹行业的监管多是围绕股权型众筹的,而权益型众筹,虽然已经形成了不小的规模,但其监管仍相对滞后。监管上的这一留白,是否意味着权益型众筹处于监管真空呢?

有观点认为,权益型众筹虽然同样具有为创业者融得资金的功能,但目前国内有大量的权益型项目是通过提前锁定产品需求、获得预付款进行的,其业务形态和传统的 B2C 电子商务模式极为相似,因此监管适用于《消费者权益保护法》和《网络交易管理办法》,应接受工商局监管。

在这种观点下,权益型众筹的支持者是《消费者权益保护法》下的"消费者",相应地享有消费者权益保护;项目发起人则是"经营者",应承担作为经营者的法定义务。在《消法》下,消费者享有人身和财产安全权、知情权、自主选择权、公平交易权、获得赔偿权、建立消费者组织权、获取知识权、受尊重权、个人信息受保护权和监督权等主要权利；与此相对应，经营者承担依法和诚信经营、接受监督、保障消费者人身财产安全、报告和告知缺陷、提供商品和服务真实信息、提供真实身份、提供有效票证、质量状况保证、售后服务和"三包"、不得以格式条款免除责任、尊重消费者、保护消费者个人信息等义务。违反法定义务的，根据《消法》以及《产品质量法》等相关法律承担民事和行政责任，情节严重的还可能入罪。而对于权益型众筹平台，其在众筹交易中担当媒介，是《消法》规定的"网络交易平台"。根据《消法》第四十四条，网络交易平台提供者在以下情况，需对在平台交易的产品或服务造成的侵害消费者权益的行为，向消费者承担法律责任：① 网络交易平台提供者不能提供经营者的真实名称、地址和有效联系方式；② 网络交易平台提供者作出更有利于消费者的承诺；③ 网络交易平台提供者明知或者应知销售者或者服务者利用其平台侵害消费者合法权益，未采取必要措施的。众筹平台违反《网络交易管理办法》的，工商部门可根据办法予以行政处罚。

不过以上观点并没有得到业内的广泛认可，特别针对众筹平台需要向支持者承担法律责任一点。一直以来，众筹平台都是被要求成为信息中介而非信用中介，不承担兜底责任。

那支持者若是在权益型众筹项目中利益受到损害，是否可以向工商部门投诉呢？2017 年初，有新闻报道称，某支持者支付 999 元参与了一款滑板车的众筹项目，因迟迟未能收货，他向工商部门投诉。而工商部门给他的答复是：众筹行为不属于消费类投诉，工商部门不能受理。该支持者对此非常不解：同样是花钱买东西，就算打折了，不也和团购一样吗，为何不被视为消费纠纷呢。这就要探究权益型众筹这种模式到底算投资还是消费了，京东众筹相关负责人解释说，从行业角度来看，众筹是一种投资行为，参与众筹的用户需要与项目发起方共同承担一定风险，因为双方在共同成就一个梦想。而对于类似团购的低价，这是鉴于众筹项目发起方多为初创企业等因素，不排除项目发起人能力和经验不足、市场风险、法律风险等客观因素存在，最终导致众筹项目失败或权益未兑现等情况。因为存在这些风险，众筹价会比市场价要低一些。低价不但更容易吸引用户参与到项目中，提高产品和项目的关注度，低价也有对众筹参与者对创新产品的支持与厚爱的答谢意味。"消费是以满足使用为目的的经济行为，而投资是为了在未来可预见的时期内获得收益的经济行为。"律师朱忠涛介绍说，众筹不同于一般消费，参与众筹的"无论投资收益是资金还是物品，都应被视为一种投资"。而这种投资过程中出现的纠纷，和一般网购纠纷在经济行为界定上不同,因此其参与的维权方式及渠道也不同。如果自己的合法权益受到了侵害,支持者可以以合同纠纷向法院起诉来维权,但考虑到诉讼维权成本远高于消费维权,支持者要慎重选择。

权益型众筹是一种新型消费,对于如何全面维护消费权益,目前还没有专项法规条款出台。传统的商品预售遵循《合同法》《担保法》《消费者权益保护法》《侵害消费者权益行为处罚办法》等相关法律法规的要求,有明确的法律可依。但在众筹模式下,参与者的预付款兼具预购、投资和资助性质,一旦出现违约,如何保护参与者的合法权益,尚无定论。权益型众筹目前已经形成一定规模且前景可期,可加快对权益型众筹的监管研究。首先,加强对项目融资方的监管,项目发起人的信息披露以及公司的基本信息、盈利状况、主营业务以及产品售后解决途径等;其次,可对支持者设定一般性的参与门槛,或限制支持者的最大投资额;此外,针对众筹平台也要有一定的准入门槛,规范平台的责任风险控制,充分发挥中介属性作用。

11.3.3　公益型众筹

近几年,公益众筹走进公众视野,将众筹这种模式与公益募捐相结合,为慈善行业和个人互助事业带来创新,也是对政府救助和慈善救助的有益补充。一方面,公益众筹真正帮助了一些有需求的人,但另一方面,“骗捐”“敛财”等新闻也不断曝光。与寻求公益组织的帮助相比,通过互联网公益众筹平台发起个人众筹的程序相对简单,求助者只需上传身份证、医院诊断证明、缴费单等相关证明,便可发起项目。这样简单的程序使一些不法分子有了可乘之机,虚构病情,制造虚假证明,将众筹平台视为敛财的手段和捷径,这样的虚假个人求助不在少数。

一般公益众筹平台对项目都有一定的审核机制,但这种审核在实际操作中并不容易。有业内人士坦言,除非求助者配合,否则由于无规可依,又涉及个人隐私,平台在对救助项目进行验证时,可能存在沟通不畅的问题。关于所筹资金的使用情况,由于现行法律法规不支持众筹平台对个人求助者所筹资金的后续使用情况进行干预,平台只能劝说而不能硬性要求发起人公示后续资金使用情况。

2016 年 8 月 22 日,经过层层审核和严格筛选,民政部公示首批慈善组织互联网募捐信息平台遴选结果,腾讯公益、轻松筹、新浪微公益、中国慈善信息平台等 13 家在互联网行业、公益慈善等领域颇具影响力的平台入围。

2016 年 9 月 1 日,《中华人民共和国慈善法》正式实施,对慈善组织利用网络等平台开展公开募捐等行为做了明确的规定。《慈善法》规定,不具有公开募捐资格的组织或者个人,不得采取公开募捐方式开展公开募捐。那是否意味着个人在公益众筹平台上发起的项目会被禁止呢,实际上不是的,这需要理解慈善募捐和个人求助的区别。慈善的宗旨应该具有公益性,是利他的,必须使不特定的社会公众受益;而为某个特定的陷入困境的个人筹集款物的活动,是利己的,不属于慈善募捐,而被称为"个人救助"。根据《慈善法》的规定,个人是不能发起公开募捐的,慈善募捐的主体是慈善组织。但个人在自身面临困难时向社会求助,是一项正当权利,个人求助不属于慈善活动,也不是募捐行为,而是属于社会救助行为,因此不受《慈善法》调整。从立法空间上看,《慈善法》没有以明确的方式涵盖"公益众筹",但这也给有关职能机构留出机会和空间通过部门规章等灵活立法方式来出台公益众筹行为准则。

2017 年 2 月 16 日,民政部官网公告称,社会组织管理局接到轻松筹平台公开募捐信息发布不规范、个人求助信息审核把关不严格等违规问题举报,并就此约谈了轻松筹平台相关人员。轻松筹是民政部遴选指定的慈善组织互联网公开募捐信息平台之一。经核查,轻松筹平台出现为不具有公开募捐资格的组织或个人提供公开募捐信息发布服务、对个人求助信息审核把关不严、对信息真实客观和完整性甄别不够等问题,造成不良社会影响。轻松筹表示,将高度重视存在的问题,采取有效措施自查整改,强化公开募捐平台主体义务,加强审核把关,强化日常监管,严格依法运营,更好地服务公益慈善事业发展。

2017 年 8 月 1 日起,民政部公布的《慈善组织互联网公开募捐信息平台基本技术规范》和《慈善组织互联网公开募捐信息平台基本管理规范》开始实施,通过《基本技术规范》为平台的建设运行提出技术要求,《基本管理规范》构成严谨的管理流程。其中,两个规范明确指出网络求助行为不属于慈善募捐,其信息的真实性由提供方负责,信息平台对个人求助应有序引导个人与慈善组织对接,并加强信息审查甄别、设置救助上限、强化信息公开和使用反馈、做好风险防范提示和责任追溯。此外,平台应对公开募捐信息进行合理排序和展示,并提供公平公正服务,不应有竞价排名行为。在信息公开方面,至少每半年向社会公告一次平台运营情况,并接受社会质询。两个规范的出台将指引公益众筹平台向标准化更进一步。

一方面是公益众筹的巨大需求,另一方面是层出不穷的问题项目,公益众筹的规范发展迫在眉睫。

11.3.4 物权型众筹

物权众筹最初的代表模式是房地产众筹,2015 年是房地产众筹元年,包括万科、绿地、万达、远洋等大牌房企,都相继布局了房产众筹业务。但 2016 年 4 月,深圳市、广州市先后叫停及整顿房地产众筹业务,房地产众筹行业开始下行。对于这次整改事件,业内人士认为,监管部门是在萌芽阶段对当前的市场乱象进行一次集中整治,防止不合规的炒房平台扰乱市场。

2016 年下半年,物权众筹的另一模式——二手车众筹全面爆发。然而,在市场大步扩容的同时,风险也逐渐凸显。一直以来,二手车市场都处于较为混乱的状态。"二手车＋众筹"的模式仍无法改变之前二手车行业存在的各种问题,如黑车、事故车、抵押车现象存在,二手车评估鉴定市场没有规范,行业标准尚未统一。这些二手车市场原有的不规范管理等各种问题,传递到二手车众筹行业,为二手车众筹埋下风险隐患。在考察二手车众筹平台时还会发现,二手车众筹已经成为一些投机 P2P平台逃脱网贷监管的避风港。一些自称二手车众筹的平台上发布的项目,从融资模式、回报模式、项目名称等多个维度来看,都显然符合 P2P 产品的特点,与"众筹"没有多少联系。这些包装成物权众筹的 P2P 平台,往往是一些操作不规范、运营不良的平台,他们将 P2P 行业里的一些违规做法也移植到了物权众筹,同时也带来了很大的风险。

二手车众筹相关政策和监管目前仍是空白。但若是二手车众筹市场在接下来的发展中仍然乱象不断,很可能面临政策干预。

目前来看,众筹行业的监管重心在股权型众筹,但还没有具体的监管细则。尽管如此,并不代表众筹行业是不受监管的,各个众筹平台还是要在现有的法律框架下运营,等待相应的监管条例正式出台。

第 12 章　2017 中国众筹行业大事记

2017 年,众筹行业经历跌宕起伏式发展。年初,政府工作报告提出警惕互联网金融累积风险拉开了全年互联网金融行业严监管序幕。与此同时,随着金融服务实体经济成为 2017 年的明确提出的工作目标和任务,众筹对于服务实体经济的价值也随之被重视。基于以上两者,众筹在严监管之下,在 2017 年行业洗牌的同时,重新迎来发展的机遇期。

因此,通过回顾和梳理 2017 年中国众筹行业的重大事件,能够帮助从业者和行业研究者进一步理解行业发展规律,理顺众筹在中国的发展脉络,更准确地把握众筹行业未来走向。由此,推动众筹的社会价值与商业价值得到更充分的彰显。

1) 国务院发文支持众创、众包、众扶、众筹等新模式发展

2017 年 1 月 15 日,中共中央办公厅、国务院办公厅印发了《关于促进移动互联网健康有序发展的意见》。意见提出,支持中小微互联网企业发展壮大。进一步发挥国家中小企业发展基金、国家创新基金等政策性基金引导扶持作用,落实好税费减免政策,在信用担保、融资上市、政府购买服务等方面予以大力支持,消除阻碍和影响利用移动互联网开展大众创业、万众创新的制度性限制。积极扶持各类中小微企业发展移动互联网新技术、新应用、新业务,打造移动互联网协同创新平台和新型孵化器,发展众创、众包、众扶、众筹等新模式,拓展境内民间资本和风险资本融资渠道。

这意味着,众筹行业在探索众筹模式方面,应尽快引进新技术、新应用。同时,在移动互联网的创业领域,众筹要把握好自己的角色,做好扶持移动互联网创业的金融工具。

"四众"概念的出现可追溯到 2015 年 9 月,国务院总理李克强在当年夏季达沃斯论坛、国务院常务会议等多个公开场合提出:"建设大众创业万众创新支撑平台,利用'互联网+',积极发展众创、众包、众扶、众筹等新模式。"

2015 年 9 月 26 日,国务院印发《关于加快构建大众创业万众创新支撑平台的指导意见》。《指导意见》围绕全面推进众创、积极推广众包、立体实施众扶、稳健发展

众筹等提出了 13 项重点任务。

随后,在 2016 年全国两会的政府工作报告"加强供给侧结构性改革,增强持续增长"部分指出:"充分释放全社会创业创新潜能。发挥大众创业、万众创新和'互联网＋'集众智汇众力的乘数效应。打造众创、众包、众扶、众筹平台,构建大中小企业、高校、科研机构、创客多方协同的新型创业创新机制。"

至此,四众概念正式成型,并定位于大众创业万众创新的支撑平台。

同年发布的十三五规划在"深入推进大众创业万众创新"中明确指出:"全面推进众创众包众扶众筹。"四众的地位上升到了国家发展战略的高度。

此后,2016 年夏季达沃斯论坛、《"十三五"国家战略性新兴产业发展规划》等多个重要会议、重要领域纲领性文件中多次提及利用众筹模式服务创新。

这也就意味着,众筹作为大众创业万众创新的支撑模式,政策鼓励其作为经济和社会的基础设施积极服务于中国经济各行各业的创新创业活动,真正发挥起新金融服务实体经济发展的重要价值。

2）政府工作报告:高度警惕互联网金融累积风险

2017 年 3 月 5 日,2017 年全国两会召开。李克强总理在 2017 年政府工作报告中提到:"增强服务实体经济能力,防止脱实向虚。""对互联网金融的累积风险要高度警惕。"

报告"2017 年重点工作任务"一节中的"抓好金融体制改革"部分提到:"促进金融机构突出主业、下沉重心,增强服务实体经济能力,防止脱实向虚。鼓励大中型商业银行设立普惠金融事业部,国有大型银行要率先做到,实行差别化考核评价办法和支持政策,有效缓解中小微企业融资难、融资贵问题。""深化多层次资本市场改革,完善主板市场基础性制度,积极发展创业板、新三板,规范发展区域性股权市场。拓宽保险资金支持实体经济渠道。大力发展绿色金融。当前系统性风险总体可控,但对不良资产、债券违约、影子银行、互联网金融等累积风险要高度警惕。稳妥推进金融监管体制改革,有序化解处置突出风险点,整顿规范金融秩序,筑牢金融风险'防火墙'。"

众筹行业作为互联网金融领域的新兴业态,也难以独善其身,成为政府对互联网金融行业进行监管的对象之一。

国家对互联网金融的重视体现在连续 4 年将互联网金融纳入政府工作报告之中:

2014 年两会,互联网金融首次写入政府工作报告。报告在"金融改革"部分提到:"促进互联网金融健康发展,完善金融监管协调机制,密切监测跨境资本流动,守住不发生系统性和区域性金融风险的底线。"

2015 年两会,政府工作报告开篇盛赞:"互联网金融异军突起。"并在"互联网＋"行动部分提到:"促进互联网金融健康发展。"

2016 年两会,报告在"2016 年重点工作部分"称:"规范发展互联网金融,大力发展普惠金融和绿色金融。加强全口径外债宏观审慎管理。扎紧制度笼子,整顿规范金融秩序,严厉打击金融诈骗、非法集资和证券期货领域的违法犯罪活动,坚决守住不发生系统性区域性风险的底线。"

2017 年两会,政府工作报告再提:"对不良资产、债券违约、影子银行、互联网金融等累积风险要高度警惕。"

除了关注互联网金融,全国政府工作报告也一度聚焦众筹。

2015 年两会,政府工作报告第三部分"把改革开放扎实推向纵深"中,围绕服务实体经济推进金融改革一段,提出"开展股权众筹融资试点"。

2016 年两会,报告在"2016 重点工作"中"加强供给侧结构性改革,增强持续增长"部分提到,充分释放全社会创业创新潜能。发挥大众创业、万众创新和"互联网＋"集众智汇众力的乘数效应。打造众创、众包、众扶、众筹平台,构建大中小企业、高校、科研机构、创客多方协同的新型创业创新机制。

3)《证券法》修订草案二读 推动股权众筹机制成亮点

2017 年 4 月,证券法修订草案迎来"二读"。参与了全国人大常委会法工委证券法修改课题研究专家表示,本次二读的亮点包括了推动股权众筹机制。

修法专家称:"三板、四板发展不好,很大的原因在于底层的五板市场——股权众筹市场没有发展起来,企业小额融资方便了,才能促进中小企业的发展,也才能推动更多好的企业进行 IPO。"

在 2015 年证券法修改一读时,"注册制"改革是本次证券法修改的最大亮点。"小额公开发行注册豁免"被纳入,同时众筹业内相关人士透露,关于股权众筹的规范条例也被写入。这可能成为股权众筹行业的行动指南与最权威的法律指引,因此备受众筹行业期待。

但 2015 年 6 月,股市突如其来的巨震打乱了节奏。十二届全国人大常委会第十六次会议于 2015 年 8 月 29 日闭幕,备受投资者和各类企业期待的《证券法》修改草案无缘此次审议。而有参与《证券法》修订的专家表示,确实与 6 月以来资本市场的震荡有关。

2017 年 4 月,证券法修订草案迎来"二读",股权众筹纳入证券法又重新引发业内期待。也有业内人士呼吁,把一读中曾经有的小额公开发行豁免的注册豁免在三读中加入进去。因为所有的互联网股权众筹或者股权融资都必须按照《证券法》规定,不能超过法律允许的范围,除非获得国务院特批的。但纳入法律是社会主义法治国家的必然要求,因为公开发行是非常慎重的,风险大,必须依法严格监管。

事实上,纳入证券法已经有了政策基础。2015 年由人民银行牵头,联合十部委共同发布的《关于促进互联网金融健康发展指导意见》中明确指出股权众筹融资主要是通过互联网形式进行的公开小额股权融资活动,人民银行牵头十部委的意见是经过党中央国务院批准的。

按照法制的要求,在证券法修改中给予这样一个法律上的承认,这是有必要的,也是与新《证券法》的修改相匹配的。

4）互联网巨头悄然下线众筹平台

2015 年以来,百度、阿里、京东、苏宁等互联网巨头纷纷上线众筹平台。但进入 2017 年,部分巨头的众筹业务开始收缩阵线。

2017 年上半年,百度旗下众筹平台百度众筹、苏宁旗下私募股权融资平台苏宁私募股权等网站悄然下线;以私募股权融资为核心业务在 2015 年高调上线的京东东家也开始调整业务,转做以私募基金为主的东家财富;而阿里巴巴旗下的股权型众筹平台蚂蚁达客是全国首个获得工商登记确认的股权众筹企业,营业执照编号为"001"。但是该平台自诞生起到统计截止日期,一共仅上线 8 个项目,且 2017 年未上新任何项目,网页也仍旧停留在测试版本。

回顾互联网巨头的众筹之路,都曾经一度意气风发。

2014 年 3 月,阿里的众筹业务几经更名,最终以淘宝众筹的名称确立。

2014 年 7 月,京东众筹作为京东金融第五大业务版块诞生。

2015 年 3 月,京东正式上线股权型众筹平台京东东家。

2015 年 4 月,苏宁上线权益型众筹平台苏宁众筹。

2015 年 6 月,阿里的蚂蚁达客获得国内第一张股权众筹营业执照。

2015 年 7 月,小米上线权益众筹业务,后又上线股权型众筹平台米筹金服。

2015 年 9 月,百度也不甘示弱,上线号称理财历史年化达 8% 的百度众筹

"战马"。

2015年12月,奇虎360上线股权型众筹平台360淘金。

2016年4月,百度上线私募股权众筹平台百度百众,苏宁同期也上线了私募股权众筹平台。

从意气风发,到低调退出,究其原因一方面在于目前股权型众筹的政策未清晰,股权型众筹在国内发展还处于初期阶段,在专业性、优质项目的挑选及行业规范等方面存在着一定的挑战。"爱惜羽毛"的大佬们在此等形势下只敢伸出"脚尖"点点水,不敢涉足过深,尽力地收拢业务规模以尽可能地规避法律风险;另一方面是经济整体下行导致创业投资环境的变化。近年来,国家经济处于低迷状态,大部分创业公司生存状态堪忧,缺乏投资资金和资源支持,股权型众筹作为创业公司的一个极为重要的投资来源渠道,却也因为监管和风控等各种原因,难以给大部分创业公司以支持,两相恶化,行业变得更加萎靡。

正因为以上这些原因,实际上大佬们旗下的股权型众筹平台获得公司的资源并不多,对自建股权融资业务慎之又慎。而股权融资业务开展最充分的京东东家上线之初确实得到京东足够的重视,也引来一众大佬站台,如高瓴资本创始人张磊、红杉资本合伙人沈南鹏、真格基金创始人徐小平等投资界名人。但后来因为政策和投资风险方面的原因,导致京东东家的业务也发生了调整,上线东家财富。

5)二手车众筹平台集中爆雷

二手车众筹平台2017年开始出现集中爆雷趋势。

2017年6月,宏鑫诚停业、海易筹提现难、诺筹投资者报案……风险事件频发。基于金融行业风险发生的滞后性,经过近一年的风险累积,2017年初行业的预言已经初步验证:部分二手车众筹平台会逐渐退出市场,市场会继续雷声不断。而山东作为二手车众筹发展规模最大的区域,已成为二手车暴雷重灾区。

二手车众筹是新兴的物权众筹之中的重要类型,于2016年下半年开始异军突起,在众筹行业尤其是股权型众筹遇冷的时间段内,二手车众筹的快速发展接棒众筹行业的整体热度,成为最受瞩目的众筹类型。

在二手车众筹勃发之时,其中蕴含的风险却一度被参与者忽视。二手车众筹的四大风险如下:

一是行业风险。"二手车+众筹"的模式仍无法改变之前二手车行业存在的各种问题,如黑车、事故车、抵押车现象存在,二手车评估鉴定市场没有规范,行业标准尚未统一。也就是说,二手车市场原有的各种问题,将传递到二手车众筹行业。

二是政策风险。二手车众筹相关政策和监管仍是空白。众筹行业本身就基本处于监管灰色地带,政策尚未健全。众筹与汽车相结合之后形成的物权众筹模式,更是新型的众筹模式,相关的监管政策及规制尚处空白状态。如果二手车市场一味疯狂生长,曝出重大风险事件,将可能面临政策的强行干预。

三是车商风险。众筹平台缺乏必要的车商准入标准和评估制度。对于车商的经营稳定性、盈利能力、资产情况、信用情况等不能进行全面的调查。没有严格的针对车商的风险控制手段,平台很容易陷入各种纠纷,严重者可能带来法律上的问题,对投资者造成损害。

四是平台风险。二手车众筹运营企业具有不同的背景,有的是 P2P 平台转型,其中包括部分 P2P 运营不良的平台;有的是车商直接做众筹平台。众筹平台中不合规甚至是违法的行为普遍存在,例如自设资金池、自融、发布虚假标的、一标多平台发布、承诺保本保息等。

直到现在,二手车众筹仍旧火爆。但随着风险事件浮出水面,投资者开始变得成熟理性,行业在一定程度上得到净化。值得注意的是,二手车众筹操作不规范带来的交易风险是最大的风险,同时还极易放大政策风险:出现重大风险事件后,政策的强行干预,行业很可能被严厉整治,众筹炒房就是前车之鉴。因此,投资者应保持理性,不要只看到二手车众筹的诱惑而将风险置之度外。

6) 钛媒体曝 36 氪股权众筹在"猿团"项目中涉嫌欺诈

继爆料 36 氪(已更名为迷你投)股权型众筹项目宏力能源涉嫌财务数据造假后,2017 年 7 月 10 日,钛媒体又直指其另一"明星项目"——猿团"涉嫌诈骗"。

据钛媒体报道,成都猿团科技有限公司于 2015 年 6 月创立。该公司是一个技术众包交易平台,也是网络孵化器:利用业余时间,程序员帮助创业公司完成技术外包,以此获得现金加股权。

2015 年 7 月,36 氪挂出了"猿团"天使轮的融资认购信息。在项目宣传文字中写到,TMT 知名早期投资人蒋涛在该项目天使轮已投入 100 万元人民币,而本次"猿团"众筹的领投方为极客帮(蒋涛为极客帮合伙人)。项目本轮估值 4 000 万元,众筹起投 2 万元,加上领投的 60 万,本轮众筹目标融资总额为 260 万,其中众筹 200 万。最终猿团项目该次众筹以超募 6 万元成功完成。2015 年 11 月,猿团创始人谢恩明再次将猿团挂上 36 氪平台进行融资。此轮为天使+轮,8 000 万元估值,比上轮众筹翻倍。起投金额 2.5 万元,目标融资额 500 万元。蹊跷的是,依据 36 氪以往的领投准则,若非知名天使投资人,个人不能作为众筹项目的领投方,必须由机构担纲。但这次的领投方为自然人胡功欣,一位离职不满一年的猿团前员工。

2017 年 3 月 15 日,猿团投资网站突然关闭,紧接着猿团员工爆料老板谢恩明欠薪跑路。投资者彻底慌乱,这才开始深入调查猿团项目。这个被 36 氪一度包装力捧的明星项目,瞬间急转直下,成为遭到百位众筹投资者开始追讨的可能"投资骗局"。项目笼罩在创始人跑路、CEO 还有案底前科、业务私自关闭、资本自融、融资款暗度陈仓等等质疑声,以及并非市场经营因素而"坍塌"的阴云之中。

针对钛媒体的报道,36 氪在公众号上发表了声明,指出钛媒体混淆了公司的业务构架、采访过程违反新闻客观真实性等问题,但并未解释是否在"猿团"事件中存在未能完成尽职调查、信息真实合理披露的情况。

7 月 11 日,钛媒体再次发声,直指 36 氪并未正面回应其业务存在的问题,"极力撇清其与此事中涉及的股权众筹业务的关系",并且避重就轻地研究钛媒体的发文动机。双方各执一词,"猿团"事件疑云浮现。

"猿团"事件,大多数人的焦点聚集在钛媒体与 36 氪的纷争上,但真正受伤害的还是那些投资者。股权型众筹的发展过程中,一直伴随着投资者利益保护、平台权利义务模糊、运营的合法性、容易构成非法集资犯罪等问题的讨论。面对这片市场,除了加强立法监管,更需要融资者以及众筹平台等从业者们更多的理性和耐心,要坚决守住法律的红线。

7)互金协会发布提示:防范各类以 ICO 名义吸收投资风险

2017 年 8 月 30 日,中国互联网金融协会发文"关于防范各类以 ICO 名义吸收投资相关风险的提示"。公告称,近期各类以 ICO 名义进行筹资的项目在国内迅速增长,扰乱了社会经济秩序并形成了较大风险隐患。

互金协会提示投资者,国内外部分机构采用各类误导性宣传手段,以 ICO 名义从事融资活动,相关金融活动未取得任何许可,其中涉嫌诈骗、非法证券、非法集资等行为。广大投资者应保持清醒,提高警惕,谨防上当受骗。一旦发现有涉及违法违规的行为,应立即报送公安机关。

其次,由于 ICO 项目资产不清晰,投资者适当性缺失,信息披露严重不足,投资活动面临较大风险。投资者应冷静判别,谨慎对待,自行承担投资风险。

互金协会要求会员单位应主动加强自律,抵制违法违规的金融行为。

　　事实上,关于 ICO 是否涉嫌非法吸收公众存款已经有一番热烈讨论。ICO,即首次公开加密代币发行,本质上是一种融资行为。一个项目方通过互联网发行一种独有的代币,并通过这种代币筹集用户手中诸如比特币等流动性较好的数字虚拟货币,此后可以通过出售这些虚拟货币完成资金的募集。但在这些项目中,出现了不少打着 ICO 的幌子搞加密虚拟货币传销的庞氏骗局。对于项目投资者来说,大多数人无法准确对 ICO 和加密代币进行评估,对 ICO 项目相关行业并不了解,有关其项目的应用前景也很难做出预估。由于无法评判一个项目的真伪优劣,盲目跟风炒币现象众多。

　　美国、新加坡等地也已经接连预警 ICO 风险。美国证监会继 2017 年 7 月 25 日宣布将 ICO 纳入监管之后,同年 8 月 29 日,SEC 再次警告 ICO 投资风险。预警公告指出,正在进行 ICO 发行的公司存在诈骗的可能,欺诈者们常常利用新兴技术诱惑、说服潜在受害者进入投资骗局,这些声称拥有 ICO 技术的公司,存在"拉高出货"和"市场操纵"两种欺诈可能。2017 年 8 月 10 日,新加坡的商业事务部和新加坡金融管理局发布一份提示公告,提醒投资者应注意 ICO 等涉及数字代币投资项目的潜在风险。

　　互金协会的公告发布后,ICOINFO、大伙投、币众筹等多家平台暂停了 ICO业务。

　　9 月 5 日,众筹家人创咨询发布报告《ICO"造富神话"一夜梦碎》,数据显示,截至 2017 年 8 月底,国内共有 41 家 ICO 众筹平台,共采集到 417 条项目数据,成功项目融资额折合人民币约为 139.79 亿元。而自互金协会发文到报告发布的短短几天内,有 22 家平台暂停 ICO 业务及相关服务,7 家平台下架 ICO 众筹项目,5 家平台打不开官网,1 家平台转型传统众筹。即 85% 以上的平台做出业务调整反应。

　　8)互联网股权融资专委会成立 股权众筹进入规范发展新阶段

　　2017 年 10 月 16 日,中国互联网金融协会互联网股权融资专委会成立大会暨第一次工作会议在北京胜利召开,股权众筹由此进入规范发展、统筹推进的新阶段。

　　协会会长李东荣、互联网股权投融资专委会主任委员姚余栋等领导、众筹网、众筹家、清科、宜信、众投邦、云投汇、投壶网等会员单位作为股权众筹、互联网股权融资行业代表参加了此次会议。

　　2016 年 3 月 25 日,中国互联网金融协会成立。协会挂牌成立以来,致力于互联网金融行业的自律管理,规范从业机构市场行为,保护行业合法权益。2017 年 9 月

27 日，协会常务理事会通过了互联网股权融资专委会的组成方案和专家委员名单。

为充分发挥专委会作用，推动规范互联网非公开股权融资有序健康发展，防范股权融资风险，委员会组织召开此次专委会成立大会暨第一次工作会议，旨在对如何加强顶层制度设计，优化行业发展环境等议题进行交流与探讨。这也是在全国重要会议召开前夕这一重要的时间节点之上，国家对于股权众筹行业价值的确认与重申。

会长李东荣指出，国务院高度重视股权融资的发展，把发展直接融资放在重要位置，强调构建融资功能完善、基础设施扎实、监管工作有效、保护投资者合法权益的多层次资本市场体系。同时，互联网股权融资作为主要面向创业创新企业的新兴融资模式得到了长足发展，在供给侧改革方面小微企业融资方面起到重要作用，股权众筹承载着重要的使命。但互联网股权融资发展不是一帆风顺的，负面的规模效应却同样值得警惕。因此，专委会的使命是光荣的，任务是艰巨的，需要成员深刻认识成立专委会的意义，以专委会形式推动上通下达，避免行业走偏，探索中国互联网股权融资发展的健康道路。

专委会副主任委员张雪松表示，专委会将搭建平台，以引导行业、服务实体经济、解决中小微企业融资难融资贵等问题，以促进产业创新成果转化为导向，信息披露为突破口，有序开展行业定性等行业实务研究工作。

主任委员姚余栋表示，中国经济再次超预期。而中国经济的发展必须靠股权市场、债权市场。因为中国经济这一次的狂飙，光靠银行是跟不上的，一定要有资本市场参与，其中作为资本市场重要组成部分的股权融资市场等直接融资将因此发展起来。

会议主要针对互联网股权融资的五方面问题进行了深入探讨和工作部署：确定互联网股权融资的政策设计和工作思路；研究行业发展现状和面临的主要制约因素及应对之策；研讨如何加强行业的法律制度框架设计、自律治理体系等顶层制度设计和重点课题研究，优化行业发展环境；研讨互联网股权融资专委会的工作机制和目标成果；研讨《互联网非公开股权融资信息披露标准》（草案稿）。

与会的会员单位代表表示，专委会的成立，将建立起监管部门、行业组织和从业企业之间对话的重要桥梁，有利于监管自律部门集思广益，做好顶层设计和制定完善相关监管自律规制，同时有利于股权众筹行业的自律管理，促进行业规范健康发展。

9）西安铁路局尝试开行首列众筹火车 实现"私人定制"

国庆期间,由西安铁路局联合清华大学设计团队推出的"众筹开火车"项目,运用众筹模式,开行了全国首趟"众筹火车",为旅客提供铁路出行的"定制化服务",可以根据旅客需求来调整发车到达时间,甚至是硬座、硬卧或者软卧席位的数量。这次试水的"众筹火车"很受乘客欢迎,上座率达到 100%,这是铁路创新服务、探索市场的一次全新尝试。

所谓"众筹火车",就是旅客可以通过互联网平台,自行选择需要乘坐列车的区段、日期和席别,如果参与众筹的人数达到列车总席位的一半以上,铁路部门就可以决定开行这趟列车。此次开行的"众筹火车"共有两趟,一趟是 10 月 7 日 23 时 33 分从西安开往榆林的 K8188 次列车,另一趟是 10 月 8 日从榆林开往西安的 K8187 次列车。

截止到该众筹项目结束,共 122 人参与支持,筹款 14 691 元,仅达到目标金额的 9%,理论上是无法开行列车的。但实际上,有许多不太会使用互联网的旅客在得知有众筹火车后,也在火车站购票窗口表达了出行需求,因此西安铁路局最终还是决定开通这次列车,并如约为参与众筹的旅客预留了对应席位。最终 218 个硬座、817 个硬卧和 22 个软卧全部售出。

众筹火车的消息一经发布,很快在网上引起热议。不少网友对西安铁路局在解决长假出行难问题上的创新思维表示称赞,也有人羡慕西安回榆林的旅客在长假结束时可以成功买到火车票。不过,也有网友指出,火车票可以众筹,但火车调度却难以众筹,担心众筹火车难以普遍推广。

此前铁路局想要了解旅客的出行需求,都是选择在工厂、高校等需求较为集中的地方发放问卷进行调查,但近年来随着互联网购票的普及,通过这种点对面的方式,已经越来越难获得真实有效的数据。因此,西安铁路局决定通过众筹方式来统计旅客出行需求,打通与旅客之间的沟通渠道。

西安铁路局客运处处长王建林表示,这几年随着供给侧结构性改革,应该让旅客去描绘市场应该怎么做,产品应该怎么设计。原来的铁路产品是"我开什么车,你坐什么车",现在是我们根据你想坐什么,而开什么样的车。这是最大的转变。王建林坦言,由于是第一次尝试,首趟"众筹火车"的一些细节还有待完善,比如众筹渠道仅仅依靠微博还有些单一,取票方式还有待丰富和突破。未来只要有足够的旅客提出大致相同的出行需求,只要在铁路运输的安全范围内,铁路部门就可以为旅客们提供"定制化"出行服务,让运输资源得到最大化的合理配置。

"众筹火车"本质上是一种反向定制,体现出了众筹模式提供个性化服务的本质和价值。

10)"新实体金融服务联盟"成立

2017 年 9 月 20 日,众筹行业在沉寂多时后,迎来了振奋人心的消息——"新实体金融服务联盟"筹备会在上海浦东陆家嘴胜利召开。

11 月 3 日,"新实体金融服务联盟"筹备会在杭州召开第二次会议,正式宣告"新实体金融服务联盟"成立。

本次筹备会由众筹行业第三方众筹家牵头,包括来自开始吧、靠谱投、多彩投、人人投、人人创、第五创、点筹网、同城众投、真功夫等在内的十余家中国众筹行业代表参与本次会议。对于众筹的现状、新实体金融服务联盟对于众筹的价值,平台代表都进行了深入探讨,这是众筹在国内诞生以来,最资深的从业者们第一次集体对众筹行业进行的全面、深度剖析。

所谓新实体,就是应用互联网的先进思想和技术,对传统实体企业经营方式加以改良和创新,用最新的理念和思维作为指导,将产品和服务出售给最终用户的新型企业。近年来,众筹作为新金融的重要创新,成为金融服务实体经济的全新路径和重要模式。而众筹与实体经济相结合而诞生的"新实体"则更是金融回归服务实体经济本源的最新实践产物。

筹备会探讨了众筹行业的发展与模式,参会各方进行了深入交流,大家一致认为,联盟的成立适逢其时,当行业发展领先于法律及监管时,行业联盟将在整个行业的行业规范、风险控制、产品创新等方面发挥重要作用。众筹家人创咨询负责人袁毅教授表示:"以西方国家为例,英国的互联网金融行业在早期也成立了行业性的自律组织,制定出一些行业标准共同遵守,并与政府监管层深入沟通合作,促进了整个行业的健康发展。"

与会的平台代表均表示,需要社会了解众筹对支持实体经济发展所起的作用,需要通过联盟建立行业标准和规范,以促进行业健康发展,为中国实体经济服务。联盟将汇聚众筹行业品牌企业,建立行业标准和自律规范,使联盟中的众筹平台成为餐饮、酒店等实体企业众筹的最优选择。

会议正式签署通过了《新实体金融服务联盟章程》,章程确立了联盟"依托互联网金融的资源,服务于新实体企业及机构而成立的联盟组织"的定位、工作内容、"开放式"加盟方式的运作机制、会员单位的权利与义务等。

立足长远,积极履行社会责任,共同驱动行业升级与可持续发展是所有参会企业的发展共识。如何实现企业内部"自治"到行业间的"共治"转换,在众筹家的牵头下,与会企业联名成立"新实体金融服务联盟",旨在为业内搭建一个相互沟通、相互学习的交流平台,同时也是一个自查自律、相互监督、相互促进、规范运营的发展平台。

此次联盟筹备会议及联盟章程(草案)的签署标志着众筹行业将告别初期的野蛮生长,步入"组织化、合作化、规范化"发展的新阶段,也预示着众筹行业步入"寻求合作,共谋发展"的新起点,对促进整个行业的发展具有里程碑式的意义。

参 考 文 献

［1］Mollick E R. The Dynamics of Crowdfunding：Determinants of Success and Failure［J］. Ssrn Electronic Journal，2013，29(01)：52-58.

［2］Tania Ziegler，E.J. Reedy，Annie Le，Bryan Zhang，Randall S. Kroszner，Kieran Garvey. The Americas Alternative Finance Industry Report 2017：Hitting Stride［R］. England：Cambridge Centre for Alternative Finance，2017：26-30.

［3］Bryan Zhang，Kieran Garvey，John Burton，Tania Ziegler，Samantha Ridler，Nikos Yerolemou. The 4th UK Alternative Finance Industry Report：Entrenching Innovation［R］. England：Cambridge Centre for Alternative Finance，2017：12-13.

［4］Catherine Yushina. Regulation Crowdfunding：One year In Force［EB/OL］. https://www. crowdfundinsider. com/2017/05/100442-regulation-crowdfunding-one-year-force/，2017-05-16.

［5］Lucinda Shen. Now Anybody Can Try Being a Venture Capitalis［EB/OL］. http://fortune.com/2016/05/16/title-iii-jobs-act/，2016-05-16.

［6］Therese Torris. France's Alternative Finance Grows by 50% — Equity Crowdfunding Shrinks［EB/OL］. https://www.crowdfundinsider.com/2018/01/127677-frances-alternative-finance-grows-50-equity-crowdfunding-shrinks/，2018-01-29.

［7］Clive Reffell. Top 10 US Crowdfunding Platforms (Reward and Equity)［EB/OL］. http://crowdsourcingweek.com/blog/top-10-usa-crowdfunding-platforms/，2017-05-24.

［8］默德威娜里斯·莫格. 众筹——探索融资新模式开启互动新时代［M］. 北京：中国华侨出版社，2015.

［9］前瞻网. 2016年全球众筹融资交易规模统计［EB/OL］. http://www.sohu.com/

a/124987599_114835，2017-01-23.

[10] 云投汇・云天使研究院. 2016 年全球股权众筹行业发展报告［EB/OL］. http://www.360doc.com/content/17/0125/08/33229722_624661156.shtml，2017-01.

[11] 李洪梅. 从美国经验看中国众筹平台的发展［J］. 新金融，2017(04):43-47.

[12] 黄琦文. 国内外多个股权众筹平台的运营模式对比分析［J］. 科技经济导刊，2017(02):197-199.

[13] 张新茜. 美国众筹融资发展及监管经验对我国的启示［J］. 金融经济，2016(22):113-114.

[14] 刘雨晨,于文奇. 国内外股权众筹的比较分析［J］. 现代商业，2016(32):95-96.

[15] 孙梦超,黄琳. 国外股权众筹的发展及监管对我国的启示［J］. 金融与经济，2015(11):39-43.

[16] 向娟,易威廉. 浅析我国股权众筹政策规范的完善［J］. 全国商情(经济理论研究)，2015(19):79-81.

[17] 郑乾金融. 浅谈物权众筹能给我们带来什么？物权众筹能改变什么？［EB/OL］. http://www.sohu.com/a/224521055_99899244，2018-02-28.

[18] 物权众筹模式怎样,有风险吗？［EB/OL］. https://jingyan.baidu.com/article/fedf0737ba587d35ac89771b.html，2016-12-30.

[19] 于德良. 汽车众筹平台突破 100 家 10 月份新增 13 家问题平台［N］. 证券日报，2016-11-12(B02).

[20] 袁毅. 中国众筹的概念、类型及特征［J］. 河北学刊，2016，36(02):133-137.

[21] 张艳. 当汽车行业"遭遇"互联网创新营销——福田萨瓦纳引领车市众筹定制新潮流［J］. 汽车纵横，2015(11):118-120.

[22] 袁毅. 中国公益众筹发展现状及趋势研究［J］. 河北学刊，2017，37(6):154-158.

[23] 蔡雄峰. 新兴技术对于线下实体商铺带来的机遇与挑战［J］. 商场现代化，2015(z2):20-21.

[24] 辜胜阻,庄芹芹,曹誉波. 构建服务实体经济多层次资本市场的路径选择［J］. 管理世界，2016(4):1-9.

[25] 郭绍华. 互联网金融＋实体店 股权众筹迎来全新模式［J］. 全球商业经典，2015

(6):16-19.

[26] 徐晓东. 众筹的法律风险与监管研究[D]. 上海：上海交通大学，2014.

[27] 蔡根泉. 实体商业的救赎[J]. 法人，2017(9):22-29.

[28] 张卫. 网络餐饮管理办法征求意见提供网络餐饮的要有实体店铺[J]. 中国食品，2017(4):175-175.

[29] 牟晓娜. "互联网＋"时代下农业众筹发展研究[J]. 绿色科技，2017(22):166-167.

[30] 周宇燕，时洪洋. 我国农业众筹的风险及对策研究[J]. 改革与战略，2017(9):100-102.

[31] 史莹娟，邱峰，蒯庆梅. 聚焦农业众筹：效应、困境及推进策略[J]. 农村金融研究，2017(5):68-72.

[32] 付新. 农业众筹融资运行机理研究[D]. 贵阳：贵州财经大学，2016.

[33] 魏榆帛. 农业众筹运作模式问题讨论综述[J]. 时代金融，2017(9):288-289.

[34] 吕映秀，郭丽芳，马家齐. "互联网＋"环境下农业众筹发展现状及对策研究[J]. 管理现代化，2017,37(6).

[35] 荣娅. 我国农业融资新模式农业众筹研究[D]. 广州：华南农业大学，2016.

[36] 蒋持恒. 我国农业众筹的发展现状及监管对策[J]. 企业改革与管理，2017(3):204-204.

[37] 姜业庆. 京东金融布局众筹 意在促实体经济发展[N]. 中国经济时报，2014-07-03.

[38] 张晨曲. 经营权众筹服务实体经济[EB/OL]. http://www.kaixian.tv/gd/2014/0805/7895695.html，2014-08-05.

[39] 零售变局中 实体店应重构店铺文化[EB/OL]. http://finance.ifeng.com/a/20170705/15511532_0.shtml，2017-07-05.

[40] 许岩. 实体店铺新机会才刚刚开始[EB/OL]. http://www.p5w.net/news/xwpl/201712/t20171224_2050133.htm，2017-12-24.

[41] 颜菊阳. 挖掘线下真实需求实体零售有未来[EB/OL]. http://finance.stockstar.com/SS2015092500007251.shtml，2015-09-25.

[42] 潘晓娟. 专家：股权众筹当回归服务实体经济初衷[EB/OL]. http://www.ceh.com.cn/cjpd/2018/01/1045097.shtml，2018-01-17.

[43] 李国鑫,王正沛.科技类奖励众筹支持者参与动机及参与意愿影响因素研究
　　 [J].管理学报,2016,13(4):580-587.

[44] 王富贵,郑秋生.新常态下我国科技众筹发展对策研究——基于 S-D-E 框架
　　 [J].当代经济,2016(21):8-10.

[45] 姚学诗,郑春龙,蒋礼智.基于众筹平台推动新兴科技项目开发[J].经济管理:
　　 文摘版,2016(7):00268-00269.

[46] 张文博.互联网背景下国内电影"众筹"现象及发展研究[D].重庆:西南大
　　 学,2017.

[47] 李爱国.国内影视产业发展的战略研究[J].人力资源管理,2017(06).

[48] 陈雨薇.电影众筹融资模式与发展策略研究[D].北京:中国电影艺术研究中
　　 心,2017.

[49] 熊银春.我国股权众筹发展的问题及对策研究[J].商,2015(38).

[50] 方舒桦.中国网络文学 IP 剧发展现状研究[D].杭州:浙江工业大学,2016.

[51] 鲁锐.国产"网生代"电影传播模式研究[D].广州:华南理工大学,2016.

[52] 王军华.中国动画的民族化与现代化探析[J].现代装饰(理论),2016(11).

[53] 刘庚.从《功夫熊猫 3》中寻求中国动画的发展前景[J].现代交际,2017(01).

[54] 陈飞.腾讯实行"IP"全版权开发的相关研究[D].上海:上海社会科学院,2017.

[55] 王清.文本创新与传播拓展[D].长沙:湖南师范大学,2016.

[56] 张森淮.我国众筹运营模式的风险分析[J].中国市场,2015(16).

[57] 陈秀梅,程晗.众筹融资信用风险分析及管理体系构建[J].财经问题研究,
　　 2014(12).

[58] 徐韶华,何日贵,兰王盛,高翔.众筹网络融资风险与监管研究[J].浙江金融,
　　 2014(10).

[59] 肖本华.美国众筹融资模式的发展及其对我国的启示[J].南方金融,2013(01).

[60] 田丽苑,孔秋廉,周厚强.论股权众筹风险的法律规制[J].商,2016(10).

[61] 焦微玲,刘敏楼.社会化媒体时代的众筹:国外研究述评与展望[J].中南财经政
　　 法大学学报,2014(05).

[62] 黄健青,辛乔利."众筹"——新型网络融资模式的概念、特点及启示[J].国际金
　　 融,2013(09).

[63] 唐丽婷.众筹与桂林乡村旅游发展[J].中共桂林市委党校学报,2015(03).

[64] 鲍晓宁,乔玉. 产业融合背景下文化旅游产业发展问题探讨[J]. 商业经济研究,2016(22).

[65] 刘京蕾. "互联网＋"还是互联网,"互联网"其实啥也不是,只是向"人"的回归[J]. 互联网周刊,2015(09).

[66] 屈丽丽. "互联网＋"中国已走在全球前列[J]. 商学院,2015(04).

[67] 黄玲,周勤. 创意众筹的异质性融资激励与自反馈机制设计研究——以"点名时间"为例[J]. 中国工业经济,2014(07).

[68] 田国宝. 三亚度假酒店众筹项目遇冷[N]. 中国房地产报,2015(B01).

[69] 李臻,朱文夏,淑君,李俊莹. 青岛旅游试水"众筹"[N]. 中国旅游报,2014(011).

[70] 陈彦仓. 社群旅游的互联网思维研究[J]. 经济师,2017(12).

[71] 梁清华. 我国众筹的法律困境及解决思路[J]. 学术研究,2014(09).

[72] 李雪静. 众筹融资模式的发展探析[J]. 上海金融学院学报,2013(06).

[73] 黄永林,朱娅阳. 互联网众筹对中国音乐产业发展的影响作用[J]. 深圳大学学报(人文社会科学版),2016,33(1):39-47.

[74] 邓柯. 众筹模式在我国传统音乐保护与开发中的运用[J]. 民族艺术研究,2014,27(1):139-143.

[75] 卢丽华. 音乐文化产业领域中的众筹模式概述[J]. 音乐传播,2017(3):98-103.

[76] 周雪卉,陈敬良,宗利永. 出版众筹投资参与者回报方式的比较研究[J]. 科技与出版,2015(6):25-29.

[77] 黄河,刘琳琳. 出版众筹运作方式及发展路径[J]. 中国出版,2014(20):6-9.

[78] 武小菲. 众筹模式:网络时代书籍出版传播的路径与思考[J]. 出版发行研究,2014(3):37-40.

[79] 刘建. 众筹出版融资的法律风险及其防范[J]. 出版发行研究,2017(1):64-66.

[80] 钟悠天. 互联网金融视野下的出版众筹[J]. 中国出版,2016(8):47-50.

[81] 杨扬. 全版权和生态圈视角的出版众筹平台发展战略研究[J]. 出版发行研究,2017(5):35-39.

[82] 何明静. 当前众筹出版存在的主要问题——以众筹出版的流程为视角[J]. 新闻研究导刊,2016,6(6):253-254.

[83] 刘钒,甘义祥,李光. 科研众筹模式分析及发展对策研究[J]. 科技进步与对策,

2015(21):8-12.

[84] 田展明.大数据时代对网络游戏的思考[J].通信企业管理,2017(01).

[85] 周伟婷.撬动游戏营销的"杠杆"[J].成功营销,2014(07).

[86] 孟韬,张黎明,董大海.众筹的发展及其商业模式研究[J].管理现代化,2014
(02).

[87] 范家琛.众筹商业模式研究[J].企业经济,2013(08).

[88] 任杰,张浩,樊秋阳.实物期权在无形资产评估中的应用——以手机游戏版权评
估为例[J].新经济,2015(Z1).

[89] 杨霄楠.手游 IP 年——游戏版权困局[J].互联网周刊,2014(Z1).

[90] 胡娉,司徒振鹏,朱翠娟,林意婷.论独立游戏的发展趋势[J].艺术科技,2016
(03).

[91] 刘再明.国产 HTML5 游戏 路在何方?[J].互联网周刊,2013(12).

[92] 魏鹏举.数字内容产业的发展趋势与动力分析[M].文化财经论丛,2015,北
京:经济管理出版社,2015.

[93] 霍诚.中国网络游戏版权保护的研究[D].保定:河北大学,2013.

[94] 盛佳,杨倩,杨东,黄朝科.众筹之巅:互联网浪潮下的创业和金融[M].北京:中
国铁道出版社,2016.

[95] 兴汇利.股权众筹监管法规详细介绍[EB/OL].http://www.360doc.com/
content/17/0519/17/41063396_655342451.shtml,2017-05-19.

[96] 刘占辉.我国股权众筹的风险分析与监管制度研究[J].金融理论探索,2016.

[97] 李爱君.我国股权众筹三种模式的特征与法律关系分析(一)[EB/OL].
http://ifls.cupl.edu.cn/info/1014/1256.htm,2016-12-27.

[98] 众 筹 及 其 监 管 制 度 [EB/OL]. https://wenku. baidu. com/view/
d73c1ecd52d380eb63946d30.html? from=search,2016-06-22.

[99] 罗明雄,符英华.国内外股权众筹监管制度梳理及政策建议[EB/OL].http://
doc.mbalib.com/view/e5a9429f1c944c9021535bd7205a20ff.html,2015-08-19.

[100] 零壹研究.三年难产一朝落地,JOBS 法案 Title III 对我国众筹行业有什么影
响[EB/OL].https://www.huxiu.com/article/130350/1.html,2015-11-05.

[101] 高翔,胡科.互联网金融"基本法"出台后,产品众筹如何监管?[EB/OL].
http://www.360doc.com/content/15/1217/12/21921317_521029156.shtml,

2015-12-17.

[102] 裴磊. 众筹≠消费 工商部门不受理 争议维权请走合同纠纷[N]. 西安日报，2017-03-14(5).

索　引